11-S

# 11-S

## Mathias Bröckers

TRADUCTOR: María Alonso

EDICIONES B
GRUPO ZETA

Barcelona • Bogotá • Buenos Aires • Caracas • Madrid • México D.F. • Montevideo • Quito • Santiago de Chile

Título original: *11.9*
Traducción: María Alonso
1.ª edición: septiembre 2011

© Mathias Bröckers, 2002
© Nota del autor para la edición española, Mathias Bröckers, 2011
© Ediciones B, S. A., 2011
    Consell de Cent, 425-427 - 08009 Barcelona (España)
    *www.edicionesb.com*

Printed in Spain
ISBN: 978-84-666-4909-4
Depósito legal: B. 22.085-2011

Impreso por LIBERDÚPLEX, S.L.U.
Ctra. BV 2249 Km 7,4 Polígono Torrentfondo
08791 - Sant Llorenç d'Hortons (Barcelona)

# Índice

## Primera parte
## TODO ESTÁ BAJO CONTROL

## Segunda parte
## UN DIARIO DE LA CONSPIRACIÓN

Tercera parte
PREGÚNTATE QUIÉN LO HIZO, PERO,
POR TODOS LOS SANTOS,
PREGÚNTATE TAMBIÉN POR QUÉ

# Nota del autor a la edición española

## Osama solo en casa

Desde que el 1 de mayo de 2011 el presidente Obama anunció en tono triunfal que habían echado el guante al terrorista más buscado del mundo, la política informativa de la Casa Blanca se ha vuelto un tanto difusa en cuanto a Osama bin Laden. Muchas de las declaraciones realizadas al principio por fuentes oficiales se han desmentido después. Se ha hablado de un tiroteo en la casa, de que Bin Laden se escondió detrás de una mujer, y de fotos y vídeos grabados por las cámaras que los agentes llevaban en los cascos que se harán públicos a su debido tiempo. Ciertamente esa retransmisión en vivo debe de existir, o al menos eso sugiere la foto de la Situation Room que ha dado la vuelta al mundo y donde vemos a Obama, acompañado por el Gabinete de Crisis y por una horrorizada Hillary Clinton, siguiendo supuestamente la operación en directo. Dos días más tarde, sin embargo, el jefe de la CIA, Leon Panetta, declaró que las cámaras de los cascos fallaron al cabo de 20-25 minutos y que no pudo retransmitirse la parte crucial de la operación. El gesto de Hillary Clinton tapándose la boca con la mano era, al parecer, consecuencia de una típica alergia primaveral. Además, se ha dicho que los habitantes de la casa se encontraban desarmados y que el líder terrorista no se escondió detrás de su mujer. El refugio, que al principio se describió en los medios como una «mansión» blindada, en realidad era una casa de tres plantas normal y corriente sin aire acondicionado ni conexión telefónica.

Como el cadáver de Bin Laden fue arrojado al mar, las imágenes de la ejecución podrían aportar una información más precisa sobre la identidad de la víctima; unas imágenes sobre las que se habla a todas horas, pero que hasta la fecha el Gobierno de Estados Unidos no ha querido mostrar. Supuestamente, para no provocar reacciones de venganza en el mundo árabe. Al mismo tiempo, la agencia Reuters ha publicado una serie de fotografías que en teoría tomó un policía pakistaní presente en el lugar del suceso y en las que, entre otras cosas, se ve el cadáver de un hombre joven que guarda un gran parecido físico con Bin Laden y, por tanto, podría ser uno de sus hijos. Lo único que queda claro al ver las fotografías es que el asalto del comando de los SEAL se convirtió en una sangrienta carnicería, pero seguimos sin tener una sola prueba del fantasma del terrorismo.

Esta confusa política informativa podría entenderse como un intento de disimular todos los fallos de una intervención que acabó en un baño de sangre. Y es que, por culpa de un helicóptero defectuoso, hubo unos cuantos testigos y cadáveres con los que nadie contaba. El hecho de que, para detener a un hombre mayor desarmado y a su familia, enviasen a setenta y nueve soldados de élite que convirtieron la operación en una matanza indica que, desde el principio, quiso aplicarse el método de «disparar antes de preguntar» y que en ningún momento se intentó conseguir nada que no fuera liquidar a Bin Laden. Eso, por supuesto, habría podido lograrse lanzando un misil de larga distancia, aunque le habría restado espectacularidad a la puesta en escena de los heroicos soldados de élite y al equipo de gobierno que contempla absorto la jugada. Los productores de Hollywood ya han empezado a plantearse el rodaje de la película —¡seguro que a ellos les funcionan las cámaras integradas en los cascos!— y, en cuanto a Obama, la inyección de popularidad que le ha procurado la caza del terrorista más buscado le ha valido el pase directo a la reelección. Aparte del pelo de la barba, no se ha presentado todavía ninguna prueba que demuestre que realmente Osama bin Laden perdió la vida en la «Operación Gerónimo» (llamada así, en un acto de mal de gusto, por el último líder de la resistencia apache). Y de los vaivenes y titubeos al relatar cómo lo capturaron, lo ejecutaron y se deshicieron de él se desprende que las imprecisiones podrían ser deliberadas. La confusión y las contradicciones constantes de la política informativa podrían constituir un intento de poner en marcha la máquina de fabricar rumores y promover teorías de la conspiración; un intento de ocultar tras la neblina de las especulaciones los hechos objetivos: es decir, que el comando que asesinó a Bin Laden vulneró los principios constitucionales, las bases del derecho internacional y las normas morales, que no se presentaron pruebas que demuestren la identidad y la culpabilidad del ejecutado y, por tanto, que toda la operación es más que cuestionable. Así, cualquier comentario crítico será tildado de inmediato de «teoría de la conspiración» y, por tanto, desechado al instante. Cuando afloren decenas de leyendas dudosas sobre «Osama bin Elvis», lo de menos será que estén basadas en la leyenda igual de dudosa a la cual la autoridad presidencial ha otorgado la categoría de «verdad».

Desde diciembre de 2001 dejó de haber señales de que Bin Laden, que estaba siendo sometido a un tratamiento de diálisis, estuviera vivo; él negó categóricamente cualquier participación en los atentados del 11-S[1] y el propio FBI no ha sido capaz de conseguir pruebas que demuestren lo contrario. Estados Unidos y la OTAN continuaban colaborando con las tropas de soldados de Bin Laden a finales de los años noventa y movilizaron a los «guerreros santos» en Bosnia y Kosovo; los servicios secretos pakistaníes (ISI) establecieron y manejaron a los «talibanes» en Afganistán por encargo de la CIA y dirigieron a los muyahidines saudíes de Bin Laden. La mañana del 11 de septiembre de 2001, el entonces director general del ISI, el general Mahmoud, se encontraba en Washington desayunando con Peter Goss, que posteriormente sería nombrado jefe de la CIA. El agente del ISI Omar Said Sheikh, que supuestamente realizó una transferencia de cien mil dólares a Mohamed Atta y asesinó al periodista estadounidense Daniel Pearl, amenazó con descubrir el pastel de este doble juego; no sorprende a nadie que a Osama bin Laden, como agente que ha prestado un servicio y es conveniente fantasma del terrorismo, se le permitiera vivir en una residencia tranquila junto a la academia militar… Sin embargo, todo ello queda al margen del circo mediático de declaraciones contradictorias y seudodebates. Por lo visto, en «Brainwashington» han descubierto una nueva variedad de lavado de cerebro: gestionar la percepción estimulando la especulación. Como no hay cadáveres y no hay fotos, no hay problemas; los problemas los inventan quienes se dedican a elaborar teorías de la conspiración.

Si bien las manifestaciones de partidarios radicales de Bin Laden en diferentes países se han interpretado como una prueba de la legitimidad de la información dada por Estados Unidos, lo cierto es que Al Qaeda, o quienquiera que esté haciéndose pasar por ella, no sabe más que el telespectador medio. Un espectador al que el Ministerio de Defensa le ha dado otro bocado más de información especulativa: los vídeos que supuestamente se encontraron en casa de Bin Laden. En dichos vídeos se puede ver a un hombre mayor con un gorro de lana, sentado en una habitación cochambrosa, haciendo *zapping* por diferentes canales del satélite en busca de programas sobre Bin Laden. No está claro si las imágenes se tomaron realmente en la casa donde se refugiaba ni de dónde proceden los vídeos. Puesto que en casi todos los canales que visita el hombre de barba cana aparece Bin Laden, cabe deducir que las imágenes se grabasen en un aniversario del 11-S. En los otros vídeos aparece posando con la barba teñida y ropa de gala. Como los vídeos se publicaron sin sonido, no se sabe qué dice, pero podría tratarse del ensayo de un discurso dirigido al pueblo estadounidense.

Si se tiene en cuenta la modestia que se respira en la estancia donde el supuesto multimillonario y «príncipe terrorista» contempla, alumbrado por el resplandor del televisor, imágenes de tiempos mejores, resulta un poco exagerado que las noticias sobre los vídeos describan ahora la residencia de Abbottabad como «sede central» de Al Qaeda. Tal vez «Osama solo en casa» sea una expresión más fiel a la realidad, que además podría dar una respuesta al acalorado debate de si el hecho de que Bin Laden llevara años refugiado en un lugar donde están presentes tanto el Ejército como los servicios secretos de Pakistán puede atribuirse a la incompetencia o a la complicidad del Gobierno. Todo hace pensar que el diabólico superterrorista era una especie de prisionero —con unas cuantas mujeres, niños, cabras y gallinas— bajo arresto domiciliario.

Esta impresión cobra mayor fuerza al leer en las noticias que la «fortaleza blindada», que se encuentra junto a la academia militar pakistaní, no se sometió por primera vez a vigilancia en agosto de 2010, como sostiene el Gobierno de Estados Unidos. El ISI la vigila desde que se construyó, en el año 2003, y los servicios secretos estadounidenses desde 2005. Esta información procede de los expedientes revelados por Wikileaks sobre el interrogatorio del prisionero de Guantánamo Abu al-Libi, un cercano colaborador de Bin Laden que vivió en la casa.[2]

Pero si la CIA sabía que Osama llevaba años bajo arresto domiciliario, y eso le permitía alimentar su mito diabólico todos los aniversarios con un tembloroso vídeo casero para impedir que decayera la «guerra contra el terrorismo», ¿cómo se explica ahora que hayan decidido sacrificar una figura tan conveniente como era el fantasma del terrorismo? Por un lado, posiblemente los servicios secretos vieron que su valioso escondite peligraba con las revelaciones de Wikileaks; por otro, las revueltas en el mundo árabe han provocado las sucesivas caídas de marionetas de la política exterior estadounidense como Mubarak o Ben Alí. A ello se suma el fatal atentado que arrebató la vida, a finales de abril, a una docena de altos mandos militares estadounidenses dentro de una zona de alta seguridad (jamás en la historia militar de Estados Unidos habían muerto en un atentado tantos militares de alto rango). Con todo, la noticia del desastre que había tenido lugar en la campaña militar afgana y el hecho de que ya ni siquiera allí pudiera garantizarse la seguridad de los altos mandos dejó de ser importante en el instante en que se anunció a bombo y platillo: «Bin Laden está muerto.» La comunicación estratégica, aderezada con unas gotitas de infusión de los rumores, se encargó de que Osama siguiera vivo después de muerto: cada día un nuevo detalle indemostrable de su diario o del disco duro de su ordenador. ¿Pruebas de su participación en el 11-S? Ni una. En cambio, eso sí, nos llegan toda clase de historias sobre el viagra natural y los vídeos porno encontrados en el dormitorio. Y en cuanto a los héroes que conquistaron el botín y mandaron a su propietario al otro barrio, Disney ya ha comprado los derechos de la marca «SEAL Team 6». Toda la «verdad» sobre Osama bin Laden, próximamente en cines. En venta sólo en establecimientos autorizados. No la encontrará ni siquiera en los medios mayoritarios, en esos que llevan diez años vendiendo la fábula de que Osama y los diecinueve secuestradores armados con cúteres son los únicos responsables de los atentados del 11-S. Una realidad por la que, como ya es sabido, «nosotros» —Estados Unidos, la OTAN, Occidente— invadimos Afganistán y hoy continuamos librando una guerra en ese país. Si realmente no existen pruebas contundentes con validez jurídica que demuestren la culpabilidad de Bin Laden, si en el sentido estrictamente constitucional se trata de un sospechoso a quien dispararon durante su captura y después arrojaron al mar, ¿qué hacemos «nosotros» a partir de ahora en Afganistán? Ha salido a la luz un vídeo nuevo, póstumo, en el que Bin Laden habla sobre las revueltas en Túnez y Egipto y llama a la guerra santa. No obstante, su autenticidad despierta tantas dudas como los supuestos vídeos de Bin Laden de los últimos años. Ahora parece que sin el mito del aterrador fantasma del terrorismo las cosas ya no funcionan. «Nosotros» estamos en Afganistán sólo porque queremos construir un gran oleoducto, porque nos interesa el petróleo de Irak y precisamente por eso decimos que Gadafi es un «monstruo» y lo perseguimos, pero admitirlo sería impropio de quienes representan la libertad, la democracia y los derechos humanos. Además, no daría juego en la iglesia del miedo y las prédicas del alarmismo. Todo apunta a que seguiremos necesitando fantasmas del terror y, si mueren por el camino, tendremos que fabricar otros nuevos…

MATHIAS BRÖCKERS
*Berlín, 17 de mayo de 2011*

# Prólogo

Este libro trata sobre conspiraciones. Si a usted le producen cierto rechazo, permítame que le tranquilice: las conspiraciones son tan naturales como la vida misma. La mala fama que las rodea y el hecho de que la mayor parte de los Estados haya promulgado leyes en contra no tiene tanto que ver con ellas como con su utilización para fines delictivos.

Este libro habla también sobre teorías de la conspiración. Las teorías de la conspiración gozan de una fama terrible entre muchos de nuestros contemporáneos, aunque de nuevo no se deba tanto a la naturaleza de las teorías de la conspiración como a la utilización de las mismas para fines propagandísticos y demagógicos. Sin embargo, sin las teorías de la conspiración adecuadas, tal como veremos, ya no pueden comprenderse las intrigas de nuestro complejo mundo.

Ante todo, este libro analiza las conspiraciones y las teorías de la conspiración en torno al 11-S. Si esa fecha no sólo le suscita preguntas sobre el derrumbamiento entre llamas de las Torres Gemelas del World Trade Center, sino también sobre la supuesta autoría de los atentados difundida por el mundo, entonces, aunque sólo sea por curiosidad, debería tomar distancia de aquello que tras la mayor investigación policial de todos los tiempos ha resultado ser una impecable teoría de la conspiración (por falta de pruebas): la versión oficial de los hechos. Casi un año más tarde, existen tantas pruebas que inculpen al supuesto cerebro de la operación Osama bin Laden y su organización Al Qaeda como pocas horas después de los atentados: prácticamente ninguna.

Este libro es también una especie de diario de los ataques perpetrados contra el World Trade Center y el Pentágono. La convulsión del 11 de septiembre me sorprendió en pleno proceso de elaboración del libro y me hizo dar un giro de ciento ochenta grados. En lugar de estudiar el funcionamiento de la conspiración mediante ejemplos históricos y teóricos, tuve ocasión de observarla en vivo y en directo, y al mismo tiempo con total libertad. Como observador e investigador «conspirólogo» me convertí de la noche a la mañana en un usurero de la guerra, pues a raíz de la catástrofe y sus terroríficas consecuencias la realidad me suministró grandes cantidades de material de investigación a través de la pantalla del televisor de casa. Mis reflexiones empezaron a publicarse con el título «The WTC Conspiracy» en la revista digital *telepolis* a partir del 13 de septiembre, y también se incluyen en el presente libro.

No pretendo vender a nadie mi propia teoría de la conspiración sobre el 11 de septiembre. No prometo soluciones sencillas, ni silenciar por completo el hervidero de contradicciones, ni un final armonioso para el sinfín de discordancias que hay en este asunto. Su lectura, sin embargo, puede producir las reacciones siguientes: que a usted ya no le resulte tan rico el menú de propaganda que el cocinero de Brainwashington D. C. y los camareros de los medios sirven en todos los canales; que los ingredientes le parezcan un tanto sospechosos y comience a formularse preguntas e incluso busque respuestas por su cuenta. Y en caso de que, por ahora, a usted no se le ocurra ninguna: al final de este libro encontrará las cien «preguntas más frecuentes» que habría que hacerse sobre el 11-S.

Este libro es una invitación a conspirar contra la conspiración. En él se procura adoptar un punto de vista «conspirológico», donde el mundo macroscópico se entienda como un conjunto de probabilidades del que puede extraerse la realidad mediante el acto individual de la observación (percepción). Asimismo, aboga por liberar las teorías de la conspiración del destierro al que se las ha relegado como si de teorías del conocimiento obscenas y turbias se tratara, y tomarlas seriamente en consideración como ciencia de la percepción crítica. Si bien siglos atrás presumir de la existencia de maquinaciones e intereses invisibles tras los hechos se consideraba un acto de ingenuidad y una cuestión casi de superstición, en el siglo que acabamos de inaugurar debería entenderse como un acto de ingenuidad no sospechar de la existencia de maquinaciones e intereses tras la puesta en escena de la realidad que nos presentan los medios de comunicación.

Hace algunos años, el copresidente del Consejo del Foro Económico Mundial de Davos, Maurice Strong, se aventuró a contarle a grandes rasgos a un periodista el argumento de una novela que quería escribir. Todos los años, en febrero, se reunían en Davos más de un millar de directores generales, jefes de gobierno, ministros de finanzas y economistas destacados para debatir el rumbo que tomarían las cosas en el mundo al año siguiente. «¿Qué sucedería —planteó Strong— si un pequeño grupo de ese gran círculo llegara a la conclusión de que el mayor peligro para la prosperidad del mundo proviene de los países industrializados más ricos? [Qué sucedería si] para salvar el planeta, ese grupo decidiera que debe destruir la civilización occidental.» Maurice Strong explica apasionadamente:

De manera que ese pequeño grupo de dirigentes mundiales trama una conspiración con el objetivo de lograr el desplome de la economía mundial. Es febrero. Todas las personalidades destacadas se encuentran en Davos. Los conspiradores pertenecen a la élite que gobierna el mundo. Están muy bien situados en los mercados de productos básicos y en los mercados de valores mundiales. A través del acceso a los mercados financieros, las redes informáticas y las reservas de oro, consiguen generar una situación de pánico. Acto seguido impiden el cierre de las bolsas. Bloquean el engranaje. Contratan a mercenarios para que capturen como rehenes a todos los demás participantes de la conferencia de Davos. Los mercados permanecen abiertos...

El periodista no puede ocultar su sorpresa. Maurice Strong conoce a esa élite mundial. Pertenece al núcleo del poder. Realmente se halla en posición de llevar a cabo un plan como ése. Strong vuelve a la carga y concluye: «La verdad es que no debería decir este tipo de cosas.»

H. J. Krysmanski, profesor de Sociología en Münster, cita esa anécdota en su página web para llamar la atención sobre una nueva característica de la globalización: el nacimiento de una élite con poder en todo el mundo que, en relación con la población mundial, es muy reducida en número y, sin embargo, en comparación con las clases dirigentes que ostentaban antes el mando, tiene mucha más potestad, aunque por ahora no sea un hecho estudiado por las ciencias políticas ni sociales. La afirmación de que un pequeño club de «hipercapitalistas» gobierna el mundo fue una teoría de la conspiración tildada de ridícula e ingenua hace pocas décadas. Hoy, en cambio, es posible que resulte más ridículo, después de ver las redes mundiales de capital y de megaempresas, seguir creyendo en metáforas tales como la «libre competencia» y la «economía de mercado», y no advertir, al menos en una segunda lectura, la estructura de una conspiración.

Puede que con el tiempo la vertiente más enfermiza del pensamiento conspirador haya contribuido a convertir el tema en un campo destinado a paranoicos y chiflados que no merece ser tomado en serio, y mucho menos aún convertido en un método objetivo y un instrumento de percepción de la realidad y del escepticismo científico. Una teoría de la conspiración crítica y científica habría tenido en cuenta la existencia permanente de conspiraciones en los sistemas vivos, lo cual implica investigar más a fondo el papel de la conspiración en la dialéctica evolutiva de la competencia y la cooperación. Dicha disciplina se encargaría de definir las estructuras y modelos en el amorfo submundo de la lucha por la ventaja mutua, y tal vez de desarrollar piedras de toque y criterios para comprobar el grado de realidad de las teorías de la conspiración.

Para la conspirología crítica, las conspiraciones son la «materia oscura» de la era de la información, y las teorías de la conspiración, ideas basadas en indicios sobre el estado y el funcionamiento de dicha materia oscura. De igual manera que los neutrinos u otras partículas subatómicas, la existencia de la materia oscura de la conspiración sólo puede demostrarse de manera indirecta: en el momento en que se observa directamente —es decir, que se destapa—, pierde el carácter de conspiración. La relación de indeterminación o principio de incertidumbre —la conspiración paradójica de partículas y ondas, del gato de Schrödinger y el ratón de Einstein— parece servir también para la observación de los sistemas conspirativos. Cuanto más se observe con detenimiento un aspecto de algo, más inevitable resulta que otro escape a nuestra atención. En diversos puntos a lo largo del libro trataremos este aspecto de la indeterminación, que sería un error desestimar o considerar inútil por el hecho de serlo.

En la primera parte del libro abordaremos el tema desde una amplia perspectiva histórica y, más concretamente, analizaremos en retrospectiva la que quizá constituya la única conspiración mundial real existente desde hace más de dos mil millones de años: la conspiración de las bacterias. Por aquel entonces, quienes eran en la época los poderes hegemónicos del mundo —las bacterias unicelulares— conspiraron para crear organismos pluricelulares. Esa bioconspiración, en gran medida, echa por tierra nuestro actual concepto de la evolución de la vida y convierte al mismo tiempo el neodarwinismo en una teoría de la conspiración. Porque no sólo la lucha y la competencia (en sentido darwiniano), sino también otros dos principios —la conspiración y la cooperación—, son los responsables de que la vida haya podido surgir y desarrollarse en este planeta.

En los siguientes capítulos señalo el marco histórico de manera más precisa y pongo de relieve algunos de los sistemas conspirativos humanos de los últimos siglos así como las estructuras y métodos de funcionamiento de las conspiraciones y las teorías de la conspiración: desde Hitler y Stalin hasta los oscuros manejos de la CIA pasando por los templarios, los francmasones o el Banco de la Reserva Federal.

La segunda parte del libro es, por decirlo de algún modo, el seguimiento informativo en vivo, ya que consiste en un diario formado por todos los artículos que se publicaron en la revista digital *telepolis* entre el 12 de septiembre de 2001 y finales de marzo de 2002. En los artículos he procurado respetar los textos originales y limitarme a editar sólo cuestiones de estilo, erratas o repeticiones. Las correcciones, añadiduras y comentarios agregados con posterioridad (el proceso de elaboración de este libro acabó a finales de julio de 2002) aparecen en cursiva. La fecha de publicación figura en la cabecera de todos los artículos y resulta imprescindible para situar cada uno de los textos.

En medio de la histeria y la unidad mediática reinante en los días y semanas posteriores al atentado, mi enfoque teórico de la conspiración parecía un tanto extravagante e insólito. Un colega iracundo incluso llegó a desearme que «muriera como una mancha en la pared de un rascacielos». Sin embargo, luego, a toro pasado, al revisar el texto para la edición del libro, mi postura se me antojó ingenua y hasta obvia. Quizá guarde relación con el «efecto retrovisor» definido por el escritor William S. Burroughs cuando comparó en una ocasión la percepción de la cultura mayoritaria con la del copiloto que sólo puede contemplar el paisaje desde el coche por el espejo retrovisor. Cuando aparece algo inesperado, algo nuevo, es incapaz de percibirlo en un primer momento. No concede crédito a las afirmaciones del conductor que anuncia lo que se avecina. Y sólo cuando los cambios se hacen visibles en el retrovisor y ya no pueden ser negados bajo ningún concepto, entonces afirma: «Pero eso ya lo habíamos visto, no es nada nuevo.»

Ese efecto es el que yo desearía para este libro, y es de esperar que algunos espectadores que lo vean a través del retrovisor lo consideren una locura y no se lo tomen en serio. Aunque también albergo la esperanza de que mis contemporáneos más previsores afirmen: «Eso no es nada nuevo», y comiencen a preocuparse por estos hechos ya bien conocidos. Como en el mundo de la conspiración cualquier información guarda relación con todo, algunos se perderán muchos datos y muchos se perderán algunos. Eso es algo, por desgracia, inevitable, determinado sencillamente por la capacidad de absorción y asimilación de mi «bioprocesador». Sin embargo, por recurrir de nuevo a Burroughs, sólo los paranoicos conocen todos los hechos: es decir, en cualquier caso, una visión crítica de la conspiración, a diferencia de una psicótica paranoide, nunca conducirá a una percepción realista ingenua, sino más bien a una cubista o surrealista y, desde luego, parcial de los hechos.

En la tercera parte del libro he intentado bosquejar una especie de esquema y resumir mis trabajos de campo sobre las teorías de la conspiración, lo que significa que, dado que las teorías de la conspiración son siempre teorías espagueti —tire del hilo que tire, uno se mancha los dedos—, he intentado orientarme dentro de este complejo caos. El atentado contra el World Trade Center fue un acontecimiento milenario que se dedicarán a estudiar generaciones de historiadores e investigadores. Yo estoy menos convencido aún que el primer día de que se trate de un acto terrorista «normal». «Los pasos que den las grandes potencias del mundo nos indicarán pronto si hay un motivo que explique lo inconcebible, que explique la escenificación de esta catástrofe, como Pearl Harbour», anoté el 12 de septiembre. Con el tiempo, los motivos se han visto tan claros que puedo concebir lo inconcebible sin ningún esfuerzo. Los nulos resultados de la que en teoría ha constituido la investigación policial más exhaustiva de la historia, la no investigación del fallo de los servicios secretos y la defensa antiterrorista —que hicieron entrar en trance a la población ante la amenaza de una guerra y el alarmismo— y, en definitiva, toda la escenificación de una conspiración mundial «alqaédico-binládica» y la lucha contra el terrorismo no dejan apenas lugar a dudas: la catástrofe del 11-S se planeó con minuciosidad. A decir verdad, existen muy pocas pruebas judicialmente refrendadas tanto sobre los cerebros de la operación como sobre Bin Laden, y sobran sospechas, indicios y motivos para someter el caso a la investigación de un tribunal independiente. De entrada, ya constituiría un gran avance que pudiéramos responder a la siguiente pregunta: si la CIA no estaba implicada, ¿se puede saber qué hizo entonces?

Uno de los teóricos de la conspiración más sanguinarios del siglo pasado, Iósif Stalin, pronunció en una ocasión una sentencia que recoge a la perfección el estilo de un gobierno paranoide: «No confío en nadie. Ni siquiera en mí mismo.» Como hipótesis de trabajo en relación con las teorías de la conspiración, la frase me parece muy adecuada, y he puesto especial empeño en evitar correr detrás de las zanahorias que yo mismo me pongo delante. También he tratado de ceñirme a la regla de oro del sabio cibernético Heinz von Foerster: «La verdad es invención de un mentiroso.» Sin embargo, admito que a pesar de mis esfuerzos, este libro contiene muchos de esos inventos, hay expresiones como «verdad», «en realidad», «en efecto», «de hecho». Nombres abstractos que engloban conceptos muy amplios y generalizaciones como «los talibanes», «la CIA», «Estados Unidos», «la industria petrolífera». A ese respecto, lo único que puedo aconsejarles es que no se dejen engañar por estas «mentiras». Porque no son sino «inventos». Así que no crean en lo que digo, ni aunque les diga que es el resultado de un trabajo hecho de buena fe. Y cuando en determinados pasajes y contextos piensen «vaya, es cierto, es así, ¡todo encaja!», recurran de inmediato a su observador interior y formulen la primera pregunta que debe hacerse todo conspirólogo: «¿Qué hay detrás de esta afirmación?»

Sólo con que este libro sirviera para generar incertidumbre, vería cumplida la mitad de su finalidad didáctica. Sin embargo, la intención no es meramente deconstructiva, pues el objetivo reside también en abrir los ojos, mediante un buen trabajo, a la inmensidad, la complejidad y el espanto de un campo en ruinas en lugar de refugiarse en la tranquilizadora coraza del blanco y el negro, el bien y el mal, el amigo y el enemigo. El pánico que cundió tras el ataque contra el World Trade Center, el miedo que se generó y se propagó mediante las cartas con carbunco y las docenas de paquetes bomba que explotaron en zonas rurales de Estados Unidos, la histeria provocada por las advertencias sobre las células de terroristas «durmientes» y los anuncios casi diarios de nuevos ataques: si los terroristas pretendían algo era precisamente sembrar el miedo; y si algo se hallaba en manos de los operadores de la influencia masiva y la propaganda eran los rebaños de animales asustados y paralizados cuyo juicio individual quedó completamente nublado. También aquí convendría hacerse la pregunta «¿Qué hay detrás de esto?»; aunque la sola razón que alegaría la teoría de la conspiración, «¡Lo único que se pretende es sembrar el miedo!», suele bastar a menudo para dejarla a un lado. Ese efecto de tren fantasma, el desencanto del horror, la inmunización de uno mismo contra el espanto, libera y saca a la luz lo que acontece entre bastidores, las manipulaciones, los trucos, los engaños y un terror tan ficticio como el de los pueblos Potemkin.

La hechicería y la magia no han muerto, la transformación de las ideas —pensamiento— en realidad —materia— no es sólo cosa del *Señor de los anillos*, no se trata de algo que se dé únicamente en nuestros mundos fantásticos, sino de algo que se da en nuestro mundo real a diario. Las bolas de cristal que hablan —pantallas de ordenador y de televisión— pronuncian mantras y conjuros sin cesar; las murmuraciones susurradas —sortilegios— se plasman en papel y se repiten millones de veces. Y así se obra el milagro de convertir, por arte de magia, ideas surgidas de la nada en realidades. Palabras vacías como «Dios», «patria», «civilización» y otras de índole similar se cargan de significado hasta convertirse en principios de realidad en los que se excusan millones de personas para enfrentarse con violencia por la «verdad» de dichas palabras hasta no dejar títere con cabeza.

Atención: la barra de chocolate que antes se llamaba «Raider» ahora se llama «Twix», y la operación «Justicia infinita» ahora se llama «Libertad duradera». A partir de ahora, disponible en todos los quioscos y otros puntos de venta, en prácticos lotes ahorro de seis fascículos, toda la colección de «El eje del mal».

Y sean todos bienvenidos al tren fantasma con destino al siglo XXI. ¡Piénsenlo!: quien genera caos quiere ejercer control; quien provoca miedo quiere vender seguridad; donde se repiten una y otra vez las mismas fórmulas de hechicería y conjuro, suele haber una conspiración oculta. Abróchense los cinturones porque la Tercera Guerra Mundial no será una plácida excursión de un día, mantengan los ojos y los oídos bien abiertos y esperen lo inesperado. Nada es lo que parece; la apariencia de las cosas es la que es porque ustedes lo han querido. Como dicta la antigua norma que los hopis transmitieron a los hippies para superar esa pereza y reconstruir la percepción y la realidad: *Free your mind and your ass will follow!* («Libera la mente, que el culo la seguirá»).

MATHIAS BRÖCKERS
*Berlín, 11 de julio de 2002*

# Buscar en Google dos veces al día

Para conseguir la información, no tuve que recurrir a contactos especiales ni concertar citas clandestinas con hombres ocultos bajo turbantes o sombreros de ala ancha; todas las fuentes son públicas. Para dar con ellas, el motor de búsqueda Google ha sido de una inestimable ayuda. Quien no lo haya hecho nunca debería sentarse de inmediato frente a su ordenador y teclear www.google.com.

«Los instrumentos contribuyen a nuestras ideas», observó Friedrich Nietzsche en una ocasión, al convertirse en uno de los primeros autores que trabajó con máquina de escribir. Si eso es cierto, gran parte del contenido de este libro se lo debo al nuevo instrumento de navegación de Google y, por supuesto, a la herramienta para la que Google representa una ayuda incalculable: la red. En los últimos años Internet se ha convertido en el supermedio que aglutina a todos los medios existentes hasta ahora: tanto las grandes emisoras y periódicos ya consolidados como los pequeños medios marginales y las publicaciones especializadas. La llamada World Wide Web ofrece de todo. Los ilustrados y los chalados, los seguidores de las corrientes mayoritarias y los más sectarios, los conspiradores y los conspirólogos científicos de espíritu crítico se mueven por igual en un ambiente de convivencia casi siempre pacífico. Aquel que busque publicaciones sobre un ámbito concreto no tiene más que combinar dos o tres nombres propios o palabras clave y obtendrá aquello que desea en cuestión de segundos.

Pero el hecho de que Google lo encuentre «todo» también es un problema. ¿Cómo hacer para separar el grano de la paja? ¿Cómo diferenciar los disparates sin fundamento de las noticias serias y documentadas? La primera forma de valorar la información está en la fuente, que en la mayor parte de los casos aparece ya en la lista de sitios web de Google. Cuando se trata de viejos conocidos —BBC, CNN, *New York Times*, etcétera— podemos aplicar el mismo juicio o criterio que para cualquier otra información procedente de medios, periódicos y canales de televisión «de marca». Si se trata de sitios web desconocidos, echar un vistazo general a la presentación y al contexto del artículo buscado y una ojeada al pie de imprenta suele ser conveniente. Precisamente en el ambiente de convulsión emocional de los días posteriores al 11-S, el tono escogido para representar y manifestar el horror era un buen indicador de la calidad y el estado de ánimo de autores y editores de páginas web hasta ese momento desconocidas para mí. Para realizar una valoración concreta de una fuente hay que «meter los pies en el barro», es decir, leer el artículo —al menos por encima— y la documentación en la que está basado. Y entonces, una vez comprobado que no haya nada extraño a priori que nos llame la atención —como falta de base en los argumentos centrales—, merece la pena pasar a una posterior lectura más esmerada.

A continuación citaré algunos sitios web a los que debo una enorme cantidad de material y quiero expresarles mi gratitud. Y también a todas las cabezas pensantes que se lanzaron por su cuenta a investigar las posibles causas de los atentados y que pusieron a disposición del público los resultados de sus pesquisas en forma de resúmenes de prensa, recopilaciones de enlaces y comentarios:

www.globalresearch.ca: página de Michel Chossudovsky, economista residente en Ottawa y autor de *Globalization of Poverty and the New World Order* [*Globalización de la pobreza y nuevo orden mundial*, editado por Siglo XXI], ofrece análisis bien documentados e informes serios no sólo sobre el 11-S, sino sobre cuestiones generales relativas a la globalización.

www.whatreallyhappened.com: a pesar de que Michael Rivero afirma no saber qué ocurrió en realidad, sus enlaces actualizados a diario amplían de forma considerable el horizonte del suceso.

www.emperors-clothes.com: análisis sobre el 11-S del periodista Jahred Israel que están extraordinariamente bien documentados, sobre todo en lo relativo a la ausencia de la defensa antiaérea, y que ni siquiera es necesario actualizar.

www.fromthewildernerness.com: Mike Ruppert, ex investigador de estupefacientes de la Policía de Los Ángeles, emprendió en los años ochenta una heroica guerra en solitario contra los negocios de drogas de la CIA. Por increíbles que resulten a menudo sus afirmaciones, en la mayor parte de los casos están bien documentadas.

www.gnn.com: Guerrilla News Network examina a través de análisis de fondo cuestiones como «la guerra contra el terrorismo», «la guerra contra las drogas» y el «Estado corporativo».

www.counterpunch.org: un boletín demócrata-libertario de izquierdas y una revista política digital que se actualiza a diario.

www.antiwar.com: una revista digital neoconservadora libertaria («pro mercado, antiestado»).

www.bushwatch.com: un boletín con un resumen de prensa diario crítico con Bush.

www.medienanalyse-international.de: Andreas Hauss gestiona la mejor página en lengua alemana sobre los despropósitos del 11 de septiembre.

Si bien los artículos de los medios «de marca» difundieron al unísono la teoría de la conspiración de «Osama bin Laden» y demás propaganda del Pentágono, estos y algunos otros sitios «sin nombre» representaban el último oasis de lo que en tiempos de paz se conoce como periodismo limpio e independiente. Hacerse preguntas, señalar las incoherencias o investigar las causas de los sucesos, es decir, las tareas más básicas del periodismo, fueron —y han seguido siendo— dejadas de lado a partir del 11-S por quienes, en virtud del orden constitucional (y el cheque de su nómina), habrían de hacer las veces de cuarto poder del Estado democrático. Esta tarea, en cambio, ha quedado en manos de librepensadores y trabajadores independientes mal pagados o no remunerados. El hecho de que sus opiniones y pronósticos, así como la veracidad y la seriedad de sus escritos digitales, sean las más de las veces superiores a los productos provenientes del prostíbulo mediático es algo que con la mera lectura de estas páginas deberían advertir hasta los más fieles seguidores de los informativos clásicos y revistas como *Der Spiegel*.

Y aunque los principales medios mayoritarios desempeñan, de forma excelente, su cometido político como autoridad en investigación y control cuando se trata de pecados veniales como la relación sexual entre los presidentes y las becarias, o las millas de regalo de los políticos, no es así cuando se trata del trasfondo de unos acontecimientos tan perturbadores como el ataque contra el World Trade Center. Entonces se contentan con la niebla que suele cubrir tanto las altas esferas como los bajos fondos de la política; y la única manera de escapar al lavado de cerebro general es que cada cual se busque la vida y obtenga información.

Buscar en Google dos veces al día y hacerse una composición de lugar propia; ésa es la forma más eficaz de luchar contra las manipulaciones virulentas, las infecciones propagandísticas y la amenaza de la idiotización crónica.

# Agradecimientos

«Se sienta al centro de la mesa/lee dos libros y escribe el tercero» [*Er setzt sich an des Tisches Mitte/liest zwei Bücher, schreibt das dritte…*]. Por muy fácil que fuera para Wilhelm Busch hallar la rima sobre el secreto del escritor, escribir este libro no ha sido para mí una tarea sencilla, y de no ser por la ayuda y el asesoramiento de las personas que me han apoyado a lo largo del proceso, no habría sido posible.

Quiero expresar un agradecimiento especial a Florian Rötzer, el redactor jefe de *telepolis*, que apoyó mis «observaciones teórico-conspirativas» desde el primer capítulo y me dio libertad absoluta como autor. Teniendo en cuenta que todos los medios marchaban casi al unísono —sobre todo en las semanas posteriores a los ataques— con la misma postura, que en su momento los periodistas no apreciamos lo suficiente, su apoyo resulta impagable.

Mi amigo Eberhard Sens ha conseguido mejorar siempre mi habilidad para desmontar los argumentos contrarios mediante su profesional táctica defensiva como abogado del diablo. El hecho de que esa relación virtual de amistad/enemistad no afecte ni un ápice a nuestros lazos afectivos lo convierte, además, en el conversador ideal. Y aunque ni siquiera el propio Eberhard ha podido evitar que me haya marcado goles en mi propia portería, sin sus consejos y su ayuda me habrían caído innumerables tantos más.

Mi amigo Gerhard Seyfried no sólo ha aportado términos tan maravillosos como «Brainwashington D. C.» (*brainwashing* significa «lavado de cerebro» en inglés), sino el diagrama definitivo sobre el mecanismo conspirativo internacional que acompaña este libro. También me ha dado el mejor de los consejos para afrontar los abismos a los que nos exponemos aquí, sin caer en un estado depresivo: el sentido del humor.

Gracias también a Alex Foyle, que me ha proporcionado multitud de enlaces y consejos desde Barcelona, en el ejercicio de pensar y leer.

Y a los varios miles de lectores de *telepolis* que han contribuido con sus comentarios e intercambiando opiniones en el foro de discusión «WTC-Serie». Aunque no pude leerlos todos, les agradezco igualmente sus múltiples sugerencias. Igual que los incontables correos electrónicos que recibí, a los cuales no siempre pude dar respuesta. Esa gran multitud de reacciones supusieron una fuente inagotable de motivación sin la cual yo no habría podido llevar a cabo la labor de Sísifo en aquellos meses.

En el verano de 1993, justo cuando estaba concluyendo el manuscrito de la edición alemana de Jack Herer *The Emperor Wears No Clothes. Hemp and the Marihuana Conspiracy* [*El emperador está desnudo: el cáñamo y la conspiración de la marihuana,* Castellarte, S. L., Murcia], murió mi padre, Walter Bröckers (1922-1993), de forma repentina. Era periodista y siempre me animó a expresar mi punto de vista, aunque él no lo compartiera. Eso mismo es lo que habría hecho también con esta insólita «fábula» sobre el traje nuevo del emperador Bush II. Este libro está dedicado a la memoria de mi padre y a su defensa, sin condiciones, de la libertad de pensamiento como padre y periodista.

# Primera parte

## TODO ESTÁ BAJO CONTROL

Naturalmente usted no ve el mundo tal como es, lo ve sólo desde su punto de vista, a través de lentes tintadas por sus deseos; y su querencia por ese punto de vista le impide abandonarlo. Pero haga un esfuerzo y le mostraremos esa tierra donde la fealdad se torna belleza, y el aparente desorden, armonía.

ADAM WEISTHAUPT, fundador de la orden
de los Illuminati, 1786

Cuestiona la autoridad. Piensa por ti mismo.

TIMOTHY LEARY, 1967

## La bioconspiración

En el comienzo fue la conspiración. Las moléculas individuales se unieron en grupos para explotar mejor los recursos del planeta. En qué momento exacto los compuestos del carbono tomaron esa determinación, cómo lo hicieron y cuánto tardaron en conseguirlo es un proceso que hasta ahora la ciencia no ha logrado reconstruir por completo. Lo único que se sabe con seguridad es que el resultado de esa conspiración molecular se reveló hace unos tres mil quinientos millones de años: organismos unicelulares capaces de reproducirse... bacterias... ¡vida! Y lo que es seguro también es que fue una conspiración.

*Conspirare* significa literalmente «respirar juntos», pero en la época en que se produjeron esas primeras actividades bioquímicas todavía no había oxígeno en la atmósfera terrestre. *Spiritus* no sólo significa «aliento» y «respiración», sino también «espíritu», y era precisamente un espíritu el que debía de andar por ahí —conspirando— antes ya de que surgiera el oxígeno; un espíritu a guisa de superagente secreto llamado ARN que, junto a su colega ADN, que apareció poco después, se convirtió en el cerebro de la conspiración que asola desde entonces el planeta Tierra. Cualquiera que sea el origen del ARN y su colega ADN, e independientemente de que se trate de frutos de cosecha propia o de invasores extraterrestres, la cuestión es que con la aparición de estas dos supermoléculas comienza una nueva historia en la Tierra, la conspiración de la vida.

Ahora bien, esos dos agentes secretos no son seres vivos, sino compuestos químicos, de forma que atribuirles la intención de conspirar —es decir, de tramar un plan— o, dicho de otro modo, atribuirles inteligencia parecería un atrevimiento excesivo. Sin embargo, todo apunta a que en efecto fue una conspiración. En cualquier caso, en los últimos cuatro mil millones de años, los agentes ARN no han dejado lugar a dudas de cuál era su intención como conquistadores. Colonizaron cada centímetro cuadrado de tierra muerta y superficie acuática con lo que nosotros denominamos vida: bacterias, microorganismos, hongos, plantas, animales y, finalmente, seres humanos. La opinión, hasta hace poco muy extendida, de que ese proceso consistió en un encadenamiento de sucesos puramente casuales provocado por leyes de la naturaleza y transformaciones accidentales (mutaciones) que en ese momento fraguaron ha sido seriamente cuestionada por teorías más recientes de la biología evolutiva.

Pero ¿cómo surgió la vida? Freeman Dyson[1] sostiene que se produjo una «simbiosis» entre el ARN y una proteína, aunque el término «simbiosis» no sería correcto, dado que hablamos de un simple compuesto ácido y un compuesto proteínico igualmente inanimado. Y, por tanto, no hay «bios» —vidas— entre las que pudiera existir asociación. Aquí, por consiguiente, el término más adecuado sería «conspiración»: dos unidades, el agente ARN y la proteína, se ponen de acuerdo para intentar sobrevivir en un entorno hostil. Y como cualquier conspiración que se precie, la conspiración química, que genera organismos vivos capaces de reproducirse y metabolizarse, tiene su secreto. Hasta el día de hoy la ingeniería genética y la biotecnología no han conseguido, a pesar de los esfuerzos, salvar el abismo que existe entre la química y la biología y explicar el salto de los compuestos del carbono inertes a las células vivas. Hoy seguimos sin saber cómo se pusieron de acuerdo las moléculas de ácido y los compuestos proteicos —a espaldas de todos los demás compuestos— para cooperar.

No obstante, al principio no había ningún organismo vivo con un núcleo celular definido y los mares del mundo estaban poblados por bacterias unidas entre sí mediante una fina membrana. Éstas fueron alimentándose de distintos recursos —como, por ejemplo, el abundante azufre—, que engullían alegremente. En un momento dado, naturalmente, se acabaron los nutrientes y de forma simultánea, y sin que se dieran cuenta, el trío ARN-ADN-proteína comenzó a mover claramente los hilos. Y es que las bacterias, que hasta ese momento actuaban con plena libertad, se unieron en grupos y abandonaron su existencia individual para someterse a otros seres pluricelulares y repartirse las tareas.

Según la actual doctrina predominante en la biología evolutiva, denominada pos-, neo- o ultradarwinismo, la función del ARN y el ADN consiste únicamente en un sencillo truco de repetición, un mecanismo de copia que no entraña ningún secreto, y mucho menos da lugar a teorías de la conspiración. La fábrica evolutiva que genera la vida en este planeta no es otra cosa, según este punto de vista, que una gigantesca copistería donde se generan copias de manera mecánica bajo la dirección de un relojero ciego. No hay un departamento de I+D, y el misterio de cómo, tres mil años más tarde, una bacteria unicelular ha dado lugar, mediante la simple copia, a seres tan complejos como Louis Pasteur o Robert Koch constituye un secreto que el neodarwinismo tiene bien guardado en la trastienda de la fábrica. Y allí van a parar también los desechos, las copias defectuosas, las «mutaciones». Sin embargo, cuando las condiciones impuestas por el mercado cambian, es decir, cuando cambian las situaciones ambientales, los ejemplares defectuosos de repente se vuelven un éxito y se incorporan a la cadena de producción en masa.

El propio Darwin nunca negó que su teoría sobre la selección natural dejaba muchas preguntas en el aire y un gran margen para mejorar. Como científico, sólo se resistía a admitir, y con razón, «mejoras milagrosas»; igual que su contemporáneo, el conde e intelectual ruso Piotr Kropotkin. Tras leer *El origen de las especies* durante un viaje por Siberia y Manchuria, Kropotkin advirtió —mientras observaba la naturaleza— que, en contraposición a la lucha de las especies por la supervivencia, existía también una fuerte tendencia a la cooperación y a la protección mutua, y a ese respecto escribió:

Si preguntamos a la naturaleza «¿Quiénes son más aptos: aquellos que constantemente luchan entre sí o, por el contrario, quienes se apoyan entre sí?», enseguida veremos que los animales que adquirieron la costumbre de ayudarse mutuamente resultan, sin duda alguna, los más aptos y mejor adaptados. Tienen más posibilidades de sobrevivir como individuos y como especie, y alcanzan en sus correspondientes clases el grado más alto de desarrollo en inteligencia y organización física.[2]

La apreciación de Kropotkin no llegó a tomarse nunca muy en serio, sobre todo porque el hecho de ser bohemio, miembro del movimiento anarquista y un científico inconforme era ya motivo de desconfianza suficiente. Sin embargo, el título del libro donde recogió sus observaciones expresa a la perfección cuáles son las mejoras naturales (que no «milagrosas») necesarias para explicar la evolución de la vida mediante la teoría de la selección natural de Darwin: *El apoyo mutuo*. Si al observar el sistema «evolución» nos centramos únicamente en el proceso de competencia, el proceso —opuesto y de naturaleza totalmente distinta— de la cooperación quedará fuera de nuestro campo de visión. Igual que los físicos, por ejemplo, pueden demostrar empírica y matemáticamente la teoría de la luz partiendo del supuesto de que la luz está compuesta de multitud de partículas, los neo- y ultradarwinistas hacen sus propios cálculos y extraen de ellos la conclusión de que los únicos responsables del milagro de la creación son el generador del azar de la copistería (dentro) y el principio de la competencia (fuera). Pero la luz también es una onda, se expande como una frecuencia por todo el espacio y no está dividida en partículas. Para comprender de verdad el fenómeno hemos de aceptar ese doble carácter. Una paradoja similar se da en la evolución, donde la competencia y la cooperación actúan al mismo tiempo, a pesar de que se excluyen mutuamente. Sin embargo, existe un puente entre ambas, una malla oculta, un principio que une esos dos procesos opuestos y constituye un elemento común de los mismos: la conspiración. La instigación conspiradora de la simbiosis fue el primer enlace del inmenso engranaje del ser. Cuando la bióloga Lynn Margulis[3] demostró a mediados de los años sesenta que las primeras criaturas con núcleo celular surgieron de la cooperación entre las bacterias, y que dicha «simbiogénesis» constituía el motor de la evolución, tildaron su teoría de disparate especulativo. Sin embargo, en la actualidad, la teoría del desarrollo celular se encuentra en todos los libros de texto. En cambio, el hecho de que dicha teoría socavara por completo el dogma imperante de mutación y selección ha pasado ampliamente inadvertido.

La conspiración que han emprendido el ARN y las proteínas sólo tiene una finalidad: generar en el mundo tanta vida como sea posible. Y como para ello no basta el burdo mecanismo de la copia, con el cual nunca se habría superado el estadio de las bacterias, durante la primera crisis importante de la vida en la Tierra se activó el principio de cooperación. A diferencia del programa de copia, que está codificado en ácidos nucleicos, el programa de cooperación es de orden conspirativo: no hay guión, ni código ni indicios materiales. Y como ocurre en cualquier conspiración perfecta, no podemos destapar la estructura atrapando a los distintos mafiosos por separado y obligándolos a confesar, porque ni ellos mismos conocen la estructura completa, o, a lo sumo, la conocen de oídas y sólo mantienen contacto directo con algunos miembros de su misma región. La oruga no puede comprender la mariposa ni los protozoos flagelados de la Antigüedad, a los que se indujo a entrar en estas células, tenían la menor idea de que mil quinientos años más tarde actuarían como caballos de carreras en el esperma de los mamíferos.

El elemento conspirador de la evolución no es reconocible si se analizan las partes por separado. Sólo sale a luz cuando nos fijamos en el funcionamiento conjunto, en las interrelaciones generales. «La vida» surgió por primera vez a raíz de la cooperación de organismos vivos. La copia y la competencia por los escasos recursos pueden entenderse como un juego sin alma, pura mecánica, física aséptica que no entraña trabajo social; las simbiosis iniciales que dieron lugar a las especies superiores, por el contrario, no. La cooperación no sólo exige comunicación, sino también acuerdo, una idea común, espíritu: conspiración.

Ya al principio del origen de la vida en el planeta Tierra, los microbios disponían de posibilidades conspirativas de las que nosotros no hemos tenido conocimiento hasta hace pocos años. Nosotros calificamos de grandes logros técnicos avances como las telecomunicaciones y la transmisión de datos, y consideramos que la democracia o los referendos son el pináculo de la civilización. Pero lo cierto es que hace dos mil millones de años las bacterias ya contaban con esos avances. Para una sola bacteria, la alfombra de plancton de diez metros de longitud de su colonia que se mece con las olas del océano es tan grande como el continente americano para el hombre, y pese a ello el microbio de «Alaska» puede comunicarse con su colega de «Tierra del Fuego» para coordinar el comportamiento de toda la colonia. El sistema se denomina *quorum sensing*, donde «quórum», un término que proviene del derecho romano, hace referencia al número de miembros que debe asistir a una reunión para que las decisiones tomadas en ella sean vinculantes. Las bacterias calculan su «quórum» expulsando a su alrededor una sustancia bioquímica que sirve de señal. Cuando se alcanza un determinado umbral, la sustancia química retorna a las bacterias para activar unos genes y desactivar otros provocando un cambio en sus actividades y su comportamiento reproductor que se extiende por todo el «continente».

Esas capacidades comunicativas de los microbios no sólo han arrojado una luz nueva sobre estos organismos que no son tan primitivos como creíamos, sino también sobre el origen en general de los organismos vivos «superiores». Y todo ello ocurrió como si de una conspiración se tratase, de manera tan encubierta que su código de comunicación no fue descifrado hasta hace pocos años. Ahora sabemos que incluso las formas más simples de vida poseían la capacidad de comunicarse; también sabemos que hace unos dos mil quinientos millones de años determinadas bacterias se asociaron en grupos para crear los primeros organismos multicelulares y que, desde entonces, trabajan para generar formas de vida cada vez más complejas.

El cerebro humano probablemente es, desde ese punto de vista, la colonia más desarrollada y compleja que ha formado jamás la inteligencia microbiana, tan compleja que ni sus propios portadores, los humanos, logran comprenderlo. «Si nuestro cerebro fuera tan simple que pudiéramos entenderlo, nosotros seríamos tan simples que no podríamos entenderlo», así definió el dilema el investigador del cerebro Emerson Puigh[4] en una ocasión. Y eso demuestra que en realidad lo que tenemos en la cabeza es una colonia, una sucursal de una inteligencia superior. El único candidato para el puesto es el cerebro global (o *global brain*):[5] la red de bacterias organizada y formada por billones de interconexiones que se ha mantenido estable durante miles de millones de años. El acuerdo tácito de cooperación entre distintos microbios probablemente constituye la única conspiración mundial que existe en el mundo, y su único objetivo es la vida.

Las conspiraciones, desde el punto de vista de la historia natural, son una norma evolutiva, un patrón de comportamiento por el que se rigen todos los grupos sociales, y no sólo los timadores, los servicios secretos o la comunidad internacional. Tal vez por esa razón nunca se haya colocado el tema de la conspiración bajo la lente de la ciencia y hasta la fecha no exista ninguna teoría general sobre el mismo.

## EL DILEMA DE MULDER

Han sido ELLOS. Cuando al agente Fox Mulder se le salen los ojos de las órbitas y su compañera, la agente Scully, le lanza una mirada cargada de desprecio frunciendo su preciosa frente con gesto elocuente, los espectadores de *Expediente X* sabemos qué pasa: ELLOS han vuelto a actuar. Quiénes son ELLOS sigue siendo un misterio tras más de cien episodios de «casos del FBI sin resolver». Ahora bien, no cabe duda de que tras todos esos sucesos misteriosos tiene que haber alguien; y no un alguien cualquiera, sino una estructura o una organización poderosa. Al menos al agente Mulder no le cabe la menor duda, porque posee infinidad de pruebas y, cuando no hay pruebas, es porque alguien las ha destruido. Según William S. Burroughs, que en una ocasión dijo que «un paranoico conoce siempre todos los hechos», un investigador incombustible como el agente Mulder sería un paranoico a quien habrían encerrado en el manicomio antes del tercer episodio de no ser por el escepticismo de la doctora Scully, que es una mujer con los pies en la tierra. Sin embargo, Mulder se convirtió en uno de los personajes más queridos de la televisión y *Expediente X* fue una de las series de mayor éxito de la década de los noventa. Un Don Quijote posmoderno que lucha con desesperación contra molinos de delitos y encubrimientos misteriosos aunque sabe que la agencia encargada de la resolución de los casos, incluido él mismo, forma parte de la trama. De manera que Mulder y Scully nunca pueden resolver el rompecabezas con las piezas que tienen y, cuando lo resuelven, el rompecabezas no revela quiénes son ELLOS porque ELLOS lo han manipulado. Lo único que, día tras día, parece verse claro es que detrás de todo eso debe de haber una inmensa conspiración.

> La paranoia no es la peor opción cuando uno no es capaz de distinguir a primera vista al amigo del enemigo.
>
> CHRISTOPH SPEHR, *Die Aliens sind unter uns!*
> [Los aliens están entre nosotros], Múnich, 1999

El dilema de Mulder es doble. Por un lado, el mundo entero (incluidos todos los servicios secretos, ejércitos y posibles civilizaciones extraterrestres) conspira contra él y sus investigaciones, una conspiración tan poderosa y universal que jamás podrá ser destapada. Por otro lado, en cambio, nadie puede refutar sus disparatadas teorías, ni siquiera su querida Scully, porque cualquier prueba que se utilice para rebatirlas serviría igualmente para corroborarlas. Al menos en opinión de Mulder. Detrás de todo, una vez más, están ELLOS... Nada es lo que parece y contra ese doble espejismo hasta los propios superhéroes luchan en vano.

«Quien logre que se haga las preguntas equivocadas no tendrá que preocuparse por la respuesta», leemos en la gran novela de la conspiración *El arco iris de la gravedad*,[6] de Thomas Pynchon. Para nuestros agentes del FBI de finales de los noventa esta lamentable trampa cognitiva es el pan nuestro de cada día. Y tal vez no sea casualidad que los personajes televisivos de Mulder y Scully se convirtieran en superhéroes abocados a batirse en la lucha de espejos entre la verdad y la mentira, entre la manipulación y la realidad. Ellos marcan el final de la Ilustración clásica: la creencia en una verdad objetiva, en una realidad inequívoca que puede reconocerse desde fuera. La agencia que les ha encargado que esclarezcan la verdad constituye en sí misma parte del problema y, como ocurre en física cuántica con el observador, Mulder sólo puede descubrir el pastel si forma parte del propio experimento.

Las conspiraciones son algo tan genérico y evidente que en apariencia no merecen una gran explicación. El hecho de que A y B se pongan de acuerdo en contra de C para obtener algún provecho forma parte de todos los aspectos sociales y naturales de nuestra vida cotidiana; como también es común y corriente que A y B, para aumentar la ventaja, oculten a C el acuerdo que han alcanzado. Con el acuerdo secreto ya tenemos todos los ingredientes necesarios para una conspiración en toda regla, ya sea una conspiración natural de dos parásitos que colaboran para desbancar a un tercero en el reparto del botín, una conspiración comercial para engañar a la competencia, una conspiración política donde los servicios secretos erigen su propio reino de las sombras, o una conspiración personal donde los cotilleos y las intrigas están a la orden del día. A pesar de que en la actualidad nos vemos rodeados de toda clase de teorías de la conspiración y aún no existe una teoría general sobre ellas, los habitantes del mundo de la tele poseen una visión bastante clara de la realidad de la conspiración.

En septiembre de 1996, una encuesta publicada en la revista *George* indicaba que el 74 % de los estadounidenses adultos —casi tres de cada cuatro ciudadanos— piensa que el Gobierno de Estados Unidos está implicado con frecuencia en actividades secretas y conspirativas. ¿Acaso estos ciudadanos estadounidenses que adolecen de tamaña desconfianza confunden la televisión con la realidad? Aunque en Alemania, donde tradicionalmente se mira a las autoridades con más ingenuidad que desconfianza, los resultados de esa misma encuesta habrían sido menos drásticos, no puede decirse en modo alguno que esos tres de cada cuatro estadounidenses medios que sospechan que su gobierno lleva a cabo actividades viles y delictivas estén locos o paranoicos. El mismo estudio reveló que no más del 29 % cree en la magia, y sólo un 10 % está convencido de que Elvis Presley sigue vivo. Son personas bastante corrientes y molientes y, sin embargo, tres cuartas partes de ellas albergan opiniones sobre el Estado parecidas a las que un siglo atrás no sostenían más que los anarquistas y algún que otro cínico. Saben distinguir perfectamente entre un informativo y *Expediente X*, pero intuyen que los casos más insólitos de Mulder y Scully no son completamente ficticios, de la misma manera que la versión oficial de los hechos que se cuenta en los informativos tampoco es del todo objetiva. Que los partidos y la madre patria están ahí para garantizar la democracia y la justicia, y el policía para ayudarles y ser su amigo —es decir, esa mentalidad beata que nos inculcan en el colegio— es, desde su punto de vista, de una ingenuidad absoluta. Pero eso no es todo. Además, la sospecha de que quienes nos gobiernan son una banda de corruptos y criminales se ha extendido por todo el espectro político y todas las capas de la población.

Los políticos y el gran capital no son, por supuesto, los únicos que adolecen de una falta de confianza de esa magnitud. No existe prácticamente ningún grupo de la especie *Homo sapiens* que no haya sido objeto de temerosas sospechas y reproches por parte de otro grupo. Y cuando hablamos de grupo incluimos desde grandes colectivos como las naciones, las razas o las comunidades religiosas hasta bandas callejeras o el clan del pueblo de al lado, pasando por gremios profesionales como los vendedores de coches usados, los técnicos que reparan televisores o los dentistas. Cuando aflora la sospecha de una conspiración, no hay mal en el mundo ni problema local del que no pueda culparse a un grupo determinado. Históricamente, por ejemplo, se creyó durante varios siglos que primero los judíos, más tarde los herejes y después las brujas eran sencillamente la encarnación del mal mundial y el «Anticristo». Después, tras la Revolución francesa, se unieron al grupo los francmasones, los capitalistas, los comunistas y los servicios secretos. Hitler relacionó dos de los grupos odiados predilectos en la «conspiración judeobolchevique», con la que instigó a sus dóciles ejecutores a ir a una guerra mundial, y acabó convirtiéndose en el teórico de la conspiración más atroz del siglo pasado. Desde entonces, la variedad y las posibles combinaciones de los potenciales grupos a los que enfrentarse son mucho mayores y, como al parecer el espíritu humano tiende a ahondar en aquello que cuadra con una determinada perspectiva, el mal se encuentra por todas partes. Sólo hace falta detenerse a mirar el tiempo suficiente.

En ese aspecto, las teorías de la conspiración sobreviven también a cualquier crítica. Como demonología popular, comparten ese estado de elevación con su homólogo clásico: la teología. Resulta tan difícil demostrar mediante experimentos científicos la ubicuidad de Dios como refutar las tesis de que al fin y al cabo el mal controla el mundo. Tal vez entonces todos esos contemporáneos nuestros que desconfían de sus gobiernos, agencias tributarias, instituciones, científicos y medios de comunicación crean, en resumen, en una suerte de superstición materialista que ya no culpa de los infortunios a demonios, poderes diabólicos y fuerzas sobrenaturales, sino a personas y grupos vivos. Pese a que los teóricos de la conspiración son conscientes del inconveniente que representa que en su caso se trate de una cuestión de fe, y presentan de inmediato hechos, documentos y pruebas, los paralelismos estructurales entre las antiguas creencias demoníacas y el nuevo pensamiento conspirativo son evidentes. Ambos reducen una realidad compleja e inabarcable a un simple esquema causa-efecto.

## NO ES ORO TODO LO QUE RELUCE

Robert A. Wilson, autor junto a Robert Shea de la trilogía sobre conspiraciones *The Illuminatus Trilogy*,[7] una obra escrita en los años setenta que se convirtió en novela de culto y *best seller* mundial, escribió un tratado sobre la conspiración titulado *Everything Is Under Control* («Todo está bajo control»).[8] Para él, las conspiraciones constituyen una «prolongación natural de nuestras prácticas comerciales y económicas con intenciones totalmente normales» y son «inherentes» a nuestra sociedad. «En principio —según Wilson— todo individuo se comporta como un conspirador, como en el póquer.»

Si en principio toda persona actúa como un conspirador porque es una prolongación natural de su comportamiento comercial instintivo y lo hace con absoluta normalidad, es decir, si las conspiraciones son algo tan natural como parece, ¿por qué existen en la mayoría de los países leyes contra ellas? Pues precisamente porque ni son tan naturales ni se producen por medios tan normales.

En 1992, el presidente del subcomité de Terrorismo, narcóticos y operaciones internacionales del Senado, John Kerry, se sorprendió al descubrir en las actas de la investigación del caso Irán-Contra que la CIA introducía drogas ilegalmente en el país y financiaba sus operaciones con los narcodólares que sacaba del negocio:

> Al principio, cuando lo descubrimos, no nos lo podíamos creer, no; no nos parecía posible. No me lo podía creer. Y luego, poco a poco, nos lo iban corroborando por todas partes, detalle por detalle: el poder de los narcodólares, con los que se compra a países enteros, instituciones judiciales, etcétera […] en ambos bandos de las revoluciones, alterando el orden geopolítico de una manera en la que jamás hemos querido tener nada que ver. Y eso no sólo sucede en Centroamérica, ocurre también en Extremo Oriente y el valle de Bekaa. ¿Es o no es cierto que prácticamente todos los grupos políticos, revolucionarios o no, utilizan los beneficios del tráfico de drogas para comprar armas y financiar sus operaciones?[9]

No se puede contar con que el jefe de la CIA responda a esta desconcertante pregunta cargada de verdad: «Sí, señor. Dado que el Senado nunca nos concedería el dinero que necesitamos para estabilizar nuestra influencia geopolítica en cincuenta países, nos vemos obligados a recurrir a otras fuentes de financiación. El tráfico de drogas es lo que proporciona mayor margen de beneficio, junto con el tráfico de armas, sobre todo cuando abastecemos a las dos partes del conflicto...» Y no es que no pueda esperarse semejante respuesta por falsa (con el tiempo, a los detalles que fueron confirmándose punto por punto, para desconcierto del presidente del subcomité Kerry, se han ido añadiendo muchas otras pruebas minuciosamente documentadas), sino porque esa verdad entraría en conflicto con la seguridad nacional.

Aquí tocamos otro de los aspectos sustanciales de las teorías de la conspiración: no es el ciudadano exagerado e ingenuo que tiende a buscar un chivo expiatorio quien proporciona el caldo de cultivo para la proliferación de las teorías de la conspiración; son los Estados y las élites del poder, que sufren una paranoia crónica. O dicho de otro modo: si actualmente tres cuartas partes de la población desconfían de su gobierno, los gobiernos se fían menos todavía de la población.

Intervención telefónica, videovigilancia, controles de orina, o *homeland security* («seguridad nacional») son sólo algunas de las palabras clave de moda. Además, todos los Estados disponen de leyes contra las conspiraciones y cuentan con autoridades y personal especial que persigue día y noche cualquier clase de subversión. Según el historiador inglés R. J. Blackburn,[10] las tribus, naciones o Estados no pueden vivir sin servicios secretos, porque siempre hay otra tribu de la que hay que mantenerse alejado o protegerse; y porque incluso dentro de la misma tribu hay potenciales enemigos que quieren desbancar a quienes gobiernan y representan una amenaza constante. La conspiración, por tanto, no es inherente únicamente a la vida económica, sino a la vida del Estado, lo cual da lugar a una terrible contradicción: el propósito de acabar con las conspiraciones, lejos de conducir a la contención del comportamiento conspirador, lo produce y lo fomenta. El dilema de Mulder —la sospecha de que la agencia que se encarga de destapar hechos ocultos oculta cosas— no es una invención, sino una realidad, y su lema de «no confiar en nadie» ha sido superado por la realidad con creces. No por un visionario cualquiera, sino por el estadista más poderoso del siglo: Iósif Stalin.

Stalin, efectivamente, no confiaba ni siquiera en sus colaboradores más estrechos y, tras la sangrienta depuración con la que, a mediados de los años treinta, eliminó cualquier oposición dentro del Partido y del Ejército, los pocos compañeros que quedaron también dejaron de confiar en él. El dictador pensaba que detrás de cada crítica, cada oposición e incluso detrás de cada pequeña broma había una conspiración, así que sus colaboradores se dedicaban a decirle a todo que sí y le seguían la corriente. Por eso nadie le llevó la contraria cuando no dio crédito a las noticias sobre la inminente invasión alemana, pensaba que procedían «de fuentes dudosas» o no eran sino «provocaciones británicas», y ordenó al Ejército no actuar. Incluso cuando diez meses más tarde el Ejército alemán había logrado concentrar a 3,2 millones de hombres en la frontera rusa, Stalin continuó tildando los informes que hablaban de la inminencia de un ataque de «alarmismo sin fundamento». Su confianza en el pacto de no agresión con Hitler era tan desmedida como su desconfianza hacia los enemigos internos, la desinformación y el miedo a caer en la trampa de un complot británico. «Pocos pueblos —afirma un historiador de la Segunda Guerra Mundial— han sido prevenidos de una invasión como lo fue la Unión Soviética en junio de 1941.»[11] Con todo, tras comenzar la invasión el 22 de junio de 1941 a las 3.45 de la madrugada, Stalin tardó ocho horas en autorizar la puesta en marcha de la reacción armada. Los aviones de reconocimiento alemanes pudieron incluso realizar aterrizajes de emergencia y despegar de nuevo con el depósito lleno. Hasta ese momento, Stalin seguía pensando que el ataque alemán era una iniciativa de unos cuantos generales alemanes obstinados o manipulados por los británicos que estaban contraviniendo los verdaderos deseos de Hitler. La infundada teoría de la conspiración de Stalin lo indujo a ignorar por completo la auténtica conspiración contra su país. Tanto fue así que el jefe del Estado Mayor alemán anotó en su diario que el Ejército soviético no estaba de ninguna manera preparado para defenderse y que había sido «sorprendido tácticamente en todos los frentes».

Si Stalin no se hubiera obcecado con las preguntas equivocadas, se hubiese formulado las correctas y hubiera fortificado la frontera occidental en el momento adecuado, la Segunda Guerra Mundial habría transcurrido de forma bien distinta. Su comportamiento pone de relieve otro aspecto de la teoría de la conspiración: involucrarse en teorías de la conspiración puede llegar a distorsionar nuestra percepción de la realidad hasta el extremo de que pasemos por alto el verdadero peligro de una conspiración. El dirigente, aislado en el Kremlin, ciertamente ya no se fiaba de nadie, ni de sus subordinados ni de los informes de los servicios de inteligencia de todo el mundo, que estaban de acuerdo con los primeros. Sólo un hombre seguía inspirándole confianza, y la terrible idea absurda sobre la conspiración —el hecho de que el intento de contenerla promueva su propagación— se revela aquí como un verdadero desatino: la única persona en la que todavía confiaba el paranoico de Stalin y que jamás faltaría a su palabra era precisamente Hitler.

«No es oro todo lo que reluce», una regla de oro del pensamiento conspirativo que el dictador soviético interiorizó hasta convencerse de que los rascacielos de la maquinaria ofensiva alemana eran en realidad pueblos Potemkin, y Hitler, un hombre de palabra. Sobre los paralelismos entre los dos dictadores se han escrito muchos textos que revelan otros aspectos interesantes desde el punto de vista de la teoría de la conspiración. Una razón importante por la que Stalin pudo pasar por alto el peligro que representaba Hitler era que ya había tenido que vérselas con el mismísimo diablo y creador de todos los males del mundo: su ex compañero de lucha León Trotski, a cuyos secuaces veía trabajando por el país después de ordenar su muerte. Para Stalin todos los peligros venían de dentro, y esas conspiraciones siempre tan temidas por él lo cegaban frente a cualquier noticia sobre conspiraciones reales de fuera. En el caso de Hitler, en cambio, la dinámica de las teorías de la conspiración funcionaba justo a la inversa: él utilizó e instrumentalizó una conspiración exterior inventada —los peligros de la supuesta conspiración mundial judeobolchevique— para construir un sistema conspirativo real en el interior y desencadenar la Segunda Guerra Mundial. Y por uno de esos derroteros extraños del pensamiento paranoide, parece ser que empleó como guía y manual precisamente la misma conspiración que él se proponía exterminar de una vez para siempre: los *Protocolos de los sabios de Sión*.

## LOS «SABIOS DE SIÓN», HITLER
## Y LOS ILLUMINATI

En 1864, el jurista Maurice Jolly escribió un panfleto contra el despótico gobierno de Napoleón III que disfrazó, para eludir la censura, de diálogo entre Montesquieu y Maquiavelo. En dicho diálogo, Maquiavelo sostiene que la humanidad sólo puede salvarse imponiendo un gobierno totalitario, mientras que Montesquieu adopta el punto de vista liberal del autor. Jolly estuvo quince meses en prisión y tuvo que pagar doscientos francos de multa por la publicación del texto. Sin embargo, no vivió para ver cómo su ingenioso texto se convertía, tiempo más tarde, en la base de una de las falsificaciones más funestas de la historia universal. En 1898, el ruso judío Elie de Cyon, que residía en París, escribió una sátira mordaz sobre el nuevo ministro de Finanzas ruso Witte sirviéndose de largos pasajes del diálogo de Jolly. La policía secreta rusa, la Ochrana, que se hallaba también en París tras la pista de posibles conspiraciones contra el Imperio ruso, se apoderó de los papeles y transformó el texto en un manual para la conquista del mundo. Difundido como el documento de un gobierno judío secreto y bajo el título de *Protocolos de los sabios de Sión*, el alegato de Jolly a favor de la democracia y la tolerancia quedó convertido en un libelo antisemita.

Los *Protocolos de los sabios de Sión* se publicaron por primera vez en un periódico de San Petersburgo, y el zar quedó tan impresionado que ordenó que se leyeran algunos extractos en 362 iglesias moscovitas. Posteriormente, de todos modos, Nicolás II prohibió su utilización cuando una comisión de investigación determinó la falsedad del documento. Desde entonces, la falsedad de la teoría de la conspiración mundial de los *Protocolos de los sabios de Sión* se ha demostrado docenas de veces y varios tribunales la han calificado como tal, aunque ello no ha impedido su propagación. El rey del automóvil, Henry Ford, que temía una «bolcheviquización» de Estados Unidos por causa del judaísmo liberal, imprimió las tesis del panfleto en letra gigante. No obstante, el espantoso y definitivo triunfo de la teoría de la conspiración mundial de los judíos se produjo en la Alemania del nacionalsocialismo. Hitler citó los *Protocolos* por primera vez en 1921, y a partir de ahí las referencias en sus discursos fueron constantes, a pesar de que él era perfectamente consciente de que los documentos, que en la edición alemana se distribuyeron como los protocolos de un congreso sionista supuestamente celebrado en Basilea en 1897, eran falsos. Pero, como para todo teórico de la conspiración, cualquier prueba que refutara su teoría podía servir igualmente para corroborarla, y así lo da a entender claramente en el primer volumen de *Mi lucha*:

> Los *Protocolos de los sabios de Sión*, tan detestados por los judíos, muestran, de manera inequívoca, hasta qué punto la existencia de ese pueblo está basada en la mentira permanente. «Los Protocolos son falsos», protesta una y otra vez el *Frankfurter Zeitung*, lo que no es sino una prueba más de que es verdad […] El día en que ese documento sea conocido por todo el mundo, se habrá neutralizado el peligro del judaísmo.[12]

Tras su ascenso al poder, Hitler se encargó de que el contenido de los *Protocolos* pasara a ser de dominio público en toda Alemania. En las escuelas se inculcaba la idea de que una conspiración mundial de los judíos había desencadenado ya la revolución en Francia y Rusia, y estaba infiltrándose en el resto del mundo mediante la democracia y el liberalismo. Y no sólo eso, los alemanes arrojaban octavillas con tesis de los *Protocolos* sobre la recién ocupada Francia, lo que demuestra hasta qué punto era central el papel que desempeñaba esa teoría ficticia de la conspiración en la propaganda del Tercer Reich. Y más interesante resulta aún el hecho mencionado con anterioridad de que Hitler —a diferencia de Stalin, que por culpa de una conspiración ficticia pasó por alto la verdadera— escogió una conspiración ficticia atribuida a su principal enemigo para urdir, siguiendo su modelo, una estrategia destinada a conquistar el mundo. De ese modo Hitler se convirtió, tal como afirma Hannah Arendt, en un «discípulo de los sabios de Sión»:

> Los movimientos totalitarios adaptaban los recursos organizativos de las sociedades secretas y al mismo tiempo las vaciaban de la única sustancia que las justificaba y las dotaba de funcionalidad, esto es, el secreto y la necesidad de guardarlo [...] Los nazis comenzaron con la ficción ideológica de una conspiración mundial y se organizaron de manera más o menos inconsciente según el modelo de la sociedad secreta ficticia de los sabios de Sión.[13]

La pregunta de si la élite nazi no sólo se organizó sin saberlo conforme al patrón de la logia secreta ficticia de Sión, sino si además se sometió deliberadamente al control de sociedades secretas reales, como la sociedad Thule, ha acabado convirtiéndose con el tiempo en materia de sofisticadas teorías de la conspiración. Así, un joven anticuario del sur de Alemania intentó demostrar en una obra de varios volúmenes,[14] firmada con pseudónimo, que todas las conspiraciones que se han conocido eran en realidad tapaderas para encubrir a los Illuminati, tras quienes se esconde la casa Rothschild, que condujo a todas las naciones, incluso a la «marioneta de Hitler», a la guerra y las indujo a endeudarse con sus bancos. En la obra, de gran crudeza, que debido a algunos pasajes que recuerdan a los *Protocolos* y *Mi lucha* es considerada en Alemania una de las obras no aptas para menores, se representa a los nazis como tarados fanáticos del odio e instrumentos subordinados a una superconspiración que las familias Rothschild y Rockefeller llevan siglos urdiendo. Una tesis similar a ésta es la que se maneja, aunque de forma un poco más evolucionada, en el actual *best seller* sobre conspiraciones *Das schwarze Reich* («El Reich negro»), donde se dice:

> Ni la Segunda Guerra Mundial ni el comunismo ni el Tercer Reich de Adolf Hitler fueron accidentes de la historia [...] Los grupos que ostentan el poder en el ámbito de lo oculto y lo esotérico se hallaban tanto tras el experimento de construir

un Tercer Reich basado en lo puramente espiritual y mágico como tras el experimento comunista del bloque del Este al cual se puso fin con ayuda, ni más ni menos, que del Vaticano.[15]

En novecientas páginas y con un complejo y voluminoso sistema de referencias, el autor intenta demostrar que los nazis no sólo adoptaron la estructura organizativa de una sociedad secreta, tal como sostiene Hannah Arendt, sino que, además, siguieron, de manera más o menos consciente, los contenidos y objetivos de una sociedad secreta en concreto: la de los Illuminati.

La orden de los Illuminati fue fundada en mayo de 1776 en Ingolstadt por el francmasón, profesor de teología y entonces jesuita Adam Weishaupt.

Según la *Encyclopaedia Britannica*, los Illuminati no tardaron en atraer a varias logias masónicas y en ocupar una posición significativa en el movimiento de los librepensadores republicanos. El establecimiento de un nuevo orden mundial cosmopolita sin Estados, príncipes ni clases, tal como se lo imaginaban los Illuminati, atrajo también a muchas personalidades eminentes como Goethe o Herder. Pero todo el movimiento en su conjunto se interrumpió de manera abrupta cuando, en 1784, comenzó a ser perseguido por el gobierno bávaro.

Para muchos, sin embargo, la historia de los Illuminati empezó en realidad con su disolución oficial en 1785, dado que precisamente la desaparición y el funcionamiento en la sombra formaban parte de sus principios, tal como fueron redactados por Weishaupt[16] y su compañero Adolph Freiherr von Knigge en sus *Instructiones*:

De poder alcanzarse los objetivos, sería indiferente bajo qué envoltura se hiciera, y una envoltura siempre es necesaria. Porque en la ocultación reside en gran medida nuestra fuerza. Porque uno debe pensar siempre con el nombre de otra sociedad. Las logias de la baja francmasonería son por el momento un atuendo adecuado para nuestros altos objetivos…[17]

Aquello vino como anillo al dedo a los «cazaconspiraciones» píos como el abad Barruel, que en 1806 presentó un estudio terrorífico en cinco tomos donde sostenía la existencia de un complot de francmasones, Illuminati y judíos que, según él, habían instigado la Revolución francesa y se habían introducido en secreto en la Iglesia católica, donde había ya más de ochocientos sacerdotes y obispos infiltrados. Según el historiador francmasón Albert G. Mackey,[18] los Illuminati tenían en el año 1870 por lo menos dos mil miembros repartidos entre las logias masónicas de toda Europa, y el barón Von Knigge, que era uno de los miembros más influyentes de la orden y un cristiano devoto, difícilmente habría apoyado tanto a los Illuminati si el objetivo de éstos hubiera sido la desaparición del cristianismo. El abad Barruel, sin embargo, estableció una relación entre los Illuminati y las órdenes sufíes, los heréticos caballeros del Temple y una conspiración mundial de los judíos sobre la que construyó una base argumental paranoide según la cual los hermanos de la logia de los Illuminati comenzaron a actuar realmente tras su desaparición oficial y, dos siglos después, todavía siguen haciendo de las suyas. El hecho de que tras el nombre del distinguido barón Von Knigge —hoy en alemán sinónimo de buenos modales por el tratado que se le atribuye— se oculte el demoníaco instigador y pionero de una conspiración mundial que ha llegado hasta nuestros días forma parte de esa zona de luces y sombras donde nada es lo que parece.

Si un laico pregunta a un experto en conspiraciones qué importancia tienen esos misteriosos Illuminati, éste puede limitarse, para ahorrarse las explicaciones, a sacar un billete de un dólar. Una imagen vale más que mil palabras, y la de ese billete muestra una pirámide cuyo vértice está representado por un triángulo con un ojo que despide un brillo mágico: el «Gran Sello» de Estados Unidos es el sello de la orden de los Illuminati de Weishaupt. En la base de la pirámide figura el año 1776: la fecha de la Declaración de Independencia de Estados Unidos, y también el año en que se fundó la orden. Debajo puede leerse: *Ordo Novus Seculorum*, es decir, el nuevo orden mundial. George Bush padre —miembro, al igual que su hijo, de la hermandad Skull & Bones, de la que hablaremos más adelante— volvió a sacar a relucir el objetivo final y explícito de los Illuminati durante la última guerra del Golfo, al castigar a Sadam Hussein, sometido a la vigilancia de la CIA, en nombre de un nuevo orden mundial. Pero sólo un poco, como saben los expertos en conspiraciones, para que Israel siguiera tocando al son de los angloamericanos y los testarudos de los franceses que se empeñan en tener tratos comerciales con Sadam pierdan de una vez por todas la influencia que tienen en el juego de Oriente Próximo. Como es por todos sabido, el petróleo y el dólar de los Illuminati guardan relación… ¿o todavía quedan dudas?

Sí. ¿Acaso el ojo del triángulo no es sencillamente un antiguo símbolo egipcio y más tarde cristiano que representa la eterna vigilancia de Dios? Para responder a esta objeción, se precisa una lupa, y una de mucho cuidado, para apreciar que el ojo tiene algo especial, es bizco. ¿Y por qué? Porque no es Dios, sino el ojo gnóstico que todo lo ve, el símbolo esotérico de los iniciados y los iluminados, de los Illuminati, que con el tiempo han colocado al mundo bajo el yugo de su moneda y las exigencias de sus intereses.

Cuanto más complejos se vuelven los comportamientos, más amplios y al mismo tiempo más simples deben ser los modelos de explicación de los mismos. Tras una verdadera conspiración gigantesca que lo explica todo, ya no hay nada más; y los Illuminati, que supuestamente llevan actuando en la sombra más de dos siglos, son sólo un ejemplo de ello. Ellos, con su diabólica habilidad para el engaño, dejan atrás a los más siniestros demonios de la antigua superstición.


## LA CONSPIRACIÓN DEL DINERO

Para un conspirólogo con espíritu crítico no deja de ser un fenómeno curioso que las teorías de la conspiración más extremas surjan precisamente allí donde el número de conspiraciones reales tiende a ser intermedio, y viceversa, y donde las grandes conspiraciones se planeen y lleven a cabo, por lo general, sin despertar la menor sospecha teórico-conspirativa. Así es la conspiración del dinero, esa conspiración de los intereses según la cual un simple medio de intercambio se convierte, por citar a Karl *el Rojo* al menos en una ocasión, en «dinero que engendra dinero», en dinero que se multiplica por sí mismo.

Desde los tiempos de Moisés, de las ciudades Estado griegas y del Imperio romano, el dinero libre de intereses constituía una medida de protección del consumidor de naturaleza religiosa. La usura, que es el término de uso común para el interés, refleja a la perfección a qué nos referimos. Si el carpintero José, en el nacimiento de su hijo Jesús, hubiese invertido un grano de oro por valor de un céntimo al 5 % de interés en el año cero, en 1749 habría alcanzado el valor de una masa de oro del tamaño del planeta Tierra. En el año 1990, los intereses de ese «céntimo josefino» habrían ascendido a ciento treinta y cuatro mil millones de bolas de oro del tamaño de nuestro planeta. Semejante crecimiento acaba por sobrepasar no sólo los límites planetarios, sino también los sociales, porque otorga una ventaja insalvable a la minoría que posee dinero frente a la mayoría de personas pobres. Sin embargo, los legisladores de la Antigüedad ya sabían que el dinero debía de ser el medio de circulación de la economía y que los negocios de préstamo y crédito eran inevitables. Por eso, la ley sobre el interés que Moisés trajo del Monte Sinaí estipulaba lo siguiente: un «año sabático» o séptimo año, durante el cual se condonarían todas las deudas, y un «año jubilar», el quincuagésimo, durante el cual la propiedad de la tierra volvía al dueño original por un precio basado en el valor del terreno sin cultivar. Ese acontecimiento constituía tal motivo de alegría para el pueblo que ha quedado reflejado en nuestros términos «júbilo» y «jubilación» (antiguamente se concedía la jubilación al llegar a los cincuenta años); y como ley, desde luego, se anticipó al futuro con gran tino. Por tanto, desde un punto de vista global, la bomba de relojería del endeudamiento excesivo constituye, con diferencia, el mayor peligro para la economía mundial; y desde el punto de vista local, creo que cualquier gran ciudad del mundo acogería una iniciativa similar al «año jubilar» como un regalo del cielo. Teniendo en cuenta que, como consecuencia de la especulación inmobiliaria, hoy en día ninguna ciudad puede permitirse tener sus propios terrenos municipales en las zonas más céntricas.

Dado que los legisladores cristianos y musulmanes continuaron la tradición del dinero libre de interés, esta regla se mantuvo vigente hasta el final de la Edad Media, tanto en el mundo oriental como en el occidental. El dinero era un mero instrumento de intercambio. El hecho de que posteriormente se transformara en un medio de enriquecimiento con propiedades mágicas y se multiplicara es la consecuencia de una conspiración llevada a cabo con enorme éxito —que después siguió prosperando a la sombra— en las zonas marginales y tema tabú de la sociedad hasta convertirse, con el paso del tiempo, en un instrumento de poder que ha generado todo aquello que hoy llamamos economía mundial y apenas alcanzamos a comprender. Y es que aquello que Max Weber advirtió a comienzos del siglo XX sigue manteniendo plena vigencia hoy: «Ningún consumidor corriente tiene una idea ni siquiera aproximada de cuál es la técnica con la que se fabrican los artículos que utiliza en su vida cotidiana. Nada depende tanto de las instituciones sociales como el dinero. Cómo alcanza éste una calidad especial es algo que el usuario del dinero desconoce, ya que ni los propios expertos se ponen de acuerdo.»[19]

Para descubrir el secreto del dinero, debemos arrojar un poco de luz sobre la oscuridad que reinaba en las postrimerías de la Edad Media: el contexto, los actores y las luchas que ha desatado nuestro sistema monetario actual.[20] Hasta el final del primer milenio, los judíos, que a diferencia de los cristianos y los musulmanes permitían el cobro de intereses a otras personas, llevaron en secreto el tabú de los intereses y ocuparon esa tierra de nadie —los préstamos con interés o «usura»— que existía en la Europa cristiana. De ese modo, se ganaron el desprecio, y al mismo tiempo el respeto, asociado a la prestación de un servicio «impuro» aunque indispensable. Quien no contara con la confianza de sus compatriotas cristianos podía conseguirla de forma medio legal, «por usura», entre los prestamistas judíos. Hasta el siglo XI, esos negocios de préstamo se desarrollaron principalmente en el marco de la economía en especie, que no movía grandes sumas. Sin embargo, a raíz de la dinamización de la economía que se produjo a finales de la Edad Media, se registró un aumento de la movilidad, surgieron nuevas herramientas y técnicas agrícolas y creció la producción, de manera que el intercambio monetario y el sistema crediticio empezaron a desempeñar un papel cada vez más importante. Con ello, la minoría judía, que tradicionalmente había actuado a la sombra y al margen de la sociedad, fue catapultada a una posición central de la vida económica, lo cual inquietó a los representantes de la cristiandad más duchos en los negocios. Jacques le Goff sostiene al respecto: «La verdad es que, en la época de Francisco de Asís y la santificación de la pobreza, se despreciaba a los pobres y la usura se veía como una manera de progresar socialmente que sólo podía frenarse con la amenaza del fuego eterno.» En lo sucesivo, los canónicos y los escolásticos no se cansaron de demostrar la infamia de la usura ni de pintar los amenazadores suplicios que podía suponer cometerla. En la escala moral, se situaba al usurero por debajo del ladrón o del bandido común, porque además de «delincuente» era un «pecador». Se enriquecía gracias a algo intangible: el tiempo. Así, según san Anselmo: «El usurero no presta al deudor nada que le pertenezca, únicamente le presta tiempo, y ése pertenece a Dios. Y de una propiedad ajena no debe obtenerse beneficio alguno.» Asimismo, el «robo a lo largo del tiempo» mediante intereses favorece la desigualdad y, tal como santo Tomás de Aquino escribe en una de sus cartas a Aristóteles, se trata de algo sencillamente contra natura, porque «el dinero no se reproduce». «Se inventó —agrega santo Tomás— para llevar a cabo intercambios comerciales. Y por eso no está permitido obtener una compensación llamada interés por el uso de un dinero prestado.» También san Buenaventura presintió, mucho tiempo antes que Karl Marx, la idea esencial que se oculta tras lo que conocemos como «valor añadido»: «El dinero no puede dar ningún fruto por sí solo, de modo que el fruto proviene de otro lugar.»[21]

Como muchas otras, la conspiración del dinero presenta también rasgos innovadores y de evolución, dado que, ante el aumento de la movilidad y el desarrollo económico, la circulación de dinero, así como su disponibilidad, experimenta también una aceleración a medida que su uso resulta más lucrativo. El capital se necesitaba, en especial, para aquellas expediciones destinadas al saqueo y la conquista de territorios denominadas «Cruzadas». Y no es casualidad, por tanto, que la orden de los templarios, fundada en 1117 por Hugo de Payens en la entonces conquistada Jerusalén, fuese la que encontrase una salida al dilema entre el préstamo sin intereses o el fuego eterno. Los caballeros píos, además de los cheques y los billetes, inventaron el préstamo sin intereses, reivindicando a cambio su participación en los alquileres e ingresos por los créditos sobre las casas y las tierras. Esa ingeniosa forma de eludir la prohibición del interés fue lo que hizo que la orden del Temple se encontrara entre las de existencia más fugaz. Y sin embargo, con tiempo suficiente para crear una política financiera internacional cuya influencia se extendió por toda Europa y Oriente Próximo. Al poco de aparecer la orden, no había rey, príncipe ni abad que pudiera actuar sin el dinero de los *fratres militiae templi*, que ejercían control, no sólo sobre los poderosos, sino también sobre el gremio de los comerciantes, ya que tenían negocios en distintas partes del mundo. Pero después del apogeo llegó la decadencia: un concilio papal arrebató de nuevo su refinada innovación financiera a la dominante y monopolizadora orden del Temple, y el préstamo se situó al mismo nivel que la usura. El viernes 13 de octubre de 1307, la Inquisición, por orden del rey francés Felipe IV, detuvo al Gran Maestro de la orden del Temple escudándose en una serie de vagos pretextos. Los comerciantes, furiosos, asaltaron su Templo de París, que era el Wall Street de la Alta Edad Media. Y de ese modo quedó desarticulado el primer gran grupo financiero internacional que daría origen a los *global players* actuales.

> De aquel que preste dinero con usura debe sospecharse que está poseído por Satanás.
>
> SURA 2, Corán

Los intereses desplegaron toda su explosiva fuerza social en apenas un siglo. El exitoso método de los templarios no pasó a la historia con la disolución oficial de la orden. En las ciudades Estado italianas, donde el Vaticano no podía ejercer el poder en los asuntos de economía, sino que más bien los consideraba de competencia local, se establecieron los primeros prestamistas cristianos, que habían aprendido de los desafortunados caballeros a explotar «el robo a lo largo del tiempo» como un recurso para aumentar el valor. Y pese a que, mucho más tarde, el reformador Lutero arremetió también contra aquellos que cobraban intereses, a quienes llamaba «hombres lobo» por chupar la sangre de los demás, no pasó mucho tiempo hasta que la casa de comercio Fugger de Augsburgo se convirtió en una gran empresa gracias al informe positivo de un teólogo llamado Eck que dio la buena noticia de que un interés del 5 % anual no era tan alto como para no ir al cielo. Así, sólo el interés excesivo se catalogaría de usura, y ningún usurero arrepentido habría de temer a partir de entonces que la apodíctica maldición del profeta Ezequiel pusiera en peligro la salvación de su alma.

> Presta con usura y cobra interés, ¿vivirá éste? No vivirá. Todas estas abominaciones hizo; ciertamente morirá; su sangre caerá sobre él.
>
> EZEQUIEL, capítulo 18, versículo 13

No es casual que los dos grupos que hasta hoy se hallan en el centro de muchas teorías de la conspiración fueran precisamente aquellos que a finales de la Edad Media se vieron involucrados en la conspiración del dinero: los judíos y los caballeros templarios. El llamado antisemitismo «religioso» que tacha a los judíos de «asesinos de Cristo» y los convierte en objeto de odio se propagó, curiosamente, en la época de las Cruzadas, cuando los caballeros templarios se embarcaron en la instauración de su sistema financiero profesional para sustituir los marginales negocios dinerarios judíos. De la misma manera que ocho siglos más tarde los nazis, con el lema «abajo la esclavitud del interés», pusieron el punto de mira no en la banca en general, sino en el capital judío, los templarios y las hordas de gentes armadas de las Cruzadas arremetieron contra los judíos no por razones bíblicas o teológicas, sino por motivos muy concretos. Los judíos eran la única competencia que tenían en un mercado en expansión donde todo giraba en torno a la alquimia del dinero, en torno al elevado arte del crecimiento del capital.

La larga mesa del cambista —el «banco»—, que prestaba sin miramientos dinero con interés al furioso Papa y lo hacía ahora en nombre del Señor, se convirtió enseguida en sinónimo de los lujosos establecimientos bancarios que con opulentas fachadas al estilo de los templos recordaban a los caballeros templarios así como a los lugares sagrados y de sacrificio. De esa forma, el negocio del dinero, que ha pasado de ser cosa de gentes de baja estofa a alcanzar una trascendencia incalculable, se agasaja a sí mismo y al mismo tiempo da a entender que en sus templos se lleva a cabo una especie de ritual mágico. Así, no es casualidad que el banco central del mundo actual, el Banco de la Reserva Federal (FED) de Estados Unidos, siga llamándose hoy en día el «templo», y que sus grandes maestros se expresen como auténticos oráculos. Tal como dijo Alan Greenspan en una frase ya famosa: «Si me han entendido es que no me he expresado con suficiente precisión.» Los principios de esa magia llevan siendo los mismos desde la Alta Edad Media, cuando se creó el sistema bancario moderno, y el propio lema del siglo XX americano, «el tiempo es oro», refleja el concepto de «robo a lo largo del tiempo», que en su día los escolásticos convirtieron en tabú y catalogaron de pecado.

Actualmente la globalización económica ha provocado una concentración cada vez mayor del capital financiero en manos de un número de actores cada vez más reducido. Nunca antes en la historia, el poder internacional ejercido por un puñado de personas había alcanzado las cotas actuales.

## El poder del dinero

Veo que en un futuro cercano habrá una crisis [...] En tiempos de paz, el poder del dinero apresa a la nación y, en tiempos de hostilidades, conspira contra ella. El poder del dinero es más despótico que la monarquía, más insolente que la autarquía y más egoísta que la burocracia. Acusa de enemigos públicos a todos aquellos que cuestionan sus métodos y arrojan luz sobre sus delitos [...] Vendrá una época de corrupción en las altas instancias, y el poder del dinero del país tratará de prolongar su reinado hasta que toda la riqueza se acumule en unas pocas manos y se destruya la República.

ABRAHAM LINCOLN, 21 de noviembre de 1864
http://www.constantin-v-antaris.de/forum/messages/103.html

¿Hace mucho, por tanto, que está «todo bajo control»? ¿Bajo el control de un puñado de magnates financieros y grupos bancarios que pueden hacer bailar a los Estados y gobiernos como títeres porque están unidos a ellos? En Alemania, cerca del 50 % de los presupuestos totales del Estado ya no beneficia a la población, sino que, como intereses de deuda, va directamente a los bancos. De forma que la mitad de cada marco que tributemos en 2002 vaya directamente a la basura. En otros países, la situación es aún más dramática. Se le ponga el nombre que se le ponga al sistema, la cuestión es que siempre termina en una catástrofe. Y la distancia entre pobres y ricos es cada vez mayor. La sospecha de que en realidad todo está bajo el control centralista de unos cuantos reyes de las finanzas ya no puede seguir considerándose una simple teoría de la conspiración.

Sin embargo, Robert A. Wilson, por ejemplo, no cree que nos estemos dirigiendo hacia un sistema de control mundial total. La causa reside precisamente en ese medio que en los últimos tiempos ha propiciado la propagación de las teorías de la conspiración: Internet.

Creo que se trata del avance más revolucionario, del paso más drástico que se ha dado desde que se pasó de la vida acuática a la vida terrestre. Internet significa la ausencia de control sobre todo el sistema como única posibilidad de mantener dicho sistema. Una panda de conspiradores no conseguirá jamás controlar toda la red. La única forma de mantener la red como un todo es la descentralización del poder […] Creo que internet favorece la descentralización, y por eso veo que en el siglo XXI, el mundo se dirige hacia un sistema más anarquista que fascista. Con ello no estoy refiriéndome a un caos totalmente anárquico, pero va más en esa dirección que en la del control y las jerarquías rígidas del fascismo.[22]

Internet, donde la mentalidad conspirativa ha encontrado un caldo de cultivo perfecto, nos coloca al mismo tiempo en la situación de tener que crear nuestra propia imagen de las conspiraciones reales y las teorías falsas, e incluso en posición de acabar con la única conspiración real que queda tras la liberalización de los servicios de telefonía, suministros de energía y otros monopolios: el monopolio del dinero.

Ya a principios del siglo XX, los economistas más agudos descubrieron dónde residía el verdadero problema de los sistemas económicos comunistas y capitalistas. Los comunistas paralizaban el mercado al eliminar por completo el principio natural de la libre competencia. Y los capitalistas, aunque admitían la competencia, también lo hacían al obstaculizar las inversiones por el elevado precio del dinero y los altos intereses y, de esa forma, a largo plazo, no favorecían la libre competencia, ni la empresa ni la prosperidad. Sólo el propietario del capital salía beneficiado. Según Silvio Gesell, teórico y ministro de Economía de la fugaz República Soviética de Baviera, la economía de mercado libre únicamente puede alcanzarse con «dinero libre»; es decir, con un dinero libre de intereses que sólo sirva como medio de cambio y no para generar riqueza, un dinero que, al guardarlo, en lugar de adquirir valor, lo pierda. Las pruebas piloto realizadas con ese tipo de dinero en comunas y distritos rurales habían llevado a una reactivación extrema de la circulación del dinero y del clima de inversión, datos que harían las delicias de cualquier economista. Sin embargo, las brillantes ideas de Gesell se esfumaron casi con la misma rapidez que la República Soviética de Baviera. Con todo, en la década de los cuarenta, el renombrado profesor de economía estadounidense Irving Fisher intentó recuperar el concepto de Gesell, pero su pionera propuesta de utilizar «sellos moneda» ni siquiera superó la primera audiencia pública del Senado.

La conspiración del dinero avanza desde entonces en silencio sin que nada se interponga en su camino, y no sólo eso: aunque todo el mundo utiliza el dinero y cada vez que realiza una compra paga intereses, casi nadie es consciente de la conspiración; es decir, la relación que existe entre el dinero y los intereses se considera tan natural como la del agua y la humedad. De hecho, los bancos —que ponen el dinero en circulación a un alto coste— podrían empezar a no ser necesarios gracias a Internet: los usuarios podrían alcanzar un acuerdo en relación con su dinero y ponerlo en circulación de forma segura mediante un software de encriptación.

Malas noticias para los Illuminati, si es que todavía los hay, y para todos aquellos que aspiran a un control centralista. De igual manera que los servicios de inteligencia estadounidenses no fueron capaces de evitar la distribución mundial del software de encriptación gratuito Pretty Good Privacy,[23] tampoco podrán evitar que, gracias a ese software, los usuarios se envíen correos electrónicos totalmente secretos e imposibles de descodificar y desarrollen un sistema de pago propio no sólo seguro, sino también libre de intereses. De esa manera, por una parte, sería posible realizar operaciones en secreto a una escala con la que no osarían soñar los fundadores de logias secretas más retorcidos de todos los tiempos; y por otra, se verían perjudicadas conspiraciones reales de grandes dimensiones tales como la de don Dinero. ¿Quién iba a querer mañana los caros créditos de los bancos si la comunidad internauta ofrece dinero sin intereses? Si, en verdad, los Illuminati trabajaron durante doscientos años para instaurar como moneda de su gobierno secreto mundial los billetes de papel que, desde el *New Deal* del hermano Roosevelt, llevan estampado el sello de la iluminación, la World Wide Web les ha lanzado todos los planes por la borda. A lo largo de nuestro milenio tendrán que tragarse como puedan ese asfixiante dinero cuya carga de intereses tiene atados de pies y manos a miles de millones de personas; y lo que es mucho más importante, para liberar la economía de mercado del capitalismo, aparte de prohibir la especulación con el suelo, ni siquiera sería necesario hacer una revolución.

El hecho de que en la incipiente era de Internet tenga cada vez menor cabida el control centralista e incluso resulte posible minar algunos de los pilares que sostienen la verdadera conspiración —como el monopolio del dinero— pone de relieve otra de las características esenciales comunes en todas las conspiraciones: rara vez son tan ingeniosas y todopoderosas como suponen sus teóricos. Sin embargo, el hecho de que una «megaconspiración» en concreto —una conspiración que alcanza al mundo entero con sus tentáculos— exista sólo en la imaginación de algunas mentes simples no implica que todas las demás teorías de la conspiración sean producto de la fantasía. Y así lo demuestran algunas conspiraciones descubiertas, como fue el caso de las actividades de la logia de ultraderecha Propaganda Due (conocida por la abreviatura P2), destapadas en 1981, que a través de sus novecientos cincuenta agentes se había hecho con todos los cargos clave de Italia, incluidos los del Gobierno.

## En nombre del Estado

De forma similar a lo que ocurre con los Illuminati, cuya verdadera actividad comenzó supuestamente tras su disolución oficial, actualmente un gran número de expertos en conspiraciones creen que la historia de la P2 no terminó con la condena o la muerte de su cabecilla Roberto Calvi, el «banquero de Dios», que como es sabido apareció en 1982 colgado bajo un puente londinense, víctima de un «suicidio» al estilo mafioso. Dichos expertos se remiten, entre otros, a Silvio Berlusconi, que en 1978 no sólo pasó del negocio de la construcción al sector de los medios de comunicación, sino que, casualmente, ingresó en la P2 con el número de miembro 1.816. Hoy en día, Berlusconi sostiene que no solicitó el ingreso, y que cuando recibió el carnet de miembro lo tiró a la basura. El crédito que merecen sus palabras debe medirse teniendo en cuenta que su meteórico ascenso como monopolista de los medios italianos se lo debe principalmente a dos altos funcionarios políticos que mantenían un estrecho vínculo con la P2 y la mafia: Bettino Craxi y Giulio Andreotti. El ex dirigente socialista y el ex presidente del Consejo de Ministros fueron llevados a los tribunales, como cabezas de turco, por su implicación en conspiraciones mafiosas, a pesar de que ellos, según afirma un experto en la materia, sólo hicieron «lo que la CIA, que maneja todos los hilos desde el otro lado del Atlántico, dejó en manos de los políticos italianos, fuera cual fuese su color, a partir del inicio de la Italia posfascista»;[24] es decir, combatir la conspiración mundial del comunismo mediante los vínculos que estableció la CIA con el crimen organizado y la mafia. O lo que es lo mismo: mediante los mismos contactos o vías de escape que la Honorable Sociedad y el Vaticano pusieron a disposición de los servicios secretos estadounidenses para que, al terminar la guerra, trasladaran a Suramérica a altos mandos nazis y de las SS clandestinamente.

La estructura que salió a la luz con el escándalo de la P2, uno de los casos de conspiración mejor documentados de las últimas décadas, resulta más escandalosa que los delitos en sí de lavado de dinero, corrupción y terrorismo por los que se condenó a los miembros de la P2. Todos esos delitos no se cometieron a raíz de las actividades de unos cuantos delincuentes codiciosos, sino por iniciativa de instituciones oficiales y con la connivencia y la aprobación de las mismas. Se llevaron a cabo «en nombre del Estado», y así es precisamente como titula su libro Andreas von Bülow, a quien no se puede acusar de mantener una relación paranoide con los poderes oficiales, ya que fue ministro de Ciencia e Investigación y secretario de Estado del Ministerio de Defensa. Cuando el comité de investigación de la KoKo para la coordinación comercial de la RDA quedó bloqueado en cuanto salieron a relucir los negocios turbios de los servicios de inteligencia occidentales —porque la única forma de garantizar la «seguridad nacional» era encubrir la conspiración—, el diputado Von Bülow decidió iniciar una investigación por su cuenta. El resultado es alarmante, pues, según Von Bülow: «Salió a la luz una aterradora red de conexiones sistemáticas entre los servicios secretos —es decir, servicios estatales— y el crimen organizado, el tráfico de drogas y el terrorismo.»[25]

Si la DEA (la agencia estadounidense para la lucha contra el tráfico de drogas) no puede perseguir el 75 % de los grandes casos porque las fuentes están protegidas por la CIA; si a los llamados «canallas amigos de Estados Unidos», en el argot de los servicios secretos, como el iraquí Sadam o el general panameño Noriega, en su momento, se los contuvo años a cambio de suministrarles armas y dinero negro con el objetivo de que, si fuera necesario por razones estratégicas, pudiera acusárseles de traficantes o «fantasmas de Hitler»; si en casi todas las guerras civiles —ya sean en Nicaragua, Ruanda, Afganistán u Oriente Próximo— los servicios secretos occidentales comercian con armas; en definitiva, si estos pocos ejemplos de la larga lista de Von Bülow son ciertos, entonces la profunda desconfianza hacia nuestros gobiernos democráticos y respetuosos con los derechos humanos no es ni mucho menos fruto de la paranoia, sino de la más absoluta lucidez. Aquí no estamos hablando de teorías de la conspiración, sino de noticias verídicas sobre maquinaciones reales que, en virtud de la autoridad de los Estados paranoides que temen por su «seguridad nacional», permanecen en la oscuridad. En ese sentido, por tanto, no es de sorprender que, en las cumbres mundiales, los jefes de los Estados y los gobiernos sean incapaces de alcanzar acuerdos sensatos sobre temas como, por ejemplo, la destrucción del medio ambiente por parte de las naciones industrializadas y, sin embargo, en casi todas las ocasiones, acuerden una declaración conjunta sobre la lucha contra la amenaza internacional de las drogas y el terrorismo. Y es que el Satán al que esos exorcistas tildan con fervor como el nuevo mal del mundo es, en gran medida, fruto de su propia cosecha.

Se puede demostrar de una y mil maneras que los servicios secretos de los Estados occidentales mantienen un estrecho vínculo con el crimen organizado y el tráfico ilegal de estupefacientes y armas, pero por mucho que uno se empeñe y se documente, uno sabe que esa conspiración no saldrá jamás a la luz. Porque como los Estados temen por su «seguridad nacional», impiden que los fiscales y los tribunales los persigan. Tienen a ese respecto un comportamiento similar al de Stalin; hacen caso omiso de los peligros reales del crimen organizado y continúan confiando en la mafia, los cárteles de la droga, el contrabando internacional de armas y la corrupción.

Hace ya mucho tiempo que el maestro hechicero de la conspiración, a quien invocaron los honrados aprendices en nombre de la seguridad nacional para evitar conspiraciones, les ganó la partida. La obsesión del agente Mulder con que la agencia para la que trabaja participa en las conspiraciones que supuestamente se dedica a destapar no pasa de ser, en el mundo de la ficción, más que un curioso y enigmático rompecabezas. Sin embargo, en el mundo real, acarrea consecuencias fatales. Se estima que sólo el pacto Irán-Contra ascendió a ochenta mil millones dólares, y que en Estados Unidos el tráfico de drogas alcanza la cifra de los cien mil millones de dólares al año. Esas sumas procedentes de negocios ilegales no sólo amenazan las economías nacionales, sino que a causa de la corrupción —que es prima hermana de la conspiración— ponen en peligro a todos los Estados de derecho del mundo.

¿Cómo podemos deshacernos de esos espíritus malignos? Abriendo nuestros oídos aunque algunas cosas nos rechinen. Porque, al fin y al cabo, ¿a quién no le produce cierta extrañeza escuchar, por ejemplo, que nuestros gobiernos colaboran codo con codo con las organizaciones internacionales que trafican con drogas y armas? «Nada es lo que parece», un principio básico por el que debe guiarse cualquier analista a pesar de que a primera vista la apariencia de las cosas nos resulte normal. Si la primera pregunta de la filosofía es «¿Por qué es algo y no nada?», la conspirología añade inmediatamente «¿Y quién está detrás de ese algo?», y de esa manera establece la «crítica» como categoría de la percepción.

¿Qué es cierto?, ¿qué es falso?, ¿qué es información?, ¿qué es desinformación?, ¿qué son hechos objetivos?, ¿qué son proyecciones subjetivas?, ¿qué relación existe entre el observador y lo observado? El espacio de pensamiento conspirológico es una escuela de la percepción. «En el comienzo de toda ciencia —afirma el psicoanalista Jacques Lacan— se sitúa la histeria.» El miedo al mundo, a lo intangible, a un repentino suceso trágico es el motor que impulsa la curiosidad y la necesidad de conocimiento. El pensamiento conspirológico conserva todavía parte de ese celo provocado por el miedo, y hemos visto a qué casos paradójicos, a qué locura irracional puede conducir el pensamiento irreflexivo sobre la conspiración. El terreno fronterizo entre el pensamiento crítico y la paranoia patológica es un campo de minas. No obstante, no sólo merece la pena adentrarse en él, sino que las conspiraciones reales y sus peligrosas consecuencias para la sociedad obligan a hacerlo.

Ha llegado la hora de elevar la conspirología —ese niño desaliñado de la teoría del conocimiento— al estatus de ciencia crítica de la percepción. Ha llegado la hora de elaborar una teoría general sobre las teorías de la conspiración que pueda servir de guía para caminar por ese campo de minas. Si el supuesto que hemos expresado anteriormente es cierto y esa nueva dimensión de la lucha evolutiva por la supervivencia que ha descubierto la nueva biología —el principio evolutivo de la cooperación— se lleva a cabo como una conspiración en la sombra, estamos entonces en disposición de establecer una especie de imperativo categórico, una ley fundamental para todas las conspiraciones. Si todos los organismos vivos —desde las bacterias hasta las ballenas azules— tienden no sólo a aprovecharse y beneficiarse de sus condiciones de vida, sino también a fomentarlas y protegerlas; si a fin de que sus intereses individuales y particulares prosperen, tienen que integrarse de forma simbiótica y cooperadora en una misma red colectiva, entonces esa ley fundamental de la evolución tiene que ser aplicable también a las conspiraciones. Para que las conspiraciones triunfen a largo plazo, deben redundar no sólo en beneficio de los conspiradores, sino de lo global, deben pasar de ser parásitos a convertirse en simbiontes.

## Nueve tesis sobre conspiraciones y teorías de la conspiración

### 1.

En el principio fue la conspiración. Para salir adelante en un planeta inhóspito, unas cuantas bacterias decidieron unirse y formar el primer organismo con un núcleo fijo. La evolución se produjo no sólo como consecuencia de mutaciones casuales y de la lucha por la existencia, sino también gracias a la conspiración y la cooperación. La conspiración bacteriológica es probablemente la única conspiración mundial que existe, comenzó hace dos mil quinientos millones de años y tiene un único objetivo: la vida.

2.

Las conspiraciones siguen una lógica clarísima: A y B se ponen de acuerdo a espaldas de C para obtener algún beneficio. Eso sucede en la vida económica y en la naturaleza, se trata de un comportamiento que está a la orden del día tanto en la política como en el trabajo, y es, ante todo, un hecho común en el amor. La sospecha de que nuestra pareja pueda verse con otra persona en secreto es probablemente una teoría de la conspiración que la mayoría de nosotros hemos elaborado alguna vez.

3.

Las teorías de la conspiración son suposiciones sobre conspiraciones reales basadas en indicios, sospechas y observaciones. Si la teoría de la conspiración se corrobora mediante una prueba definitiva —se sorprende a la pareja con las manos en la masa o, como en el caso «Watergate», se publican en la prensa las grabaciones sobre los tejemanejes políticos ilegales—, se descubre la conspiración y ésta concluye. Sin embargo, en muchas ocasiones resulta difícil aducir una prueba irrefutable. Por esa razón las conspiraciones reales subsisten con frecuencia durante largo tiempo como teorías de la conspiración sin demostrar.

4.

Las teorías de la conspiración poseen una característica especial, que es la que las hace tan atractivas: simplifican las cosas. La complejidad y la diversidad de las causas de un suceso se simplifican mediante la búsqueda de un culpable. Por lo visto, el mecanismo del cabeza de turco —la tendencia de atribuir a un culpable concreto una realidad inextricable y percibida como dolorosa— es una característica esencial del comportamiento humano.

5.

En el proceso de asimilación interna de las incomprensibles catástrofes externas probablemente se origina la teoría de la conspiración más antigua y trascendente, la que podría resumirse con la palabra «DIOS». Es decir, la suposición de que tras el universo y nuestra existencia hay un creador invisible, oculto y todopoderoso, que mueve los hilos. La premisa de la existencia de una conspiración divina reduce también la complejidad: permite dar una explicación al carácter catastrófico, caótico e inextricable del cosmos y dotarlo, a él y a nuestra existencia, de sentido.

6.

La función de las teorías de la conspiración de reducir una serie de complejas conexiones a causas simples las convierte en un instrumento ideal de propaganda y agitación. Si Hitler no hubiese amenazado a sus electores con el fantasma de una «conspiración judeobolchevique mundial» de largos tentáculos que acabaría por succionarles la sangre a todos, difícilmente habría logrado empujarlos a una guerra mundial. De la misma forma que Stalin tampoco habría conseguido mantener su dictadura mucho tiempo de no ser por la supuesta amenaza de una conspiración mundial «judeoimperialista».

7.

Los términos «conspirar», «conjurar» y «cautivar», además de sonar parecidos, guardan una estrecha relación. La conjura de fuerzas invisibles, ya sean espíritus buenos o malos, contiene tanto el elemento conspirador como el cautivador, ya que convierte en simples las cosas complicadas. En el término «conspiración» tenemos *conspirare*, «respirar juntos», y *spiritus*, «espíritu». El espíritu común de las conspiraciones es, por tanto, también un fenómeno social y colectivo. No hay nada mejor que una comunidad que conspira, aunque tampoco hay nada más peligroso.

8.

La interacción entre conspirar, conjurar y cautivar se pone de manifiesto en el funcionamiento de las teorías de la conspiración: a falta de pruebas definitivas, debemos conjurarnos para sostener que la teoría es «verdad». La conspiración sólo despliega su efecto cautivador cuando se eliminan el escepticismo y las dudas acerca de esa «verdad».

9.

Para inmunizarse contra el escepticismo y las dudas, las teorías de la conspiración siguen una lógica circular un tanto enrevesada: toda crítica se transforma automáticamente en una prueba más que demuestra la realidad de la supuesta conspiración. Este sistema de inmunización es común a las teorías de la conspiración modernas y su predecesora histórica, la demonología medieval: quien ponga en duda la presencia del demonio está poseído por él.

# Segunda parte

## UN DIARIO DE LA CONSPIRACIÓN

Así en esa tierra vuestra que abriga esperanza se obrará por fin y para siempre la victoria, y así ni una sola voz se alzará en contra, ¡porque las hemos acallado con las bombas!

KARL KRAUS, 1926

El 11 de septiembre de 2001, la llamada de teléfono de un amigo me arrancó de la silla donde estaba trabajando en un manuscrito sobre teorías de la conspiración. Absorto frente al televisor, durante las siguientes horas y días vi cómo el asunto que yo estaba analizando con un enfoque teórico e histórico cobraba vida en la realidad. Las Torres Gemelas del World Trade Center no se habían desplomado todavía cuando la teoría «Bin Laden» comenzó a dar la vuelta al mundo. «Las teorías de la conspiración simplifican las realidades complejas al centrarse en un chivo expiatorio y triunfan, por tanto, por su eficacia como instrumentos de propaganda idiotizantes», acababa de escribir cuando de pronto observé ese mismo fenómeno en vivo y en directo.

En las siguientes horas, la palabra clave «Bin Laden», a la que poco después se sumó «Al Qaeda», se convirtió en sí misma en la teoría de la conspiración por excelencia. Como a esas alturas no había ninguna prueba que demostrase que una conspiración real encabezada por Bin Laden era la responsable del ataque, escribí un artículo para el *taz* (el diario alemán *Die Tageszeitung*) y la revista digital *telepolis* con algunos «apuntes sobre teorías de la conspiración». En ese momento, yo poseía tan pocos datos sobre el trasfondo del asunto como los miles de millones de personas que estaban presenciando aquellas insólitas imágenes. No me había ocupado de estudiar la situación de Afganistán ni de Estados Unidos en los últimos tiempos, de forma que la sospecha de que algo no acababa de encajar del todo era más bien una sensación visceral, que carecía de base racional y de motivos para argumentarla. Sin embargo, durante los siguientes días y semanas, las razones comenzaron a emerger el 11 de septiembre a una escala inimaginable para mí. No había pruebas que sustentasen un caso ante un tribunal, pero aun así se fue creando el monstruo de la conspiración Bin Laden y, con el posible pretexto de una guerra mundial, los medios se dedicaron a repetir una y otra vez la misma cantinela hasta elevarla a la categoría de verdad incuestionable.

Los artículos que escribí a continuación se encuentran ordenados por fecha de publicación en *telepolis*. A excepción de alguna que otra corrección ortográfica o frase eliminada, se han publicado tal como fueron escritos. Hay un único caso en que no ha sido así: se trata del artículo del 26-01-2002 sobre las manipulaciones de los medios[1] de comunicación que he utilizado como base para mi epílogo «antibushista».

Puesto que he llevado a cabo gran parte de la investigación a través de Internet, he proporcionado un listado de las direcciones web de las fuentes más importantes. A este respecto, no obstante, conviene tener en cuenta que a menudo la existencia de las páginas es efímera y, por tanto, cabe la posibilidad de que algunas fuentes citadas en este libro ya no se encuentren al alcance del lector interesado cuando éste haga clic para obtener alguna información. En ese caso, suele ser suficiente con darse una vuelta por Google e introducir las palabras clave y la fecha de lo que se está buscando (sin olvidar que hablamos de inglés americano). Las páginas de los grandes periódicos y canales de televisión disponen también de buscadores propios que permiten encontrar con facilidad los artículos y documentos que han sido publicados por ese medio.

Asimismo, cabe la posibilidad de descargar el listado completo de enlaces y fuentes en zweitausendeins.de/broeckers.html. Si a usted le interesara algún concepto o tema sobre el que no se proporciona ninguna fuente, introduzca dicho concepto en relación con uno o varios nombres en www.google.com (por ejemplo, para investigar el apoyo prestado a Hitler por el abuelo del actual presidente de Estados Unidos, introduzca: «Prescott Bush» + Hitler).

Al publicar esta crónica diaria en el libro, no he intentado maquillar mis fallos de cálculos, de la misma forma que tampoco he ocultado los pronósticos que resultaron ciertos. Las correcciones y añadiduras que resultaron necesarias —actualizadas en julio de 2002— aparecen en letra cursiva al final de cada artículo.

13-09-2001
OBSERVACIONES SOBRE TEORÍAS DE LA
CONSPIRACIÓN ACERCA DE UN ATAQUE
TERRORISTA

Sucedió el 11-09-2001: 11+9+2+0+0+1=23, un caso clarísimo para los teóricos de la conspiración. Desde que a mediados de los años setenta se estableció una absurda relación entre el número 23 y los fenómenos conspirativos a raíz de la trilogía *Illuminatus* de Robert A. Wilson y Robert Shea, el número 23 se ha convertido en el signo de los Illuminati, los conspiradores secretos del mundo.

Quiénes son exactamente los Illuminati es algo sobre lo que las actuales teorías de la conspiración —que por lo demás están llenas de contradicciones— proporcionan información clara. A ese respecto, por ejemplo, hay una línea que une a los místicos egipcios con el templo del rey Salomón en Jerusalén, los caballeros de la Orden del Temple y el grupo multinacional de banca que crearon en el siglo XII y diversas logias masónicas del Renacimiento hasta el actual «clan Rothschild». Otra línea enlaza las cuadrillas de *hashshashín* del jeque Sinan o «Viejo de la Montaña» con los cátaros que buscaban el Santo Grial, la oculta Sociedad Thule como precedente de los nazis y de ahí finalmente a la actual «banda Rockefeller», que es como se conoce al influyente círculo de la familia del fundador de Standard Oil, incluidas sus ramificaciones de la CIA y la mafia. Para los teóricos de la conspiración es significativo, por supuesto, que ni un solo artículo de prensa mencione quién era el propietario del World Trade Center —Rockefeller— y que Gran Bretaña impusiera inmediatamente el cierre del espacio aéreo de Londres, centro financiero de los Rothschild. En ese mismo sentido, tampoco es de extrañar que un antiguo amigo de la CIA que comenzó luchando contra los soviéticos en Afganistán, de nombre Osama bin Laden, primo del socio comercial saudí de Bush, el jeque Salem bin Laden, se haya convertido en el supervillano a quien se atribuye el atentado. ¿Acaso los Bush no encumbraron al principio a Hitler con el dinero de Standard Oil y DuPont, luego se lo quitaron de en medio y le lavaron la cara a Europa? ¿Y no fue precisamente el abuelo del actual presidente, el banquero internacional Prescott Bush, acusado y condenado en 1942 por mantener tratos comerciales con la Alemania de Hitler (véase «26-09-2001: Skull, Bones & Bush»)?[2] ¿Y no se repitió el mismo patrón en la guerra del Golfo contra Sadam, el «fantasma de Hitler reaparecido», primero azuzado contra Irán y después, para asegurarse cierta influencia en la «mafia» de Oriente Próximo (y en el precio del petróleo), desarmado por la fuerza y situado estratégicamente como pieza del ajedrez geopolítico que papá Bush dio en llamar el «nuevo orden mundial»? ¿Se permitió que Jomeini instaurara tranquilamente la primera teocracia islámica desde París porque nadie conocía su ideología o la cuestión giraba más bien en torno a la producción de petróleo iraní que el sah no estaba por la labor de reducir? ¿No tienen todos estos «villanos» militantes islámicos un sello de fabricación casera muy similar? ¿No se han limitado el Pentágono y Wall Street a presenciar impasibles durante años la vulneración de los derechos internacionales y humanos en Palestina por parte de Israel? ¿No sabía ya el primer teórico militar Sun Tze,[3] hace más de dos mil años, que no se debe acorralar jamás al enemigo hasta el extremo de que no le quede más opción que recurrir a los ataques suicidas, contra los que no existe defensa? Un año después de los atentados seguimos viendo cómo arde la mecha que enciende el reguero de pólvora de Oriente Próximo y cómo los misiles destruyen un Local Trade Center tras otro en Palestina mientras Bush, el hombre Rockefeller, se toma un mes de vacaciones. ¿Le sorprende ahora que unos desesperados guerreros kamikazes contraataquen y provoquen una catástrofe?

Ya en Pearl Harbor, cuando tres semanas antes se había advertido que los japoneses lanzarían un ataque de grandes proporciones, se les permitió que atacaran «a traición» para movilizar a la población y poder así entrar en la guerra. Los teóricos de la conspiración se preguntan ahora cómo es posible que, tres meses después de que Egipto advirtiera de un ataque a gran escala, pudiera lograrse la proeza de secuestrar cuatro aviones al mismo tiempo y dirigirlos hasta sus objetivos sin que nadie hiciera nada por evitarlo.

Los pasajeros pudieron llamar por teléfono a sus familiares desde el avión, de forma que, ¿cómo es posible que los controladores del tráfico aéreo y el Ejército —cuyos sistemas de vigilancia detectan hasta las ventosidades de los arroceros en la India— no se enteraran de nada? ¿Y lo que sucedió sobre su propia central en el Pentágono? Curiosamente, a ese asunto no se le ha dedicado ni una sola línea y, sin embargo, la cara de una docena de muchachos palestinos se ha convertido en «noticia mundial».

Cuando a Bush le comunican la noticia al oído durante una visita a una escuela, se muestra extrañamente impasible; además, durante sus primeras declaraciones, no se aprecian en su rostro arrugas de preocupación ni signos de conmoción. Tal vez porque los villanos cumplieron lo planeado al minuto, ya que antes de las 9.00 de la mañana los banqueros importantes y las visitas no habían llegado todavía al World Trade Center y sólo había trabajadores de a pie. Ellos entran dentro de los inevitables «daños colaterales», el término empleado para describir a las víctimas civiles desde el bombardeo de Bagdad. Los pasos que den a partir de ahora las grandes potencias del mundo revelarán si realmente hay una explicación para esta insólita y trágica puesta en escena al estilo Pearl Harbor.[4]

## Réquiem por las Torres Gemelas

El derrumbamiento de las Torres Gemelas es un acontecimiento simbólico de enormes proporciones. Imagine que las torres no hubieran caído, o que sólo se hubiera derrumbado una de ellas; el efecto no habría sido el mismo. La estremecedora evidencia de la fragilidad de la mayor potencia mundial no habría sido tal [...] Aunque los terroristas no alcanzaron la Casa Blanca, demostraron sin querer que ése no era el objetivo más determinante, que en el fondo el poder político ya no es tan importante, que el peso está en otra parte. La pregunta de qué se debería construir en el lugar de las torres es difícil de responder. Sencillamente porque resulta difícil imaginar algo que fuese digno de ser destruido en la misma medida, algo merecedor de su propia destrucción.

JEAN BAUDRILLARD
en *Frankfurter Rundschau*, 02-03-2002
http://www.fr-aktuell.de/fr/spezial/terror/2042/t2042035.htm

*Cuando sumé los dígitos de la fecha del atentado tuve que hacer un poco de trampa para conseguir llegar al número 23, el número mágico. De hecho, la suma da como resultado 14 si el 11 se descompone y se suma como 1+1, pero de eso me di cuenta demasiado tarde. Corregirlo habría supuesto arruinar mi maravillosa introducción, así que dejé lo del 23 a pesar de que a raíz de eso algunos lectores, que se toman la numerología más en serio que yo, cuestionaron la credibilidad de todo el artículo.*

*Otra de las imprecisiones del artículo es la afirmación de que el World Trade Center seguía perteneciendo a quien originalmente lo construyó, la familia Rockefeller, que en realidad lo vendió a las autoridades portuarias de la ciudad de Nueva York, que a su vez lo vendieron a Larry Silverstein poco antes del atentado. Dicha inexactitud surgió al tener que reducir y adaptar el artículo para su publicación en un diario. En la versión original, yo había añadido la frase de que las Torres Gemelas se habían levantado sobre los cimientos de una conspiración en torno a la especulación inmobiliaria, que algunos calificaban incluso de «delictiva», de los hermanos Rockefeller.*

*La impavidez de Bush al recibir la noticia se ha aclarado con el tiempo: antes de llegar a la escuela, uno de los jefes de gabinete ya le había informado del primer impacto. Tiempo más tarde, Bush afirmó haber visto el impacto del primer avión contra la to-*

rre antes de entrar en el aula,[5] pero éste no había sido retransmitido por ningún canal de televisión.

Aunque la incomodidad que me produjo la versión oficial y que me impulsó a escribir ese artículo al principio no fue más que una corazonada, las preguntas formuladas aquí hacen referencia a los motivos y las causas ocultas cuya revelación (o mejor dicho, no revelación) me llevó a convertir este artículo en una serie. Mi suposición de que el atentado podía ser obra de unos palestinos desesperados resultó ser falsa. Palestina, de hecho, se cuenta entre los que más han perdido con el 11 de septiembre.

## De la noche a la mañana

Me encontraba en Florida. Y mi jefe de gabinete, Andy Card [...] bueno, en realidad estaba en una clase hablando sobre un programa de lectura que está dando muy buenos resultados. Estaba esperando a la puerta del aula y vi un avión estrellándose contra la torre [...] obviamente el televisor estaba encendido. Yo mismo había tomado un avión un rato antes y pensé, «uf, qué piloto tan espantoso». Pero sólo lo vi de pasada y no tuve tiempo de pensarlo más. Después estaba sentado en la clase y Andy Card, mi jefe de gabinete, que estaba por allí, entró y me dijo: «Un segundo avión se ha estrellado contra la torre. Están atacando Estados Unidos.» Y de verdad, Jordan, al principio ni siquiera supe qué pensar. Ya sabe, yo me he criado en una época en que la idea de que alguien atacase a Estados Unidos era inconcebible [...] probablemente tan inconcebible como para sus padres. Y de la noche a la mañana tuve que plantearme seriamente qué suponía que estuvieran atacándonos. Y supe que, cuando tuviera todos los datos, alguien iba a pagar muy caro ese ataque contra Estados Unidos. [Aplausos.]

GEORGE W. BUSH, 04-12-2001, en Orlando, Florida, en una conversación pública con un estudiante http://www.whitehouse.gov/news/releases/2001/12/20011204-17.html

## 14-09-2001
### Osama bin Laden

La sospecha de que Osama bin Laden se halla tras el atentado va «tomando cuerpo», al menos según las agencias de noticias. Lo cierto es que nadie ha puesto sobre la mesa ni una sola prueba concreta que lo demuestre. Supuestamente, según afirmó la NBC, el 12 de septiembre, los «servicios secretos» escucharon una conversación telefónica en la que dos «seguidores» de Bin Laden hablaban del éxito de la operación. Estupendo.

Ayer ya aclaramos que el enigmático Bin Laden es un antiguo amigo de la CIA, y por lo que se refiere a los negocios del clan saudí de los Bin Laden, que gestiona una de las mayores empresas de construcción de Oriente Próximo, sólo hace falta preguntarle al propio George W. Bush. En 1979, éste obtuvo el capital inicial de su primera empresa de exploración petrolera de James R. Bath, un vecino y compañero de vuelo de la National Air Unit que se había hecho de oro trabajando como representante de dos multimillonarios saudíes: Khalid bin Mahfouz y Salem bin Laden, el padre político y mentor de Osama. Mahfouz, que durante las últimas décadas ha residido a menudo en su lujosa segunda residencia de Houston, Texas,[6] fue condenado por un tribunal a pagar 225 millones de dólares por su implicación en el escándalo del Banco de Crédito y Comercio Internacional (BCCI).

El banco había servido como medio para blanquear dinero procedente del tráfico de drogas y desviar fondos de los servicios secretos durante el caso Irán-Contra, en el que el Gobierno de Estados Unidos comerció ilegalmente con armas y drogas para financiar al movimiento terrorista nicaragüense de la Contra. Dado que el jeque Salem bin Laden había sido de gran utilidad como mediador en la polémica operación «October Surprise»[7] —un supuesto encuentro secreto entre republicanos estadounidenses y fundamentalistas iraníes para mantener retenidos a los rehenes estadounidenses en la embajada de Teherán hasta después de las elecciones, lo que costó la reelección a Carter y dio la victoria a Reagan—, en 1980, los servicios secretos decidieron contratar también a su joven primo Osama. La misión que le asignaron consistía en armar a los muyahidines saudíes de Afganistán y convertirlos en un ejército sólido capaz de enfrentarse a los soviéticos. A partir de entonces, Osama, armado con maletas de dólares del BCCI y eslóganes de la yihad, se dedicó a reclutar mercenarios para la guerra santa con el fin de expulsar a los soviéticos de Kabul. En 1988, cuando ese objetivo se vio cumplido, el jeque Salem murió en Texas en extrañas circunstancias al estrellarse en el mismo avión que supuestamente utilizó en el momento de las conversaciones secretas sobre los rehenes con los iraníes. ¿Y Osama? Según la teoría conspirativa del ex trotskista y neoultraderechista Lyndon la Rouche,[8] Bin Laden está desde entonces bajo las órdenes del servicio secreto británico, al mando de diversos grupos terroristas «islamistas» que sirven a los objetivos geopolíticos británicos en el Norte de África y Oriente Próximo. Según esta «lógica Osama bin London», el infame Albión —el clan Rothschild, cuya base se encuentra en Londres— le jugó una mala pasada a la que es su mayor rival en la lucha por el dominio del mundo —la mafia Rockefeller—, aunque en la guerra que se avecina entre los mundos cristiano y musulmán, una vez más, ambos salgan ganando…

*Cuando inicié mi investigación inmediatamente después del atentado e introduje el nombre de Osama bin Laden en Google apenas había llegado al mundo la teoría de la conspiración «Bin Laden». Veinte años atrás, un motor de búsqueda y suministro de información como Google —hoy posible gracias a Internet— habría sido custodiado en zonas de máxima seguridad a las cuales sólo pudieran acceder el Ejército y los servicios secretos. Sin embargo, actualmente todo hijo de vecino dispone de acceso a noticias e información a una escala con la que hace poco «los servicios» ni siquiera se habrían atrevido a soñar. Todos los datos empleados en este artículo se encuentran a disposición del público, y la fuente de la que proceden es www.google.com.*

*Ya apunté en este artículo que Osama bin Laden no era sólo un (¿antiguo?) agente de la CIA, sino que los contactos comerciales entre las familias Bin Laden y Bush venían de lejos (y si no me equivoco, hasta ese momento, no se habían mencionado en los medios alemanes). Sin embargo, en los días y semanas que siguieron, ningún otro órgano se hizo eco de ello. Como mucho, llegó a hablarse de «antiguos» contactos entre los terroristas saudíes y la CIA. De igual manera, en los medios, apenas hubo referencias a los viejos vínculos entre los Bush y el banquero del BCCI Khalid bin Mahfouz, el buen vecino de Houston (Texas) y patriarca del segundo clan familiar más rico de Arabia Saudí, después de la casa de la corona y antes de la también multimillonaria familia de los Bin Laden.*

## 15-09-2001
## SORPRENDIDOS POR UNOS VILLANOS CRIADOS EN CASA

El 25 de noviembre de 1941, el ministro de Defensa de Estados Unidos, Henry Stimson, mantuvo una conversación con el presidente Roosevelt sobre los japoneses y anotó en su diario: «La cuestión es cómo dirigirlos hasta una posición desde la que puedan realizar el primer lanzamiento sin causarnos demasiado daño [...] hay que hacer lo posible para garantizar que sean los japoneses [quienes lancen el primer tiro] y nadie albergue la menor duda de quién ha sido el agresor.»[9]

Tan sólo dos semanas más tarde, ocurrió. Ya en 1932 y 1938 Pearl Harbour había sido «atacado por sorpresa» en maniobras militares —en una de las ocasiones, por 152 aviones—, y en todas ellas la defensa había resultado deficiente. De ahí que Pearl Harbour se considerase una base naval especialmente vulnerable. Cuando Roosevelt dio la orden de trasladar la flota de la costa oeste a Pearl Harbour, el almirante al mando Richardson protestó y llegó incluso a negarse a cumplir la orden. Richardson fue sustituido por el almirante Kimmel, que fue llevado ante una comisión de investigación por negligencia tras el ataque. Pero Kimmel tuvo que ser absuelto cuando se descubrió que toda la información obtenida de los mensajes japoneses descifrados le había sido ocultada. Los servicios de inteligencia holandeses, británicos y rusos también habían advertido a Estados Unidos del inminente ataque de los japoneses, pero esas comunicaciones tampoco llegaron a salir nunca de Washington. Un informe naval de 1946 hacía referencia a 188 mensajes descifrados donde se mencionaba el ataque con absoluta claridad indicando hasta la fecha y la hora exactas. Cuando dos de los historiadores de mayor prestigio en los años veinte y treinta, los profesores Charles Beard y Harry Elmer Barnes, desacreditaron la versión oficial del Gobierno, fueron acusados de locos y tarados y despedidos de sus puestos docentes. Desde entonces, todas las enciclopedias incluyen la entrada «ataque por sorpresa».[10]

El 25 de julio de 1990, la embajadora de Estados Unidos en Irak, April Glaspie, envió un mensaje desde la Casa Blanca destinado a Sadam Hussein: «Al presidente Bush le gustaría intensificar y consolidar las relaciones con Irak. —Y añadió—: Nosotros no tenemos nada que decir sobre las diferencias internas entre países árabes, como es el caso de su conflicto con Kuwait. Estamos plenamente convencidos de que usted no tardará en resolver el problema.»[11] A lo largo de las semanas anteriores había empezado a advertirse la presencia de las tropas de Sadam. No cabía la menor duda de que en cualquier momento iba a llevarse a cabo la invasión de Kuwait y, en efecto, así ocurrió el 2 de agosto. Ni tampoco cabe duda de que el objetivo era, una vez más, invitar al enemigo a «lanzar el primer disparo». De lo contrario, el posterior bombardeo de Bagdad habría parecido un acto de agresión, de la misma forma que, sin Pearl Harbour, Hiroshima y Nagasaki no habrían pasado por ser un acto de defensa de la civilización y se verían como lo que fueron en realidad: un experimento armamentístico homicida y un ataque terrorista. No es de extrañar, por tanto, que cualquier referencia a los «ataques por sorpresa» se reciba con suma desconfianza. Siguiendo los pasos de los japoneses y de Sadam Hussein, hemos criado en nuestra propia casa a un último villano que, naturalmente, se llama Bin Laden…

*Hubo de transcurrir más de medio siglo para que pudieran aclararse las causas ocultas de la «sorpresa» de Pearl Harbour basadas en los expedientes desclasificados. Desde entonces, ya prácticamente nadie pone en duda el hecho de que se ocultaron datos sobre el ataque de los japoneses para permitir que sucediera. No obstante, es probable que tengan que transcurrir otros cincuenta años para que se modifiquen las entradas de las enciclopedias. El hecho de que un presidente elegido democráticamente sacrificara a dos mil compatriotas para motivar a la población a ir a la guerra no parece que, de momento, se considere una información apta para el consumo del público general. Sólo la perspectiva histórica del glorioso ascenso de Estados Unidos hasta el puesto de primera potencia mundial del siglo XXI —para el que el triunfo de Hitler en Europa habría supuesto un gran obstáculo— serviría para calificar el «truco sucio» de Roosevelt de «hazaña estratégica».*

## 16-09-2001
## CUESTIONEN LA AUTORIDAD.
## PIENSEN POR SÍ MISMOS

La periodista y abogada conservadora Barbara Olson, que trabajaba para la CNN, figuraba entre las víctimas del avión que se estrelló contra el Pentágono. Antes del siniestro, Olson consiguió hablar por teléfono en dos ocasiones con su marido Ted, un alto funcionario de Justicia del Gobierno de Bush. Entre otras cosas, Olson le contó a su marido que el avión se dirigía al Pentágono, pero no mencionó en ningún momento la nacionalidad ni el color de los secuestradores. Un tanto extraño, ¿no? ¿Cuál sería la reacción normal de pánico si una blanca rubia, observadora avezada y periodista de tendencia conservadora, llamara pidiendo socorro porque unos árabes «morenos» o unos extranjeros hubieran secuestrado su avión? ¿No mencionaría ni siquiera de pasada ese importante detalle? O dicho de otro modo: ¿podríamos deducir de esa omisión que entonces debía de tratarse de hombres blancos «normales» sin ningún tipo de acento? El informe de la agencia AP, donde se mencionaban por primera vez las diversas llamadas telefónicas realizadas desde el avión,[12] suscita ahora, con el paso del tiempo, nuevas preguntas.

Las milicias fascistas de Estados Unidos demostraron en su día con el atentado de Oklahoma que, de luchar contra el odiado Gobierno Sionista de Ocupación (ZOG), la idea del asesinato masivo no les asustaba. Estas milicias comparten el antisemitismo radical con los comandos terroristas de Bin Laden. Sin embargo, [el 11 de septiembre] desde el primer instante, se dio completamente por descontado que los autores pertenecían a la esfera del mundo musulmán, de la misma forma que veinte años atrás se habría señalado automáticamente a «los rusos». Y de pronto la Agencia de Seguridad Nacional, la CIA y el FBI, que hasta ese momento estaban poco menos que dormidos, comienzan a ver por todas partes sospechosos árabes entre los supuestos «pilotos de la muerte». El retrato del piloto «tipo» que se difunde confirma la sospecha de que a la señora Olson le habría parecido un dato digno de mención...

Las preguntas relativas al móvil deberían remontarse siempre al origen de las cosas. ¿Quién se beneficia, en realidad, del conflicto permanente entre musulmanes, judíos y cristianos en Oriente Próximo? ¿Quién creó a los malvados «islamistas radicales» como Bin Laden o Sadam Hussein suministrando muchos miles de millones, armas y entrenamiento en la lucha terrorista? ¿Quién ha promovido permanentemente la resistencia militante del mundo islámico mediante el apoyo de regímenes feudales donde se vulneran los derechos humanos, como Arabia Saudí, mientras se subvencionan al mismo tiempo las expropiaciones ilegales de Israel? ¿Quién debe convertirse en la «potencia protectora» indispensable y estimular el enfrentamiento entre judíos y musulmanes? ¿Quién se niega a ceder el control sobre las reservas de petróleo más grandes del mundo? Dentro de cincuenta años, cuando el petróleo no tenga la trascendencia política que tiene hoy día, Oriente Próximo será un auténtico paraíso de paz, ¡se lo aseguro! Pero por ahora unos bandidos han disparado a la estrella del *sheriff* y han prendido fuego a su pistolera, y «el mundo civilizado» ha sido llamado a embarcarse en una guerra mundial. Lo cierto es que deberían despedir al *sheriff* por aplicar una política exterior tan irresponsable y pedirle que regrese, con todas sus tropas, a su rancho; además de que debería organizarse una mesa redonda en Jerusalén para que las comunidades judía, cristiana y musulmana se sentaran a conversar bajo el auspicio de Naciones Unidas. Sólo así se pondría fin al terror.

*El caso de Barbara Olson y todo lo que se desprende de su conversación telefónica con su marido Ted, entonces fiscal general del Estado, es para el periodista de Internet e investigador Joe Vialls la «madre de todas las mentiras sobre el 11-S». El 12 de septiembre, la primera noticia que dio la CNN relativa al caso decía lo siguiente:*

El martes por la mañana, Barbara Olson, una periodista y abogada conservadora, avisó a su marido, el fiscal general del Estado Ted Olson, de que habían secuestrado el avión en el que viajaba, según informó el señor Olson a la CNN. Poco tiempo después el avión se estrelló contra el Pentágono. [...] El marido dijo a la CNN que, según su esposa, todo el pasaje y el personal de vuelo, incluido el piloto, fueron llevados a la parte trasera del avión por secuestradores armados. Las únicas armas que mencionó fueron cuchillos y cúteres. Ella tenía la impresión de que no había nadie al mando y le pidió a su marido que le dijera al piloto lo que tenía que hacer.[13]

*Según Vialls, toda la historia falsa de los secuestradores se basó en este relato de los hechos:*

Sin la presencia de la «eminente» Barbara Olson y su supuesta llamada de pánico no habría ni una sola prueba de que unos piratas del aire habían participado en el secuestro y la destrucción de los cuatro aviones. Unos días más tarde salieron a la luz relatos similares sobre otros pasajeros, entre los cuales se encontraba Tood Beamer, pero no hay que olvidar que los días 11 y 12 de septiembre la única historia que nos llegó fue la de Barbara Olson. Ésta, sin lugar a dudas, fue la «semilla» artificial a partir de la cual comenzó a formarse la gran bola de nieve mediática.[14]

*Ted Olson, que sólo fue citado como fuente en la noticia de la CNN, no quiso hablar del asunto hasta seis meses más tarde. Sin embargo, los detalles que reveló entonces sobre las llamadas telefónicas sólo arrojaron más dudas. Según él, su esposa no ha-*

*bía realizado la llamada desde el teléfono móvil, sino desde un teléfono del avión, y, como no tenía a mano la tarjeta de crédito, llamó a cobro revertido. A ese respecto Vialls sostiene que, sin una tarjeta de crédito, no pueden activarse los teléfonos de un Boeing 757 de American Airlines y que, de haber pedido prestada una tarjeta, Olson habría podido alargar la llamada tanto como hubiera deseado. Así, Vialls concluye: «Por desgracia, se demuestra que la prueba de la llamada de Olson es falsa. Cualquier oficial estadounidense que abrigue dudas al respecto sólo tiene que cotejar los registros de la compañía de teléfonos y del Ministerio de Justicia. No hallarán registro de ninguna llamada a la Fiscalía General procedente del vuelo 757 de American Airlines.»*

*Una afirmación atrevida, teniendo en cuenta que las diversas llamadas de teléfono realizadas desde los aviones han quedado tan grabadas en la memoria colectiva como los «diecinueve secuestradores». Una investigación más a fondo revela que las pistas sobre los cúteres, decisivas para la reconstrucción de los hechos, en realidad procedían de Olson. Aparte de las llamadas consignadas que fueron realizadas por los «héroes» del vuelo 93,[15] que se estrelló en Pennsylvania en extrañas circunstancias, la historia de Olson constituye la única base de la leyenda de los cúteres. Una asistente de vuelo que llamó a la torre de control en tierra desde uno de los aviones que se estrelló contra el World Trade Center habló de un secuestrador con una bomba.*

17-09-2001
## LOS AMIGOS CANALLAS DE ESTADOS UNIDOS

En respuesta a mi último artículo, donde instaba a organizar una mesa de conversaciones entre judíos, cristianos y musulmanes en Jerusalén y a retirar las tropas estadounidenses de Oriente Próximo, mi amigo S. dice: «Eso es pura ingenuidad geopolítica, un ejemplo más del romanticismo del buen samaritano anarcohippie. Estamos volviendo a Babilonia y el muy iluso de ti sigue creyendo en el progreso. Está clarísimo: mientras nuestra tecnología dependa del petróleo, no podemos someternos al control de "los camelleros", como solía llamarlos Kissinger. Así que piensa bien hasta dónde quieres llevar tu antiamericanismo.»

Yo inmediatamente rechacé esa etiqueta con vehemencia y alabé algunas de las cosas más positivas de la cultura estadounidense —Bob Dylan, Frank Zappa, *Con faldas y a lo loco*—, pero S. dijo que eso no contaba: «Los dos primeros pertenecen al ámbito de la contracultura y Willy Wilder es alemán.» Qué importa eso: si los métodos y las consecuencias de la política exterior de Estados Unidos empujan al mundo a una guerra, deben permitirse las críticas abiertas y sobre todo una mirada escéptica hacia lo que se esconde detrás. El terrorismo no nace de la nada: los Bin Laden, los Sadam o los Hitler no son fenómenos de la naturaleza.

General Motors, controlada en los años treinta por el gran empresario del sector químico y ferviente nazi Irenee DuPont,[16] no sólo proporcionó a la Wehrmacht alemana el vehículo más importante para la *Blitzkrieg*, el Opel Blitz, sino que junto con la empresa Standard Oil de Rockefeller suministró también el combustible, así como las patentes y el capital, a la empresa IG Farben. El bisabuelo y el abuelo de George W. Bush ganaron una auténtica fortuna en 1942 con sus inversiones en el Tercer Reich.[17] Coca Cola, por supuesto, patrocinó los Juegos Olímpicos de 1936 y multiplicó por veinte su facturación en Alemania durante ese período. En su libro *Facts & Fascism* (1943), el autor George Seldes[18] —una especie de Ralph Nader de los años treinta y cuarenta— lista un catálogo de inversores estadounidenses de primer orden que se hallaban profundamente involucrados en tratos comerciales con los nazis. En ese sentido, Adolf Hitler fue también uno de esos «amigos canallas» de Estados Unidos, lo cual no exime en absoluto de responsabilidad a sus atroces simpatizantes, pero sí relativiza en cierto modo la gratitud hacia los liberadores. De no haberse invertido tanto en el fascismo, posiblemente no habría sido necesaria la posterior liberación. Y de no haber tenido movilidad, el «pueblo sin espacio» habría tenido que quedarse en casa.

## «La fuerza no nos ayudará.»

Como estadounidense y neoyorquina horrorizada y entristecida me da la impresión de que Estados Unidos nunca ha estado tan alejado de la realidad como el pasado martes, el día en que una dosis gigantesca de realidad cayó sobre nosotros [...] Las voces a las que corresponde comentar un suceso como ése parece que se hayan confabulado en una campaña destinada a idiotizar más todavía a la población.

¿Dónde está la aceptación de que no ha sido un ataque «cobarde» contra la «civilización», la «libertad», la «humanidad» o el «mundo libre», sino un ataque contra Estados Unidos, la única superpotencia autoproclamada del mundo, que se ha producido como consecuencia de la política, los intereses y las alianzas de Estados Unidos? [...]

Hay que detenerse a reflexionar con detalle [...] sobre el colosal error de los servicios secretos estadounidenses, el futuro de la política estadounidense —en especial en Oriente Próximo— y el diseño de una estrategia de defensa militar sensata para este país. En todo caso, no cabe la menor duda de que nuestros dirigentes [...] con el apoyo y la condescendencia de los medios han decidido no proporcionar al público dosis demasiado grandes de realidad. Antes despreciábamos las trivialidades unánimemente aplaudidas y farisaicas de los congresos del Partido Comunista de la Unión Soviética. La imagen de homogeneidad que han dado estos últimos días casi todos los políticos y periodistas de los medios con su retórica mojigata y deformadora de la realidad es indigna de una democracia [...]

«Nuestro país es fuerte», se nos dice una y otra vez. A mí no acaba de parecerme ningún consuelo. ¿Acaso alguien duda de la fuerza de Estados Unidos? Ahora es momento de demostrar que tenemos algo más que eso.

Susan Sontag, artículo publicado
en la revista *New Yorker* el 13-9-2001
http://sontag.4t.com

La situación actual de tener que liberar ahora al mundo del terrorismo guarda grandes similitudes. Según la CNN, Estados Unidos y los saudíes invirtieron seis mil millones de dólares en las tropas de mercenarios de Bin Laden; en la década de los ochenta, se celebró precisamente en Nueva York la primera «conferencia mundial de la yihad» bajo los auspicios de la CIA; y el «departamento a cargo de los guerreros santos» reclutó a estos últimos para la lucha a través de sus treinta y ocho filiales en Estados Unidos.[19]

El hecho de que la conspiración, la fuerza y el terror constituyen un recurso oculto, aunque evidente, de la política exterior de Estados Unidos no es una teoría conspirativa. Estados Unidos utiliza a los fanáticos judíos y a los musulmanes por igual. Sin embargo, el espíritu al que invoca continuamente Estados Unidos cuando hay «intereses estadounidenses» que defender se les ha vuelto en contra de la manera más atroz. Ha llegado la hora de que Estados Unidos reconsidere su célebre política de amiguismos con canallas.

*Los comentarios de la CNN y* Der Spiegel *respecto a que la yihad fue impulsada y estructurada como una ramificación extraoficial de la política exterior de Estados Unidos apenas volvieron a tener presencia en los medios durante las siguientes semanas, y las pocas noticias que se publicaron a ese respecto sólo hacían referencia de pasada al «viejo» vínculo entre los Bin Laden y la CIA.*

*No es de extrañar, por tanto, que el «pasado de camisas pardas» de la familia Bush y otros grandes de la industria estadounidense, así como la implicación de todos ellos en las finanzas de Alemania, no sean hechos muy conocidos. Datos de semejante calado no habrían ayudado mucho en la época de la tan necesaria desnazificación. Ahora, cuando ha transcurrido ya más de medio siglo desde el final del nazismo, está comenzando a aflorar la verdad.[20] El papel del abuelo Bush como banquero y administrador de finanzas del principal asesor financiero de Hitler, Fritz Thyssen, fue analizado minuciosamente por Webster G. Tarpley y Anton Chaitkin en 1992 en* George Bush: The Unauthorized Biography *(la biografía no autorizada de George Bush).[21]*

## 19-09-2001
## POLÍTICA PRIMITIVA. PROHIBIDO PENSAR

Hoy sabemos que la información publicada en un primer momento sobre los hechos y las circunstancias que rodearon el ataque por sorpresa a Kennedy eran falsos. Y lo mismo ocurrió con el ataque por sorpresa a Pearl Harbour, que hemos mencionado anteriormente, tal como demuestra con contundencia el documental de la BBC *Pearl Harbour. Der Köder zum Krieg (Pearl Harbour: un anzuelo para ir a la guerra)*, emitido el pasado 16 de septiembre por el canal Phoenix. Tampoco es una invención infundada que cuando Bush padre impuso el «nuevo orden mundial» mediante la guerra del Golfo había en juego algo más que el supuesto objetivo de desarmar al amigo canalla de Sadam por escenificar un «ataque sorpresa»; también en aquella ocasión engañaron a la población mundial. Sin embargo, lo cierto es que todo eso no tiene nada que ver con la tragedia de las Torres Gemelas. Es posible que sucediera tal como proclamaron al unísono Bush hijo y todos los medios de comunicación: un comando de terroristas kamikazes árabes dirigidos por Osama bin Laden llevó a cabo el brutal ataque. Con todo, mientras no haya pruebas sólidas que confirmen esa versión, no sólo conviene que sigamos haciéndonos preguntas, sino que, como periodistas, estamos obligados a hacerlo.

El periodista Henryk Broder discrepa en este punto, ya que en un comentario radiofónico subido de tono y en su página web[22] me acusa de tener una «mente enferma» superada sólo por la del autor de los *Protocolos de los sabios de Sión* y la del negacionista del holocausto David Irving. Ya durante la guerra del Golfo, Broder se unió al grupo de alegres periodistas teutones que intentaban silenciar cualquier duda acerca de la «Operación Tormenta del Desierto» calificándola de acto de antisemitismo y anticivilización. Lástima que fueran precisamente los tipos de la CIA —y no alguien como Arafat— quienes patrocinaron la primera conferencia mundial de la yihad en Nueva York e inyectaron millones a espuertas en el negocio de Bin Laden. Porque eso constituye un conflicto argumental, ya que entonces todo el que investigue en esa dirección quedaría desacreditado por «enfermo». A ese respecto, le he transmitido a Broder mi comprensión hacia su misionario empeño y le he recomendado que opte por vengarse bombardeando La Meca y Medina. Así, al desencadenarse una guerra mundial y morir la mitad de la humanidad seguramente morirían al menos la mitad de los terroristas...

A lo que íbamos. ¿Cómo es posible, entonces, que unos «superterroristas» se olvidaran los manuales de vuelo en árabe en los coches de alquiler? ¿Por qué reservaron los vuelos con sus nombres reales? ¿Cómo es posible que quedaran en los aeropuertos maletas con cartas de despedida? ¿Quién se suponía que iba a leer esas cartas si las maletas tendrían que haber viajado en los aviones? Si se trataba de cartas de despedida destinadas a los parientes reales, ¿por qué no las echaron al buzón antes de subir al avión? ¿Por qué no hay cartas de reivindicación? ¿Quién trama un atentado de esa magnitud y luego no lo reivindica? ¿Por qué no se han formulado, como es habitual después de cualquier atentado terrorista de trascendencia, exigencias políticas ni declaraciones oficiales ni nada de nada? ¿Por qué ese misterioso Dr. No que se halla tras un acto de terrorismo tan *jamesbondiano* no amenaza con atacar de nuevo, ni plantea un ultimátum ni ejerce presión? Quedan multitud de preguntas en el aire —comenzando por la «operación somnífero» que mantuvo aletargados a los servicios secretos y al control aéreo hasta que todo saltó por los aires—, pero todavía es demasiado pronto para dar una respuesta inmediata a todas ellas. Sin embargo, es preciso formularlas, y formularlas ahora. No con el fin de simplificar la confusa complejidad de la situación y reducirla a una teoría de la conspiración —que es precisamente lo que están haciendo los medios de comunicación mayoritarios—, sino todo lo contrario: para evitar las simplificaciones idiotizantes y sus peligrosas consecuencias en el proceso de esclarecimiento de la verdad. Un imposible, lo admito. En situaciones excepcionales, como bien sabía el jurista del reino y teórico del poder Carl Schmitt del Tercer Reich, sólo una dicotomía diáfana amigo-enemigo garantiza la soberanía.

*Si las dudosas llamadas de los Olson constituyen en verdad la* *«madre de todas las mentiras sobre el 11-S», entonces los «dieci-*

nueve secuestradores» son primos hermanos de la madre. Curiosamente, ninguno de los nombres que el FBI reveló ya durante la tarde del 12 de septiembre figura en las listas de pasajeros publicadas por las compañías aéreas. Entretanto, hemos sabido que cinco de los presuntos secuestradores continúan vivos y que uno de ellos ya había fallecido antes del atentado. Tras la publicación de la lista de supuestos terroristas suicidas, cinco de los «acusados» vivos se pusieron en contacto con sus embajadas o la Policía de Arabia Saudí, Marruecos y Estados Unidos. No obstante, actualmente las listas siguen sin modificarse.

De forma parecida, se dio a conocer la noticia de que algunos de los «pilotos de la muerte» habían mostrado un comportamiento anómalo al irse de juerga la noche anterior por bares de striptease, lo cual no responde precisamente a los preparativos típicos de los terroristas suicidas islamistas. Asimismo, se dijo que vario de los supuestos autores habían estado sometidos a vigilancia como sospechosos de terrorismo durante algún tiempo. Sin embargo, en marzo de 2002 (¡!), el Departamento de Inmigración les concedió a dos de ellos el permiso de residencia que habían solicitado en verano de 2001.

Una vez más, resulta asombroso que la opinión pública —o lo que es lo mismo, nuestros medios— se cierre en banda a todas las fuentes de información que corren libremente por internet. En la red se puede acceder a las listas de pasajeros, donde no figura ni un solo nombre que suene árabe,[23] se puede estudiar la lista elaborada por el FBI de los diecinueve presuntos secuestradores[24] y se puede encontrar información sobre las identidades de esos malvados secuestradores, de los cuales al menos cinco siguen con vida y uno falleció en el año 2000.[25]

22-09-2001
CHIVOS EXPIATORIOS, SACRIFICIOS HUMANOS Y LA NUEVA «PAX AMERICANA»

Los truenos y los relámpagos impulsarán a los chimpancés machos a subir a lo alto de las montañas y a desafiar, llenos de ira y garrote en mano, al enemigo celestial. Ésa es la irracional llamada a la venganza. Dos tercios de los estadounidenses están, según las encuestas, a favor de la guerra, aunque no saben muy bien contra quién. Es una especie de acto reflejo que impulsa, por decirlo de alguna manera, a buscar un culpable.

En la protohistoria de la humanidad, que estuvo marcada por catástrofes mundiales como diluvios y colisiones de cometas, ese acto reflejo dio lugar a la cultura de la víctima: quienes sobrevivían a la traumática agresión de un enemigo invisible representaban después la catástrofe como si fueran niños que necesitasen escenificar un suceso traumático para superarlo y de ese modo convertirse en la figura determinante que ejerce el control. Sin embargo, la teoría de las recientes catástrofes —la más que documentada hipótesis de que en los últimos doce mil años, la historia de la civilización ha quedado marcada de forma decisiva por el impacto de cuerpos celestes—[26] hasta ahora no ha pasado de ser un tema académico marginal, al igual que la teoría de la víctima, donde la representación de las catástrofes traumáticas sirve de proceso terapéutico.[27] En la revolucionaria innovación de la religión judía, donde se hacen ofrendas de sangre a los dioses de los cometas, se encuentra, según Gunnar Heinsohn, la verdadera raíz del antisemitismo. Precisamente porque los judíos, a diferencia de otros pueblos y religiones, rechazaban los sacrificios en que la víctima era quemada, se convirtieron ellos mismos, según Heinsohn, en los chivos expiatorios preferidos y en las víctimas, por tanto, del holocausto (que significa sacrificio religioso en que se quema a la víctima).

Estas reflexiones me vinieron a la mente al leer el último ensayo de Hans Magnus Enzensberger, donde habla del «regreso del sacrificio humano» en todo el mundo. A diferencia de lo que sucedió en la guerra del Golfo, cuando arremetió de manera irracional contra el monstruo de Sadam como el «fantasma aparecido de Hitler», Enzensberger aborda la tragedia de las Torres Gemelas con cierta distancia crítica, aunque al final resta importancia a las dudas que suscita la versión de la realidad dada por la CNN:

No es casualidad que en un primer momento surgieran dudas acerca de la autoría del ataque. En Internet, unos hacían responsable al sector de extrema derecha de Estados Unidos, otros hablaban de grupos terroristas japoneses o de un complot secreto sionista. Como ocurre siempre en estos casos, inmediatamente empezaron a aflorar teorías de la conspiración. Tales interpretaciones indican hasta qué punto los delirios de los autores resultan contagiosos. No obstante, en esencia, contienen un poso de verdad porque muestran que los motivos son intercambiables [...] En el caso del asesinato en masa de Nueva York, habrá que preguntarse hasta dónde nos lleva el motivo islámico; con cualquier otro motivo, habría que hacer lo mismo.[28]

En realidad no es cierto que en un primer momento surgiera ninguna clase de duda sobre la autoría de los ataques y, desde que se difundieron los nombres árabes de los diecinueve pilotos de la muerte, sólo se acepta como explicación la versión que culpa a los islamistas. En las noticias, todos los intentos de aclarar el asunto pasan a un segundo plano y quedan eclipsados por las consecuencias del mismo. Un puñado de biografías de estudiantes modélicos árabes y pilotos aficionados es cuanto podemos encontrar tras una semana de grandes investigaciones a escala mundial, y el tintineo permanente de la esmirriada cadena de pruebas basta para elevar la teoría conspirativa designada con el código «Bin Laden» al estado de hecho y, por consiguiente, también a la categoría de realidad. La función de ese instinto conspirativo de conferir identidad y estabilidad, y de transformar la impotencia y el trauma es obvia. Y como el ave Fénix, de las cenizas de los miles de millones de dólares de la quiebra de las punto-com surge con la nueva «Pax Americana» no ya la «vieja» economía, sino la «economía ancestral»: el complejo militar industrial. Si el ataque contra las Torres Gemelas no fue una conspiración, ni un ataque por sorpresa autorizado como lo fue Pearl Harbour, ni un golpe «neofascista» como el asesinato de Kennedy, y en verdad se trató de una sorprendente declaración de guerra de los extremistas islamistas, a los emperadores de Washington no habría podido pasarles nada más ventajoso para la estabilización de su reino mundial. Por el bien de los oleoductos de Europa del Este y Oriente Próximo (y, por tanto, contra la creciente influencia de la Unión Europea) y por el bien de las reservas de petróleo de Oriente Próximo (y, por tanto, contra la creciente influencia de los «moros con turbante»), a partir de ahora se administrará en el mundo entero la «justicia infinita».

## ¡Ha sido Osama!

Los estadounidenses se están preguntando: «¿Quién atacó a nuestro país?» Las pruebas que hemos reunido apuntan todas a un conjunto de organizaciones terroristas a las que se conoce como Al Qaeda [...] Al Qaeda es al terror lo que la mafia al crimen organizado. Pero su meta no es conseguir dinero, su meta es recrear el mundo [...] Las directivas de los terroristas ordenan matar a cristianos y judíos, matar a todos los estadounidenses y no hacer distinción entre militares y civiles, incluidos mujeres y niños.

Este grupo y su líder, una persona llamada Osama bin Laden, están ligados a muchas otras organizaciones en diferentes países [...] Hay miles de estos terroristas en más de sesenta países. Se les recluta en sus propias naciones o en las vecinas y se los traslada hasta los campos de entrenamiento de países como Afganistán, donde se les enseñan tácticas terroristas. Después se los envía de regreso a sus casas, se los oculta en países de todo el mundo para urdir planes de maldad y destrucción [...]

Nuestra guerra contra el terror comienza con Al Qaeda, pero no termina ahí. No terminará hasta que cada grupo terrorista de alcance mundial haya sido encontrado, detenido y vencido. [Aplausos.]

Los estadounidenses se están preguntando: «¿Por qué nos odian?» Ellos odian lo que ven aquí en esta cámara: un gobierno democráticamente elegido. Sus líderes son nombrados por ellos mismos. Ellos nos odian por nuestras libertades [...] Esos terroristas no matan sólo para extinguir vidas, sino para interrumpir y acabar con una manera de vivir.

GEORGE BUSH ante el Congreso de Estados Unidos, 20-09-2001
http://www.whitehouse.gov/news/releases/
2001/09/20010920-8.html

*El anunciado regreso de la «economía antigua» se notó durante los meses siguientes en la rápida subida de la cotización de las empresas del sector armamentístico. Entre los mayores beneficiarios se hallaba el grupo privado Carlyle Group, que casualmente tiene en nómina a Bush padre y que, con el impulso generado por el abultado presupuesto destinado a defensa, avanza viento en popa a toda vela hacia la cotización en Bolsa. Sobre la mayor debacle económica de la historia de Estados Unidos —la quiebra de Enron— todavía no se sabía nada en ese momento, aunque el índice Dow Jones cayó en torno a 900 puntos entre el 20 de agosto y el 10 de septiembre. Tras explotar la burbuja punto-com se temía un nuevo derrumbe de la Bolsa. El vicepresidente Cheney habló a puerta cerrada con el presidente ejecutivo de Enron, Kenneth Lay, para intentar salvar la empresa. De haber existido la opción de salvar la economía sumando a la guerra una nueva deuda del gobierno, el que financió la mayor campaña política de Bush habría tenido alguna posibilidad. Pero con una guerra contra el terrorismo declarada, la peor debacle económica de la historia de Estados Unidos pasó a ser apta para el consumo público y eso condujo al sacrificio de Enron. Los ejecutivos ya se habían encargado de cubrirse las espaldas, de manera que sólo se vieron afectadas unas decenas de miles de empleados que perdieron las pensiones y los subsidios de jubilación.*

24-09-2001
## PRUEBAS CERO EN LA ZONA CERO

Mucho tiempo antes del «despacho de Ems» —el telegrama que el káiser alemán envió desde el balneario de Bad Ems y que

Bismarck manipuló y acortó para provocar que Francia declarase la guerra—, ya se utilizaban las farsas como estrategia geopolítica. En ese caso, como los alemanes ganaron y el Canciller de Hierro pudo forjar el anhelado imperio, nadie le reprochó su sucio truco. De la misma manera, hoy prácticamente nadie reprocha tampoco a Henry Kissinger, a quien Johan Galtung ha llamado «el Bin Laden de Chile»,[29] que emplease toda suerte de tácticas terroristas en la guerra santa contra el comunismo. Porque, después de todo, venció el capitalismo. Lo mismo sucede ahora: si doce días después del atentado contra las Torres Gemelas y sin tener en la mano una sola prueba que apunte a la autoría de Osama bin Laden se orquesta una farsa para desencadenar una nueva guerra, nadie le reprochará nada a nadie, siempre y cuando, eso sí, dicha guerra se gane.

Si los autores del atentado contra las torres hubieran protagonizado un gran atraco a un banco, habrían muerto al intentar huir. Y si la policía quisiera detener al supuesto jefe de la banda basándose en la prueba de que «El hombre odia los bancos y probablemente ha participado también en dos robos perpetrados en África», lo más seguro es que un juez local no concediera una orden de arresto, y no digamos ya —con esa clase de prueba, que tiene un valor igual a cero— la extradición del jefe del país adonde ha huido. En este caso, sin embargo, a raíz de la declaración marcial —aunque vacía— de Bush («Quien no esté con nosotros está con los terroristas»), cualquier observación crítica de esta índole nos convierte en cómplices de los talibanes y en canallas seguidores de Bin Laden. Y cualquiera que no se muestre dispuesto a levantar las armas para luchar por «la justicia infinita» —que en los medios alemanes han traducido como «ilimitada»—, es decir, cualquiera que sospeche que en esa justicia infinita de Estados Unidos hay gato encerrado, es automáticamente acusado de terrorista. Aun a riesgo de que eso me pase a mí, debo decir que, de acuerdo con los criterios de justicia aceptados, las pruebas presentadas en el caso del ataque contra las Torres Gemelas no son suficientes para acusar a Bin Laden. Incluso con los más fríos asesinos en masa debe aplicarse la presunción de inocencia hasta que se demuestre lo contrario.

Y por si fueran necesarias más pruebas aún de que las teorías de la conspiración constituyen un poderoso instrumento de propaganda y manipulación: la conspiración Bin Laden, además de no haber sido demostrada, está a punto de desencadenar una guerra mundial. Y ya no ha vuelto a mencionarse el tema —y eso que hasta el propio FBI se dio cuenta— de que para llevar a cabo los ataques no hacían falta grandes cantidades de dinero —unos doscientos mil dólares, a lo sumo— ni el apoyo de ningún Estado malévolo y que, por consiguiente, cualquier célula terrorista conspiradora y fanática podría haberlo perpetrado. Después de doce días y del incesante machaque de la CNN, la población tiene claro que fue Bin Laden, y si no, alguna otra «red de terroristas» islamistas. Nadie pone en duda que dicha red exista, y no sólo existe, sino que, además, está claro que ha escogido como máximos enemigos a Estados Unidos y a Israel. Sin embargo, el hecho de que la forma de hacerle frente sea una guerra por todo lo alto contra Irak y Afganistán es más que cuestionable. Tal vez convendría probar antes el método sugerido por el Mossad del asesinato selectivo de líderes, o la propuesta del ministro de Defensa israelí de intentar disuadir a los terroristas suicidas con la amenaza de asesinar a sus familias. El único inconveniente es que, por norma general, no suelen hacernos el extraordinario favor de reservar los billetes con el nombre real...

## La amenaza a las familias como método disuasorio

Israel había ponderado diversas alternativas en cuanto a la forma de manejar la amenaza. Ya en agosto, el ministro de Seguridad Pública, Gideon Ezra, propuso la eliminación de los parientes de terroristas suicidas como método disuasorio. El jeque Yassin se pronunció al respecto en una entrevista emitida por Radio Monte Carlo y habló de la posible respuesta de Hamás a la medida: «De esa forma se daría a los hombres de la resistencia palestina una excusa para matar a todos los israelíes que tienen parientes sirviendo en el Ejército israelí.» Ezra propuso también enterrar a los terroristas suicidas con una piel de cerdo o sangre a fin de profanar el cadáver y privarles del estatus de mártir que les aseguraría un lugar en el cielo.

*Jane's Security*, 17 de septiembre de 2001

Pero démosle la vuelta a la tortilla y pensemos: ¿y si lo hicieron a propósito para no pasar por esta vida sin pena ni gloria después de realizar un acto tan heroico? Tal vez los dirigiera y los financiara Bin Laden, el cerebro de la operación, que fue quien se encargó también de eliminar en el momento oportuno al líder de la Alianza del Norte en Afganistán y potencial aliado de Estados Unidos, el jeque Massoud; y tal vez haya más células «durmientes» aguardando para cometer ataques similares o peores en todas las ciudades occidentales en cuanto Occidente realice el siguiente movimiento. Dado que se trata de un alumno aventajado de la CIA, los servicios secretos de Estados Unidos saben perfectamente con quién están tratando, y precisamente por eso se han mostrado «prudentes» y han preferido pensarlo dos veces antes de contraatacar. Contra el poder psicológico del arma kamikaze que posee el enemigo no sirven ni los tanques ni los misiles y, sin embargo, se están desplegando y preparando para entrar en acción. No sería de extrañar que dentro de poco aparecieran «pruebas», que colocaran a Irak en el punto de mira permitiendo así que Estados Unidos utilizara su campaña de castigo para asegurar un pie, durante el próximo medio siglo y bajo el amparo de la solidaridad del mundo entero, en las regiones petroleras que resultan clave desde un punto de vista estratégico. El régimen saudí (probablemente el Estado musulmán más retrógrado del mundo después del talibán) pronto será sustituido por un títere más moderado, de manera que los lugares santos sigan estando a tiro del Ejército estadounidense. También cabe esperar que los Balcanes sean «pacificados»[30] en consonancia con los intereses de los grupos petroleros angloestadounidenses y contra los de la empresa europea Elf-Fina. Probablemente por ese motivo no se emprenderá una campaña conjunta, sino sólo la aprobación tácita de la participación de los ingleses, tal como ocurrió en la guerra del Golfo. Una Europa fuerte y ampliada que abarque los Balcanes y Europa del Este, que tenga sus epicentros en París y Berlín no interesa a Estados Unidos. En caso de que las cosas transcurrieran de esta manera, los libros de historia deberían dejar constancia de que una vez más una farsa, una catástrofe orquestada y manipulada con fines propagandísticos, ha sido utilizada para desencadenar un acontecimiento histórico de trascendencia mundial.

*Ese fatídico pronóstico se ha cumplido con creces. Tras Afganistán, ahora es Sadam Hussein —y después de él vendrán los demás componentes del «eje del mal»—, quien se halla en el punto de mira de una campaña militar que, según el secretario de Defensa Donald Rumsfeld, podría durar «más de una generación».*

*En cuanto al asunto de las «cero pruebas» reunidas durante los diez días de investigación a gran escala, medio año más tarde nada ha cambiado. El 1 de marzo de 2002, la BBC dio cuenta de lo siguiente:*

Los servicios de inteligencia han admitido que no han logrado encontrar ninguna pista que conduzca a los autores de los ataques perpetrados el 11 de septiembre. En un informe más pormenorizado sobre la investigación, el jefe de la Oficina Federal de Investigación (FBI) afirmó que, tras siete meses trabajando sin descanso, Estados Unidos no ha encontrado pruebas contundentes en relación con los ataques que tuvieron lugar en Washington y Nueva York.[31]

Resulta desolador pensar que hacen falta pruebas más concluyentes para procesar a un ladronzuelo de barrio que para iniciar una guerra mundial.

ANTHONY SCRIVENER, eminente jurista británico, al iniciarse la guerra contra Afganistán, *The Times*, 05-10-2001

## 26-09-2001
## Skulls, Bones & Bush

La obra sobre la orden secreta Skull & Bones (cráneos y huesos) de la Universidad de Yale, que fue escrita por el historiador británico Antony Sutton[32] y es ya un clásico de la conspirología moderna, merece una nueva lectura a la luz de la actual situación mundial. Al fin y al cabo, tanto el anterior presidente Bush como el actual son hombres *bones* o *bonesmen*, al igual que sus abuelos y tíos abuelos. Son tantos los miembros de la élite WASP (siglas que responden en inglés a «blancos anglosajones protestantes») que, como los Bush, ocupan cargos influyentes en el ámbito de la política exterior y económica de Estados Unidos, que Sutton llegó a la conclusión de que los miembros de Skull & Bones habían levantado económicamente tanto a los nazis en Alemania como a los comunistas en Europa del Este con el fin de destruirlos de nuevo después en la «gran síntesis» de la Segunda Guerra Mundial y de la posterior guerra fría.

Las revelaciones de Sutton sobre «La orden», que es como él denomina a la elitista logia de «cráneos y huesos», han sido adoptadas en parte por las teorías derechistas que —siguiendo la estela de los *Protocolos de los sabios de Sión*— proclaman la existencia de una conspiración mundial de los judíos. Y eso a pesar de que no responde a las intenciones de Sutton, que documenta precisamente lo contrario. Es decir, Sutton demuestra que la hermandad, fundada en 1832, posee un carácter racista, elitista y antisemita, es intolerante con las personas de color, defiende la sangre azul y su núcleo ha estado formado siempre por las familias ricas de la aristocracia de Nueva Inglaterra. Por lo demás, los miembros de otras naciones y religiones que pertenecen a la orden son más bien figurantes. En los anales de la orden, se consignó como una hazaña el hecho de que el abuelo Prescott Bush, que se inició en 1917, robase y llevara a la casa de la orden, a su templo, uno de los trofeos más importantes para el club: el cráneo del jefe apache Gerónimo. Esa clase de bromas pueden tomarse como simples hechicerías góticas reaccionarias —a decir verdad, los rituales tradicionales de la hermandad, más que prácticas siniestras y ocultistas, parecen ritos extraídos de una película de Harry Potter—, pero lo cierto es que, tiempo más tarde, el abuelo Bush llegó a ocupar el cargo de director ejecutivo de Union Banking Corp. y de la empresa de transporte Hamburg Amerika Linie, convirtiéndose así en uno de los más importantes administradores financieros y promotores del régimen nazi.

Seguramente al abuelo Bush y a su socio William A. Harriman, que se inició en 1913, les hizo ilusión que las SS alemanas usaran en su insignia el símbolo de Skull & Bones (la calavera sobre unos huesos cruzados). Éstos, al igual que muchos otros inversores estadounidenses, no ocultaron su apoyo a los nazis alemanes, sino que los respaldaron de forma tan abierta que, en 1937, el embajador de Estados Unidos en Berlín, William E. Dodd, dijo a un periodista del *New York Times*:

> Un grupo de industriales estadounidenses se ha empeñado en sustituir nuestro gobierno democrático por un Estado fascista, y para ello está colaborando estrechamente con los regímenes fascistas de Alemania e Italia. Desde la posición que ocupo en Berlín he tenido la oportunidad de observar en diversas ocasiones la cercanía que existe entre algunas de las familias de nuestros gobernantes y el régimen nazi. Esas familias contribuyeron a conseguir que el fascismo accediera al poder y ahora están haciendo todo lo posible para que lo mantenga.[33]

En el caso de Hitler, los hombres de la sociedad Skull & Bones criaron y alimentaron a un amigo canalla. Ya antes de ascender al poder, a comienzos de los años treinta, la embajada de Estados Unidos pidió informes por telegrama a Washington sobre la procedencia de los fondos con que Hitler financió su dispendiosa campaña electoral y armó a sus trescientos mil camisas pardas. Los empleados se dieron cuenta de que las armas de las que se había provisto a las SA estaban fabricadas en Estados Unidos. El magnate alemán del sector del acero, Fritz Thyssen, admitió tiempo más tarde que comenzó a invertir en el proyecto de Hitler en torno a 1930; sus banqueros y administradores financieros en esa época eran Bush y Harriman.[34]

Entre toda la guardia de presidentes, ministros, grandes banqueros e industriales de la hermandad Skull & Bones se destaca en especial uno de sus cabecillas, Henry Stimson, que se inició en 1888 y ostentó el cargo de ministro con siete presidentes distintos hasta su fallecimiento en 1950. Éste no ingresó en la hermandad gracias a su apellido, sino por méritos propios, un «acontecimiento que marcó su vida», según afirmó tiempo después. Como ministro de Guerra, el coronel fue uno de los arquitectos de la Segunda Guerra Mundial y de la posterior guerra fría. Ya hemos mencionado su nombre anteriormente en relación con la farsa de Pearl Harbour, impulsada por él con el fin de que la población estadounidense tragara con la guerra. El día del ataque, el 7 de diciembre de 1941, Stimson anotó en su diario:

> Al recibir la noticia de que Japón quería atacarnos, lo primero que sentí fue el alivio de que hubiera terminado la incertidumbre y la crisis hubiera discurrido de una forma que mantendría a todo nuestro pueblo unido. En ningún momento me abandonó esa sensación, a pesar de las noticias acerca de las catástrofes que tuvieron lugar poco después. Porque estaba convencido de que este país no tenía nada que temer si se mantenía unido...[35]

¿Qué son unos cuantos marineros, si después ya no habrá «nada que temer» porque se conseguirá la gran unión del país? Según su biógrafo, Stimson opinaba de todos modos que Estados Unidos debía emprender una guerra por generación porque de esa forma se fortalecía la cohesión de la nación y se depuraba el país tanto moral como económicamente. Según un artículo del *Washington Post,* en 1991, antes de tomar la decisión de atacar a Sadam Hussein, George Bush se encerró durante las vacaciones con la biografía recién publicada del que para él fue todo un héroe, el coronel Henry Stimson: *The Colonel, Life and Wars of Henry Stimson (El coronel: Vida y guerras de Henry Stimson).*[36]

Los hermanos de Skull & Bones no parten sólo de la idea de la superioridad de la raza blanca, sino también del derecho que se otorgan ellos mismos a controlar el destino de la humanidad como caballeros pertenecientes a la élite de dicha raza. Su filosofía, según Sutton, coincide con el pensamiento hegeliano: construir tanto la tesis como la antítesis y, en ese «caos constructivo», convertirse por obra de la síntesis en amo y señor de la situación. Para ilustrarlo, Sutton se sirve de las actividades de William A. Harriman quien, por una parte, financió a los nazis mediante la Union Banking como socio de Prescott Bush y, por otra, respaldó el rearme de la Unión Soviética a través de su empresa Garanty Trust Company. Al igual que su «hermano» Stimson en el ámbito de la guerra, Harriman ejerció como asesor en el ámbito de las finanzas de seis presidentes distintos de Estados Unidos.

La forma en la que George Bush, allá por 1991, maquinó e impulsó la guerra del Golfo al más puro estilo de Stimson encaja perfectamente dentro del esquema del «caos constructivo». Como Estado, Irak siguió constituyendo una amenaza y una potencial antítesis y, sin embargo, los territorios del Golfo gobernados por jeques, los Estados de la OPEP y los aliados dependientes del petróleo (Japón y Alemania) han pasado a depender por completo de Estados Unidos. Además, Bush padre cobró cuarenta mil millones de marcos a Japón y Alemania por defender a sus socios comerciales kuwaitíes en esa estupenda y pequeña guerra colonial —con su primera compañía petrolera, financiada por su padre Prescott y algunos otros miembros de la sociedad, Bush construyó la primera plataforma petrolífera de Kuwait—,[37] lo cual nos da una idea de lo que cabe esperar de la futura «coalición antiterrorista»: el «botín» continuará bajo control angloestadounidense, pero todos los aliados tendrán que arrimar el hombro para sufragar los costos de «la lucha contra el terrorismo internacional».

A pesar de que el tejano de adopción George W. Bush —la familia Bush pertenece desde hace generaciones al *establishment* blanco, anglosajón y protestante de la Costa Este— tiende a restar importancia a su condición de miembro de Skull & Bones y ha intentado proyectar una imagen de auténtico *cowboy* frente a los esnobs elitistas del Este, cuando ha sido necesario no ha dudado en recurrir a los contactos y al dinero de la élite mafiosa.[38]

Ahora, en tiempos de guerra, escuchará sobre todo a su padre y a las viejas glorias de Skull & Bones en la Comisión Trilateral, el Council for Foreign Relations (Consejo de Relaciones Exteriores de Estados Unidos) y el Manhattan Institute, todas ellas instituciones derechistas y *think tanks* que le proporcionaron, entre otras cosas, el eslogan electoral de «conservadurismo compasivo» y la expresión «eje del mal».[39] Debieron de ser ellos también quienes le aconsejaron que dejara cocer un poco más el asunto de Palestina, se marchase tranquilamente de vacaciones y esperase con calma el golpe que Bin Laden y otros fanáticos llevaban tiempo anunciando...

## Poderes axiales

Para empezar, la expresión «eje del mal» resulta engañosa: ¿qué tienen en común Irán, Irak y Corea del Norte? ¿Y qué relación existe entre esos países y los atentados del 11 de septiembre? Si realmente quisiéramos deshacernos de todos los países que dan cobijo a terroristas, tendríamos que bombardear Alemania, algunas partes de España y Arabia Saudí.

BARBARA EHRENREICH, *Frankfurter Rundschau*, 05-04-2002
http://www.fr-aktuell.de/fr/spezial/terror/2042/t2042017.htm

El hecho de que el primer ministro israelí Sharon desoiga una y otra vez la presión de Estados Unidos para iniciar las negociaciones con Arafat habla por sí solo. No se fía ni un pelo de los caballeros de la calavera y los huesos de la Casa Blanca, de esa «mafia Rockefeller» con antecedentes racistas que siente simpatía por los nazis y tiene un pasado antisemita, pro árabe, marcado por el interés en el petróleo y el poder. Desde mi punto de vista, esto invalida también todas las especulaciones que apuntan, en relación con el 11-S, hacia una instigación oculta por parte del Mossad israelí. Un ensalzamiento del poder de Bush y del resto de las personas poderosas que actúan a la sombra interesa tan poco a Israel como al ciudadano medio de Nueva York y ha aumentado la popularidad de Rudolph *Gestapo* Giuliani, quien se ha ganado con creces el apodo con el plan de tolerancia cero que ha puesto en marcha en los últimos años.[40]

No se trata de utilizar estas afirmaciones para determinar ahora que el ataque contra las Torres Gemelas fue una conspiración de Skull & Bones. Sin embargo, hay que reconocer que para poder valorar a los actores del escenario del mundo no está de más conocer sus antecedentes ideológicos y familiares, sobre todo cuando éstos hunden sus raíces en el seno de las sociedades secretas más influyentes de Estados Unidos. A Antony Sutton, que fue profesor de la reputada Universidad de Stanford, sus publicaciones sobre las actividades de la hermandad le costaron la carrera. Después de haber demostrado en una obra de tres tomos que el rearme de la Unión Soviética se llevó a cabo con tecnología y financiación estadounidenses y preguntarse «¿por qué?»,[41] un miembro anónimo de la sociedad le entregó dos volúmenes de documentos sobre la orden. Fue entonces cuando, por primera vez, se dieron a conocer los nombres de los ilustres miembros de Skull & Bones y su ideología supremacista. A partir de ese momento sólo alguna que otra editorial pequeña se ha mostrado dispuesta a publicar los trabajos del profesor Sutton. Ahora los hermanos de la sociedad vuelven a la guerra, y la vieja guardia de papá Bush dirige nuevamente el timón. Es poco probable que todo quede en una medida de castigo contra los talibanes y la búsqueda de Bin Laden; su tradición indica lo contrario.

*Si después de* Expediente X *alguien hubiera rodado Expediente 11-S, habría tenido que inventarse el pasado de la familia de los presidentes en relación con Skull & Bones; pero, por desgracia, no se trata de una obra de ficción. También se ha cumplido, por desgracia, el pronóstico que hicimos el 24 de septiembre de que el asunto no quedaría zanjado con la busca y captura de Bin Laden. Como también ha resultado cierta la suposición de que Sharon desconfía de la facción Bush, con lo que el gran escándalo de espionaje le da una nota especialmente sorprendente: es posible que el servicio secreto israelí del Mossad haya estado durante años en disposición de intervenir casi todos los teléfonos de Estados Uni-*

*dos, incluidos los de la Casa Blanca. A pesar de que los medios mayoritarios apenas se han hecho eco del arresto de docenas de espías israelíes en Estados Unidos después del 11-S, la noticia ha sido recogida por la mirada atenta de varias páginas web*[42] *(véase también: «03-03-2002: La conspiración Kosher»).*

*En 1991, Paul Goldstein y Jeffrey Steinberg escribieron sobre el ideario de la orden secreta Skull & Bones:*

Para los *bonesmen* [así se conoce en inglés a los miembros de la orden], el uso de la fuerza militar es algo natural y una consecuencia lógica del poder político. A los *bonesmen* se les enseña que, aunque las ideas también tienen su lugar, cuando se quiere transformar verdaderamente la historia, el uso de la fuerza resulta casi siempre imprescindible. Quienes critican a la orden sostienen que esta filosofía de poder y uso imperial de la fuerza militar proviene directamente de la época del Imperio romano, y más concretamente de la época de la decadencia y la caída de dicho imperio.

Esa crítica podría resultar proféticamente cierta con respecto a la actual generación de *bonesmen*, que dirige Estados Unidos bajo la presidencia de George Bush. Durante la fase final del Imperio romano se desplegaron legiones para tomar y conquistar grandes territorios, mientras que la ciudad de Roma se venía abajo y todos los avances sociales y culturales de la primera República de Roma fueron cayendo hasta dar paso a algo similar a la contracultura de drogas, sexo y rock&roll de nuestros días. La política imperial de Roma de disimular su decadencia mediante la participación constante en conflictos bélicos llevó finalmente a la destrucción total del imperio.

En ese sentido, la apariencia imperial espartano-romana de la casta de los guerreros estadounidenses blancos, anglosajones y protestantes no puede compararse precisamente con el código moral de los samuráis, el *bushido*. El código del *bushido* se centra en el honor entre guerreros y presupone una visión fundamentalmente moral o ética del mundo. En el código de Skull & Bones no se realza de ese modo la moralidad ni el honor.[43]

## 29-09-2001
## QUIEN LOGRE QUE SE HAGA LAS PREGUNTAS EQUIVOCADAS...

Las teorías de la conspiración constituyen un buen ejemplo del descubrimiento de la física cuántica, que revela que es imposible describir la realidad sin incluir al observador. «El paranoico conoce todos los hechos», afirma William S. Burroughs. El observador paranoide no permite imprecisiones, vaguedades ni equívocos, y encuentra una razón hasta para la casualidad más evidente. Para él teoría y práctica son una misma cosa: él percibe una verdadera conspiración donde otros no ven más que indicios vagos de una posible relación entre sucesos, o donde no ven absolutamente nada. Las teorías de la conspiración reducen la complejidad, desenmarañan las confusiones y explican lo inexplicable: así es para el paranoico esquizofrénico, que proyecta su desesperación interior en la persecución exterior, y también para el teórico de la conspiración racional, que satisface su necesidad de explicaciones estableciendo conexiones vagas y formando con ellas cadenas causales lógicas.

Si George W. Bush, su padre y otros importantes banqueros y encargados de tomar decisiones en Estados Unidos son miembros de una elitista sociedad secreta, y esa hermandad ya proveyó de armas a Hitler y a Stalin y provocó la Segunda Guerra Mundial, sería lógico que anduvieran también tras la tercera, que está a punto de producirse. O: desde que el dólar dejó de convertirse en lingotes de oro en 1971 y se vinculó al precio del petróleo, y el petróleo pasó a estar ligado directamente a la moneda estadounidense, se han iniciado guerras frías y calientes vinculadas al volumen de barriles de petróleo extraídos. Por eso la oposición islamista representa una amenaza para las regiones petrolíferas controladas por Estados Unidos y se utiliza el ataque terrorista para acabar con dicha oposición. O bien, un último posible argumento: una red de extremistas islamistas ha declarado la guerra al mundo occidental, su objetivo consiste en establecer teocracias «al estilo talibán» y ese ataque sólo ha sido la primera declaración de guerra, pero vendrán otras y dentro de poco todas nuestras mujeres... ¡llevarán velo!

Ninguno de estos tres argumentos carece de lógica, y en cada uno de ellos el observador puede encajar las piezas del rompecabezas de tal manera que revele una imagen completa: la verdad sobre los plutócratas que mueven los hilos desde la sombra, sobre las jugadas económicas y geoestratégicas o sobre un choque religioso y cultural de civilizaciones. En realidad, los tres argumentos y relaciones de causalidad coexisten —junto a otros tantos— en el tiempo y todos han influido en la reacción socioquímica que condujo a la catástrofe de las Torres Gemelas. Si bien el cerebro suele ser capaz, al menos en principio, de verificar y sopesar las diferentes alternativas, por lo visto en tiempos de crisis ese mecanismo de validación queda anulado. A los cinco minutos de producirse el ataque, Osama bin Laden se convirtió en el túnel de realidad en el que la población mundial se vio obligada a adentrarse en busca de orden, estructuración y sentido ante el sinsentido y la atrocidad de la catástrofe. Y Nostradamus, que una vez más lo había vaticinado todo,[44] según un bulo difundido por Internet —no hay nada más fácil en el mundo—, fue el libro más vendido en Amazon durante los siguientes días.

«Quien logre que se haga las preguntas equivocadas, no tendrá que preocuparse por la respuesta», escribe Thomas Pynchon, como ya mencionamos con anterioridad, en su laberíntica novela de la conspiración *El arco iris de la gravedad*. Y añadía:

> Nos empeñamos en construir laberintos allí donde no hay más que llanura y cielo abierto. Dibujamos patrones cada vez más intrincados en la hoja en blanco. No soportamos el espacio abierto: nos aterra [...] Si bien hay algo reconfortante en la paranoia —y hasta religioso, si se quiere—, existe también la antiparanoia, donde nada está conectado con nada, un estado que pocos de nosotros somos capaces de aguantar demasiado tiempo.[45]

Éstas son dos pistas importantes sobre el carácter conspirativo de la realidad determinadas por el observador, y sobre la dificultad de soportar preguntas abiertas e inciertas o respuestas incómodas e inadecuadas.

En las crisis se exigen soluciones fáciles, y para eso no hay nada como una buena teoría de la conspiración: una imagen clara del enemigo. Por el momento, las ambiguas biografías de los pilotos terroristas no permiten trazar esa imagen clara. La única pista verdaderamente prometedora sobre los auténticos cerebros parece ser el rastreo de las especulaciones bursátiles previas al atentado, que conduce directamente a un pozo negro, es decir, al sucio lodazal de la conspiración, de acuerdo con la opinión de uno de los expertos entrevistados por la cadena ARD.

Las autoridades bursátiles de algunos países están tratando de encontrar explicación al elevado volumen de intercambio de opciones de venta entre las compañías aéreas American Airlines y United Airlines que se registró en los días previos y posteriores a los atentados. Las opciones de venta son casi una manera de apostar por la caída de los precios, pues cuanto más caiga la cotización dentro de un determinado plazo, mayor es el beneficio de la apuesta, que puede llegar fácilmente a multiplicar por diez o veinte la cantidad invertida. La revista de economía *Plus Minus* entrevistó al experto en finanzas luxemburgués Ernest Backes sobre este asunto:

El aumento de las llamadas opciones de venta en United Airlines el jueves anterior a la tragedia fue espectacular. Se adquirieron doscientas mil opciones de venta, cuando normalmente no se llegaba ni a las mil. Y algo similar sucedió en American Airlines, y también en las compañías aseguradoras. Con esto los terroristas podrían haber ganado miles de millones en la Bolsa.

Según los datos de los que dispone Backes, la pista conduce a Suiza, a las cuentas de una organización fundada hace años por el difunto abogado François Genoud que, al parecer, todavía existe. A ese respecto, Backes apunta: «Uno de los puntos de conexión es que el abogado suizo se hallaba estrechamente vinculado a la familia Bin Laden, puesto que era uno de los asesores de la familia, uno de sus banqueros. Se sabe que François Genoud apoyaba el terrorismo y que fue el administrador de la fortuna de Hitler...»[46]

Ésta no es ninguna esotérica teoría de la conspiración, sino la opinión de un experto a quien la cadena de televisión alemana ARD concede crédito por considerarlo una autoridad en la materia. En la entrevista no queda claro en qué medida se trata de una pista fiable o una sospecha fundada, pero no cabe duda de que basta pronunciar el nombre de «François Genoud» para que a cualquier conspirólogo le salten las alarmas. Como miembro ferviente de las juventudes nazis en Suiza, Genoud se ganó la confianza de Hitler y de otras figuras eminentes del Partido Nacionalsocialista y desempeñó un papel clave como banquero y traficante en las rutas de escape denominadas «rutas de las ratas», que a finales de la guerra se emplearon para sacar de Europa y trasladar a Suramérica a multitud de nazis influyentes con la connivencia y el apoyo del Vaticano y de los servicios secretos estadounidenses. Al concluir el conflicto, se cree que Genoud formó una «internacional negra» neofascista en Oriente Próximo y se dedicó a apoyar a todos los terroristas antijudíos «de Hitler a Carlos».[47] El dinero nazi manejado por Genoud continúa siendo hoy un fondo de financiación de los movimientos nacionalistas y ultraderechistas de Europa. Si rastreando las transacciones bursátiles se puede uno remontar al imperio financiero de Genoud, el titular «El rastro conduce a Alemania» adquiriría una dimensión completamente nueva.

*Como ocurre con el resto de las investigaciones, la que se ha centrado en averiguar quién está tras las especulaciones financieras ha quedado también, después de seis meses, en agua de borrajas. No obstante, ésta es, con diferencia, la línea de investigación más delicada para llegar al fondo de la cuestión y averiguar quiénes son los verdaderos autores. Seguirla habría supuesto destruir por la fuerza el vasto campo de mercados grises y paraísos fiscales y, en ese sentido, supone —claro está— un mal mucho menor cerrar los ojos ante la supuesta pista que conduce a la red de camisas pardas de Genoud.*

## Bancos, Bolsas y Berlusconi

Si hay una pista acerca de las transacciones bursátiles realizadas antes y después del 11-S basadas en información privilegiada y dicha pista apunta al imperio financiero neonazi del suizo François Genoud (fallecido en 1996), esos datos no sólo nos permitirían remontarnos a la relación histórica entre los nazis, el Vaticano y los servicios secretos estadounidenses, sino que, además, nos llevarían hasta un experto en conspiraciones de nuestros días que ha sido condenado por ello y que en su reciente visita oficial a Berlín se ha ido de la lengua o, dicho de otro modo, ha empleado un lenguaje abiertamente fascistoide:

> Debemos ser conscientes de la superioridad de nuestra civilización, que se basa en principios y valores que han traído consigo el bienestar para todos.
>
> Occidente continuará conquistando pueblos, tal como ha logrado hacer ya con el mundo comunista y una parte del mundo musulmán, pero hay otra parte que se ha quedado anclada mil cuatrocientos años atrás.
>
> La sociedad occidental posee valores como el amor a la libertad y la libertad de los pueblos y los individuos que no forman parte del patrimonio de otras civilizaciones como la islámica [...].[48]

A mediados de la década de los setenta, cuando Berlusconi abandonó el mundo de la construcción por el de los medios de comunicación, ingresó en la sociedad secreta Propaganda Due (P2). Tiempo más tarde él, por supuesto, negaría ese hecho y posteriormente sería condenado por perjurio, ya que había pruebas que lo demostraban, pero gracias a una amnistía general consiguió librarse de la pena. El caso de la P2 es uno de los casos de conspiración mejor documentados de los últimos tiempos. Y a la vista del meteórico resurgimiento del nuevo *duce* Berlusconi, hay quien piensa que todavía continúa activo.

Entre los altos cargos nazis que utilizaron las rutas de las ratas y la red de Genoud para escurrir el bulto tras la guerra y ponerse a buen recaudo se hallaban figuras como Adolf Eichmann, Klaus Barbie u Oberst Rudel, pero también el fascista italiano y oficial de las SS Licio Gelli (nacido en 1919), que a partir de ese momento se dedicó al tráfico de armas desde Suramérica. Los expertos alemanes en terrorismo de la misma calaña que la «bestia» Barbie resultaron ser tiempo después de gran utilidad para la construcción —o, lo que es lo mismo, la desestabilización— de varios países latinoamericanos. Muchos de los «luchadores por la liberación», los escuadrones de la muerte y los «contras», armados con el patrocinio de la CIA, fueron entrenados por «profesionales» alemanes.

Gelli regresó a Italia a comienzos de los años setenta y se cree que entonces fundó la P2 con el objetivo de hacerse con el poder mediante un «golpe de Estado blanco». En 1981, al fracasar su plan, encontraron en su casa una lista con todos los miembros de la P2, entre los que se hallaban parlamentarios y miembros del gobierno. En total figuraban unos novecientos altos funcionarios, altos cargos de las Fuerzas Armadas, de los servicios de información y de las direcciones de los medios, la industria y la banca y, con el número de socio 1.816, Silvio Berlusconi.[49] Uno de los miembros destacados de la P2, el banquero Roberto Calvi, fue encontrado en Londres poco tiempo más tarde, como ya mencionamos, colgado bajo un puente. Con posterioridad se descubrió que el «banquero de Dios» había puesto en marcha una compleja maquinaria de blanqueo de dinero procedente de la mafia y el tráfico de drogas a través de su Banco Ambrosiano y el Banco Vaticano (Instituto para las Obras Religiosas). Entre los numerosos bancos y seudobancos que Calvi fundó por todo el mundo se encontraba el Banco Cisalpino de las Bahamas, cuyo segundo mayor accionista era el arzobispo Paul Marcinkus, del Banco Vaticano. En 1981, El Cisalpino se enfrentó en los tribunales a la World Finance Corporation (WFC), cuyo director, un ex agente de la CIA, fue acusado de haber blanqueado dinero procedente del tráfico de cocaína de dictadores suramericanos, y de haberlo hecho a través del «agujero negro» del consorcio formado por Calvi, Marcinkus y la P2. La periodista Penny Lernoux,[50] que investigó el caso, cree que la P2 era el principal canal de financiación de los regímenes fascistas latinoamericanos. Esa estrecha relación con los «canallas amigos» de la política exterior estadounidense explica por qué el presidente Nixon invitó al baile de su ceremonia de investidura a Michele Sindona —socio de Calvi y Gelli en el negocio del blanqueo— y Ronald Reagan hizo lo mismo en la suya con el propio Gelli.[51]

El hecho de que la mafia sea conocida también con el nombre de «la honorable sociedad» proviene de cuando la mafia neoyorquina colaboró con los servicios secretos con el objetivo de invadir Italia en 1944 y les entregó una lista con los miembros de «la honorable sociedad» italiana que debían ser protegidos. Una vez detenidos los «canallas» descontrolados de Hitler y Mussolini, la CIA construyó un nuevo canal de influencias anticomunista a través de la mafia y el Vaticano que, durante la violenta década de los setenta, realizó, entre otras actividades, numerosos atentados con bomba que, gracias a una serie de pistas falsas, fueron atribuidos a las Brigadas Rojas. El atentado que representó el punto álgido de la oleada terrorista fue la bomba de la estación de trenes de Bolonia el 2 de agosto de 1980, que causó ochenta y cinco muertos y doscientos heridos. Los verdaderos autores no fueron condenados hasta noviembre de 1995. Dos de los autores fueron condenados a cadena perpetua, mientras que los responsables que encargaron la misión a los primeros —el gran jefe de la P2, Licio Gelli, y su mano derecha, el agente de la CIA Francesco Pazienza— salieron del apuro con una pena de sólo diez años de prisión.

A pesar de que no hay pruebas que lo demuestren, los recientes atentados perpetrados en Génova y Venecia que sirvieron de pretexto para atacar con extrema brutalidad a los manifestantes antiglobalización llevan el sello típico de las operaciones de contrainteligencia italoestadounidenses. Especialmente porque Berlusconi, el aprendiz de Gelli, se encuentra ahora al mando de los medios y del poder.

Yo albergo mis dudas respecto al fruto que puedan dar las investigaciones sobre los tratos especulativos y las transacciones financieras anteriores y posteriores al 11-S. Averiguar quiénes fueron los responsables de que las opciones de venta sobre las acciones de las compañías aéreas se multiplicasen por veinte constituiría una prueba mucho más sólida que cualquiera de las que hayan podido presentarse hasta ahora contra Bin Laden. Pero la persecución de esa clase de criminalidad financiera —y, sobre todo, la prevención de la misma en el futuro a través de medidas de control que técnicamente son viables— supondría entrar en determinado ámbito y tocar a algunos miembros de la coalición antiterrorismo donde más les duele: el secreto bancario. De forma que mañana mismo podría imponerse una política de transparencia a los bancos de los paraísos fiscales del Caribe, o a los discretos depósitos en Liechtenstein, Luxemburgo y otros lugares, como una medida más en la lucha mundial contra el terrorismo («Quien no esté con nosotros, está con los terroristas»); aunque una cura tan radical en el campo del blanqueo de dinero no afectaría en absoluto a alrededor del 97 % de la población mundial. Sin embargo, en cuanto hubiera dinero de por medio, quienes conforman aproximadamente el 3 % restante, que son clave, abandonarían automáticamente esa gran afición por la seguridad y la transparencia nacionales.

Así que, aunque en el futuro, Juanito, Jaimito y Jorgito tengan que acostumbrarse a mecanismos de control de corte orwelliano cada vez más estrictos, el Tío Gilito podrá seguir moviendo el dinero de su almacén de monedas sin apenas control para alegría de todos los Golfos Apandadores, ya trabajen para Yihad Terror S. L., para McDoping en el negocio de las drogas (facturación anual mundial: trescientos mil millones de dólares; mayor productor de heroína: Pakistán) o para el sector del contraespionaje.

*La teoría de Berlusconi sobre el patrimonio de nuestra civilización coincide en toda su crudeza con la tesis de Samuel Huntington, que sostiene que en un «choque de civilizaciones» Occidente debe transformar su inferioridad demográfica en control militar para sobrevivir.*

03-10-2001
## ¡LOS ASESINOS HAN VUELTO!

Las instrucciones espirituales y prácticas encontradas en una bolsa de viaje que se dejó en el aeropuerto uno de los supuestos pilotos terroristas que ahora se han hecho públicas,[52] nos remiten por el estilo y la redacción a las raíces del islam militante y al padre del terrorismo: Hassan-i Sabbah. Él creó el primer nido de terroristas de la historia, en torno al año 1090, en la fortaleza de Alamut, en el norte de Irán; él inventó el atentado suicida y cosechó una fama mundial tan terrible como duradera a través de su sociedad secreta: los asesinos o *hashshashín*. *Hashshashín* es la raíz de nuestro término actual «asesino», que sirve para describir a aquel que mata «a traición», «con premeditación», «con violencia».

El conocimiento que se tuvo en Europa sobre los *hashshashín* se extrajo durante siglos de los relatos de viajes que Marco Polo escribió desde Persia. En ellos se hablaba de un «viejo de las montañas» que embriagaba a los jóvenes con hachís y opio y los mimaba en paradisíacos jardines para después incitarlos a cometer asesinatos con los que conseguirían alcanzar ese paraíso de nuevo. Aunque con el tiempo los estudios orientales catalogaron esas historias de leyendas —los *hashshashín*, que eran más bien ascetas, tenían tan poco que ver con el hachís, bien conocido en Oriente en la Edad Media, como con oasis paradisíacos—, sí es cierto que se les atribuye la invención del atentado suicida, que cometían por motivos religiosos, cegados por la promesa de la redención.[53]

La lucha que se libró en el siglo VII por el legítimo sucesor del profeta Mahoma provocó la escisión de las ramas suní y chií del islam y, tiempo más tarde, ya en el siglo IX, surgió dentro de la rama chií una tercera división: los ismaelitas. Hassan-i Sabbah se declaró partidario de este último grupo, muy minoritario, que se oponía al califato por considerarlo decadente y laicista, y se propuso recurrir a los medios más radicales para encumbrar de nuevo el islam más auténtico y depurado. Los ismaelitas llevaron a cabo con éxito esa misión tanto en Persia como en Siria y Arabia

Saudí, pero el atentado suicida perpetrado contra el Gran Visir selyúcida en 1092 volvió a provocar una escisión entre la facción más moderada, cuyo centro se hallaba en El Cairo, y una segunda escisión más radical, que se estableció en la fortaleza de Alamut. Sinan, uno de los seguidores de Hassan en Siria, recibió tiempo más tarde el sobrenombre de Viejo de las Montañas. Y sus terroristas suicidas, ocultos tras las más diversas apariencias, no sólo sembraron el pánico en el *establishment* islámico, sino también entre los cruzados europeos, que los consideraban peligrosos terroristas «durmientes»: «Se transforman cual demonios en ángeles de la luz adoptando gestos, ropajes, lenguas, usos y comportamientos de otros pueblos. Son como lobos disfrazados de ovejas que, en cuanto son descubiertos, se precipitan a la muerte.» Durante la cruzada de Ricardo Corazón de León fueron desenmascarados en sus campos no menos de cuarenta supuestos *hashshashín*. Y decimos «supuestos» porque evidentemente los ismaelitas radicales no eran los únicos insurgentes que empleaban las técnicas kamikazes del sacrificio. Un experto en seguridad nacional, el clérigo alemán Burchard von Worms, apuntó allá por el año 1332, en sintonía con Otto Schily: «Conozco un único remedio para proteger la seguridad del reino. No permitir la entrada a la corte, ni siquiera para tareas pequeñas, de persona alguna cuyo país de origen, lugar de residencia, familia, estatus e identidad no se conozcan con absoluta precisión, detalle y claridad.»

Resulta aterrador y fascinante al mismo tiempo estudiar y revisar de nuevo esas viejas historias teniendo los atentados del 11-S como telón de fondo. Aterrador porque la fatal recurrencia de acontecimientos arrebata cualquier esperanza de que el inconsciente humano pueda evolucionar, algo de lo que por fuerza tiene que darse cuenta una mente simplona como la del hombre de negocios Bush, al constatar que es absurdo disparar un misil que ha costado un millón de dólares contra una tienda de campaña de un dólar. Cuando afloran a la superficie las cuentas pendientes del drama psicohistórico de la humanidad, todo el progreso técnico no vale ni un disparo de pólvora.

Sin embargo, desde el punto de vista de la conspiración, esas historias resultan fascinantes, pues al fin y al cabo la esencia de ese drama no es sino una teoría de la conspiración; la teoría de la conspiración más antigua, influyente y polémica de todas cuantas existen y que, por lo común, suele denominarse DIOS. En relación con la aparición del sacrificio humano, ya hemos señalado brevemente las catástrofes que dieron lugar a la invención de los dioses. Los supervivientes traumatizados por el impacto de las catástrofes dieron sentido a la destrucción arbitraria, terrible y mortal de su entorno inventándose a unos seres superiores ocultos y todopoderosos —dioses— que castigaban a la humanidad con ataques terroristas divinos. Para superar el horror y dominar la situación desde el punto de vista psicológico, los supervivientes necesitaban, como los niños, escenificar la catástrofe representando sacrificios de animales y humanos. Pero las ofrendas de vírgenes y carneros no ejercen ninguna influencia sobre los cuerpos celestes. Junto con la abolición del «pueril» sacrificio, cuyo carácter ritual —útil en su momento— originó la expansión de un reino de sacerdotes parasitarios con una gran diversidad de teorías de la conspiración (dioses), los egipcios Akenatón y su pupilo Moisés adoptaron la que tal vez sea la medida de racionalización más determinante de la historia: el monoteísmo. Al reducirlo todo a un solo dios se acabó con la confusión sobre la conspiración de los dioses y la lucha de los maquinadores y entidades superiores que movían los hilos desde la sombra. A partir de entonces, el mayor conspirador dejó de tener nombre y pasó a ser invisible, y el culto del sacrificio se convirtió en el método que debía utilizarse para negociar con el Todopoderoso. Sin embargo, no tardaron mucho en desatarse diferencias sobre la interpretación y la aplicación de las leyes provenientes de DIOS, y con los profetas Jesús y Mahoma se produjo una escisión que dio lugar a dos grandes sectas que modificaron y desarrollaron la teoría egipcio-hebrea inicial. Si en último término el suceso fue beneficioso o perjudicial forma parte de una discusión que ha provocado acaloradas disputas entre los seguidores de Dios, enfrentamientos mucho más encendidos de los que se han producido entre creyentes y no creyentes. «Derramar sangre de un hereje —afirma un ferviente suní en un texto contra los *hashshashín*— tiene más mérito que matar a setenta griegos no creyentes.»

Como se desprende de su testamento, el presunto piloto terrorista Atta pertenecía a la rama suní del islam. Al menos desde un punto de vista teológico, no podemos vincularlo a la rama del pionero terrorista Hassan-i Sabbah. Pero, desde el punto de vista práctico, podemos decir que los *hashshashín* han vuelto. Sin esa versión de la teoría de la conspiración llamada DIOS que tiene nueve siglos de antigüedad y propugna el desprecio por la vida humana y la enseñanza de que morir en la batalla contra el enemigo proporciona acceso directo a la sala VIP del paraíso, la teoría Bin Laden del 11-S no sería posible. De ser así, los recursos materiales tienen una utilidad limitada cuando se trata de vencer en una lucha contra terroristas suicidas. Ni los misiles más inteligentes sirven cuando uno se enfrenta a una mente a la que han lavado el cerebro, una mente que desafía a la muerte y ansía entrar en el paraíso. Al final, sólo sirve una cosa: la política del abrazo. Así que empleemos nuestras armas más seductoras contra los talibanes, agasajémoslos con los placeres, sensaciones, sonidos y olores más exquisitos, dulces y deliciosos; persuadámoslos de que consuman el relajante y maravilloso hachís afgano. En resumen: todo guerrero de Dios que entregue su fusil al Tío Sam recibirá de entrada una estancia de seis semanas con todos los gastos incluidos en el «Club del *hashshashín*». Si aun así fuera necesario aplicar alguna otra medida de reeducación, es sólo cuestión de dejar claro que DIOS es una teoría de la conspiración para la cual no existen pruebas accesibles a todo el colectivo. Sólo pueden hallarse pruebas de forma individual, y según el principio del observador éstas varían tanto que no tiene ningún sentido pelearse por cuál es el DIOS verdadero. «¡La verdad es invención de un mentiroso!»

*El «Club del hashshashín», como es natural, nunca llegó a inaugurarse. En lugar de emplear las armas de la seducción y la política del abrazo, la respuesta no se hizo esperar y llegó en forma de bombas de racimo y misiles; es decir, una política de terror que costó la vida a miles de personas. Parece ser que los pérfidos has-*

hshashín, *los terroristas «durmientes» de la diabólica organización de Bin Laden, no tenían despertador y, en lugar de seguir cometiendo asesinatos, continuaron durmiendo. Pero la histeria provocada al insinuar que había asesinos malévolos viviendo «entre nosotros» creó el clima ideal para introducir nuevas leyes en materia de seguridad, vigilancia y control (Patriot Act, Homeland Security) que restringen los derechos y libertades constitucionales sin que nadie se oponga.*

## 06-10-2001
## YIHAD S. L. – MADE IN USA

No sorprende que en la atmósfera reinante de «corrección emocional» cualquier alusión a la catastrófica política exterior de Estados Unidos se entienda como «antiamericana», pues al fin y al cabo, hasta hace poco, todo el mundo consideraba que George Uve Doble Bush era un fantoche y, de la noche a la mañana, se ha convertido en un gran emperador sabio, prudente y cuasi sagrado. No hace tanto, casi nadie lo creía capaz de pronunciar Afganistán correctamente y ahora se supone que todo el que no sea terrorista debería considerarlo un hombre maravilloso porque está liberando al mundo del terrorismo. En cambio, Bin Laden —cuyo clan familiar lleva más de veinte años haciendo negocios con la familia Bush—, a quien Estados Unidos entrenó y financió como cabecilla del contingente muyahidín saudí en la guerra de Afganistán, se transformó en el Satán del siglo XXI. Y los talibanes, cuyo régimen fue establecido por el servicio secreto pakistaní (el ISI) bajo los auspicios de la CIA, se han convertido en una raza inferior arcaica con la que se ha levantado la veda. El título más adecuado para este drama es el que en su día acuñó el conspirólogo Antony Sutton para la financiación estadounidense de Hitler y los soviéticos: el mejor enemigo que se puede comprar con dinero *(Best Enemy Money Can Buy)*.[54]

Aunque en la versión de la realidad de la CNN se alude muy de pasada a la cooperación de Bin Laden con la CIA en los años ochenta —se trata de un hecho tan claro y bien documentado que no podía obviarse por completo—, en la década de los noventa comenzaron a aparecer biografías donde se relata la transformación del rico heredero saudí en monstruo del terror mundial. En Occidente, debido a la uniformidad mediática, prácticamente nadie repara en ello, pero en otras partes del mundo se comentan con ironía las «lagunas de memoria» que padece la supermeca de la tecnología de la información en cuanto a ese ex empleado que en su día tuvo en nómina. Así, por ejemplo, el periódico indio *The Hindu* publicó el 27 de septiembre de 2001 un artículo titulado «La creación de Osama», donde se hace referencia a una declaración que en los medios occidentales no ha tenido ninguna repercusión:

> La asociación RAWA (Revolutionary Association of the Women of Afghanistan), que se ha manifestado siempre en desacuerdo con el régimen talibán, subrayó en su declaración de condena a los ataques terroristas que «el pueblo de Afganistán no tiene nada que ver con Osama bin Laden y sus cómplices. Por desgracia, el Gobierno de Estados Unidos apoyó al dictador pakistaní, el general Zia ul-Haq, cuando construyó las miles de escuelas religiosas donde se sembró la semilla de la que surgieron los talibanes. Asimismo, y éste es otro hecho conocido por todos, Osama era la niña de los ojos de la CIA».[55]

Tal vez una agrupación feminista y supuestamente de izquierdas no baste para demostrar que Estados Unidos ha participado en la formación de los nuevos *hashshashín*. Sin embargo, el asunto cambia radicalmente si nos referimos a la fuente del artículo, mencionada y citada con frecuencia, pues se trata de la obra publicada en la primavera de 2000 por Yale University Press y traducida como *Los talibán: el islam, el petróleo y el nuevo «gran juego» en Asia central*. El autor, Ahmed Rashid, cuya autoridad en la materia es incuestionable, pues es un veterano corresponsal del *Far Eastern Economic Review* y del (conservador) *Daily Telegraph* en Londres, así como un reconocido experto en la región, afirma con contundencia que fueron los estadounidenses quienes fomentaron y proporcionaron un gran apoyo a los focos del terrorismo islámico de Afganistán y Pakistán.

Según Rashid, en 1986, el jefe de la CIA William Casey intensificó la guerra contra la Unión Soviética mediante tres medidas. En primer lugar, convenció al Congreso de armar a los muyahidines afganos con misiles Stinger y de proporcionarles entrenamiento y apoyo en la guerra de guerrillas. En segundo lugar y en colaboración con el ISI pakistaní y el MI6 británico, planificó la desestabilización de las repúblicas soviéticas vecinas de Uzbekistán y Tayikistán mediante ataques terroristas «islámicos». Y, por último, respaldó los esfuerzos del ISI destinados a reclutar luchadores para la guerra santa en otros países islámicos y proporcionarles una formación ideológica y militar en una red de campamentos y «escuelas religiosas».

> Entre 1982 y 1992, unos treinta y cinco mil musulmanes radicales procedentes de cuarenta y tres países islámicos de Oriente Próximo, el norte y este de África, Asia central y Extremo Oriente celebraron su bautismo de fuego con los muyahidines afganos. A ellos se añadieron decenas de miles más para estudiar en una de las cientos de «madrazas» que el régimen militar de Zia había fundado en Pakistán y a lo largo de la frontera afgana. En total, en Pakistán y Afganistán, entraron en contacto con la yihad unos cien mil musulmanes radicales [...]
>
> Esos radicales entraron en contacto por primera vez, estudiaron y se entrenaron juntos en los campamentos de los alrededores de Peshawar y en Afganistán. Allí tuvieron la oportunidad de oír hablar por primera vez de los movimientos islámicos de otros países, y comenzaron a forjar vínculos tácticos e ideológicos que les resultarían de gran utilidad en el futuro. Esos campamentos se convirtieron en universidades virtuales del islamismo radical del futuro.[56]

No fue en la Universidad de Hamburgo-Harburgo, sino en esas universidades del terror donde se formaron los nuevos *hashshashín*. Allí se programó y se lavó el cerebro a las nuevas especies de guerreros islámicos de Dios cuyos compañeros de promoción han reprendido a sus principales patrocinadores con el brutal ataque del 11-S. Una situación que en tono irónico podría resumirse con la frase: «Un día abrazos y al siguiente estacazos.» Y de igual forma que en la guerra santa contra el «Imperio del mal», los estadounidenses justificaban el uso de cualquier medio para lograr sus fines —incluida la inmoralidad de que unos fanáticos religiosos instruyeran a jóvenes musulmanes inocentes como terroristas suicidas y luego les colocasen una carga explosiva en la mano—, estos guerreros santos no reconocían ningún límite moral en la lucha contra sus mentores.

Todo esto hay que recordarlo, y no para decir «era de esperar» o «se lo ha buscado», sino para poder seguir avanzando en la cuestión de cómo combatir el terrorismo con éxito. Para eso habría que empezar por barrer la sucia trastienda de la política exterior extraoficial de Estados Unidos, en cuyo laboratorio genético de geoestrategias han sido engendrados productos monstruosos como Bin Laden y sus *hashshashín,* y que en mayo de 2001 patrocinó con cuarenta y tres millones de dólares a un régimen como el talibán, al igual que hizo en su día con los escuadrones de la muerte colombianos, el «Ejército de Liberación» en Kosovo, etcétera.[57]

Respecto a Osama, Ahmed Rashid agrega otro detalle interesante en su libro: el ISI se quejó al jefe de los servicios secretos saudíes, el príncipe Turki bin Faisal, de que los únicos saudíes que se prestaban a ir a la yihad eran taxistas, estudiantes y beduinos, mientras que ningún miembro de la familia real se había ofrecido voluntario. Por eso, en 1982, la aparición de Bin Laden se recibió con la satisfacción de contar con un líder para el contingente saudí de la guerra santa que, aunque no era miembro de la monarquía, pertenecía a uno de los clanes familiares más poderosos del país. Se dice que tanto la familia de Bin Laden como la Casa Real acogieron la decisión con gran entusiasmo. Si es verdad que en 1990 se puso fin a la colaboración saudí-estadounidense con los muyahidines, tal como se proclama repetidas veces en la versión de los hechos de la CNN, es un dato que por desgracia Ahmed Rashid no corrobora en su libro. En julio de 1998, el príncipe Turki realizó una visita a Kandahar y, pocas semanas más tarde, se entregaron a los talibanes cuatrocientas camionetas *pick-up* con matrícula saudí. Al cabo de poco tiempo, estallaron las bombas en las embajadas estadounidenses de África. Probablemente, Bin Laden fuera el organizador del atentado y estuviera en Kandahar, el lugar donde cabría esperar que se produjeran los primeros bombardeos contra los «campamentos terroristas» talibanes. En cuanto a su localización, la OTAN no debería haber tenido problemas, pues al fin y al cabo ella misma los había construido.

*Entretanto, los libros de Ahmed Rashid sobre los talibanes y Asia central se han publicado también en alemán y, cuando el autor visitó nuestro país en la primavera de 2002, el propio ministro de Exteriores Fischer escuchó sus palabras con atención. Así que Fischer es consciente del juego al que jugaron la CIA, el ISI y los saudíes en Afganistán, pero, como ministro de Exteriores alemán y vasallo del Tío Sam, no le queda otro remedio que aguantar el tipo y poner al mal tiempo buena cara.*

10-10-2001
## LA MIERDA DEL TÍO SAM: HEROÍNA, TALIBÁN, PAKISTÁN

«¡Alemanes al frente!» La última vez que un general aliado gritó esa orden fue en el verano de 1900, cuando un contingente alemán apoyó a las tropas británicas en la represión del levantamiento de los bóxers, donde los chinos se rebelaron contra la ocupación de las potencias coloniales. El káiser Guillermo pronunció su infame discurso «huno» a la partida de las tropas:

> Cuando se enfrenten al enemigo, aplástenlo sin piedad, no tomen prisioneros. De igual forma que los hunos, bajo las órdenes de Atila, se forjaron una reputación que todavía hoy sigue considerándose legendaria, ustedes deberán dar un motivo por que el nombre de Alemania sea recordado en China durante los próximos mil años, hasta el punto de que ningún chino se atreva jamás a mirar mal a un alemán.[58]

Han pasado cien años y no hemos dejado tan atrás ese tipo de retórica marcial. Bastaría difundir un informe de los servicios secretos —como el mensaje falso que enviaron en su día al káiser diciendo que todo el personal de la embajada alemana en China había sido asesinado el día antes— para tener a los «hunos» de vuelta. Por supuesto, como sucedía entonces, bajo ese «choque de civilizaciones» subyace un negocio conspirativo y más bien incivilizado y, como en China, hay en Afganistán un producto muy especial del que no se habla pero en torno al cual radica todo: el opio.

«Es exigencia de la naturaleza que de vez en cuando el hombre esté aturdido, no dormido.» A pesar de que esta sentencia de Goethe pueda ser interpretada como un precoz alegato en favor del derecho natural a la intoxicación, los alemanes no desempeñaron un papel importante en el negocio de las drogas de las potencias coloniales. En China sólo dejaron como herencia su cerveza Tsingtao, cuya fama ha perdurado hasta hoy, y a pesar de la espontánea diatriba huna del káiser, no lograron forjarse una reputación como brutales emperadores, a diferencia de los ingleses, que ya a finales del siglo XVII empezaron a comerciar con China. Dado que en el país asiático apenas existía demanda de los productos comerciales —como la lana y el hierro— que comercializaba Inglaterra, para evitar pagar en plata los ansiados tejidos chinos, los tés y las especias, la British East India Company comenzó a exportar opio de la recién conquistada provincia de Bengala a China. Ni siquiera la prohibición imperial de importar y fumar opio que se decretó en 1729 logró detenerlos ni impedir que introdujeran 200 cajas (13 toneladas). En 1767, la cantidad de opio enviada a China se multiplicó por cinco, en 1820 ya fueron 670 toneladas, y en 1838 se alcanzó la cifra de 2.680. De esa forma, el opio se convirtió en el producto más vendido de la economía mundial, y cuando el honrado funcionario chino Lin Tse-Hu ordenó destruir 950 toneladas de la lucrativa sustancia, Gran Bretaña declaró la primera guerra del Opio, conquistó Hong Kong y otros cinco puertos chinos que le sirvieron para relanzar el negocio. En 1880 se envió, de India a China, la ingente cantidad de siete mil toneladas, y al menos diez millones de chinos se volvieron adictos a la sustancia. (A modo de comparación: un siglo más tarde, en la década de los ochenta, la cantidad de opio empleada anualmente con fines terapéuticos en todo el mundo era de mil setecientas toneladas. En 1999, los agricultores afganos produjeron, según estimaciones de la CIA, unas 1.670 toneladas, es decir, en torno al 80 % de la demanda mundial para consumo ilegal.) El dinero que sirvió para elevar lo que entonces era una isla de pastores y pescadores a la categoría de una potencia como el Imperio británico procedía en gran parte de ese sucio y oculto negocio de la «Honorable East India Company». Y cuando, finalmente, los chinos se cansaron de esa clase de aportaciones a la civilización, procedente de Occidente, se dio el *casus foederis* que obligaba a actuar a los alemanes y, aunque sólo fuera para una pequeña escaramuza, fueron llamados al frente.[59]

### ¿Alguna pregunta más?

Nos hallamos frente a un desafío homicida y totalitario. Quienes vieron ayer en televisión el anuncio de nuevos asesinatos en masa y quienes saben que ya no se trata de simple retórica no seguirán pidiendo pruebas que están ahí, que existen. Todo apunta hacia el mismo lugar. No hay puntos de vista alternativos, no los hay para nosotros, ni tampoco para la alianza u otros organismos.

Comparecencia de JOSEPH FISCHER, ministro de Exteriores, ante la Cámara Baja del Parlamento Federal alemán, 11-10-2001
http://www.documentarchiv.de/brd/2001/rede_fischer_1011.html

El hecho de que Tony Blair señale —precisamente ahora— a los talibanes como «los mayores productores de heroína del mundo» y se produzca de nuevo un *casus foederis,* que obliga a los alemanes a entrar en juego, crea cierta sensación de *déjà-vu,* sobre todo si uno se fija en cómo está organizado el comercio del opio y la heroína en la región de Afganistán y Pakistán. Cuando, en los años sesenta, los pioneros del comercio psicodélico al por mayor —la californiana Brotherhood of Eternal Love («la hermandad del amor eterno»)— crearon por primera vez una demanda internacional de los productos locales derivados del cannabis y la amapola, se pagaba entre cinco y diez dólares por cada kilo de hachís y entre cincuenta y cien dólares por kilo de opio. El redescubrimiento de estas sustancias en la cultura occidental y la mayor restricción en las prohibiciones y las medidas de control multiplicaron por cien el precio de esos productos agrícolas a lo largo de las dos décadas siguientes. La heroína, sin embargo, no ocupaba un papel importante en la región, lo cual cambió radicalmente en 1979 con la invasión de la Unión Soviética. El servicio de inteligencia militar pakistaní (ISI) abrió laboratorios de heroína a lo largo de la frontera. El profesor Alfred McCoy, autor de la obra canónica *The Politics of Heroin. CIA-Complicity in the Global Drug Trade*, escribió sobre el tema en 1997:

El comercio de heroína estaba controlado por miembros de la CIA. A medida que se adentraban en territorio afgano, los muyahidines iban ordenando a los agricultores que plantasen opio como impuesto revolucionario. A lo largo de la frontera pakistaní actuaban bajo la protección de los cientos de laboratorios de heroína de los servicios secretos. En esa década en que se comerciaba abiertamente con las drogas, la DEA (la agencia estadounidense para la lucha contra el contrabando y el consumo de drogas) no logró realizar ni una sola incautación o arresto en Islamabad, nada; el Gobierno prohibió la persecución del contrabando de heroína y sometió la guerra contra las drogas a la guerra contra la Unión Soviética. En 1995, Charles Cogan, el ex director de la CIA a cargo de la misión en Afganistán, reconoció que en efecto la CIA había sacrificado la lucha contra las drogas por la guerra fría: «Nuestro principal objetivo era infligir todo el daño posible a los soviéticos. No tuvimos ocasión de mantener al mismo tiempo la lucha contra el narcotráfico. Creo que tenemos la obligación de disculparnos. Todas las situaciones tienen efectos colaterales que uno no desea, consecuencias

[...] Sí, aquello tuvo consecuencias negativas relacionadas con las drogas. Pero alcanzamos nuestro principal objetivo: los soviéticos perdieron Afganistán.[60]

«Las consecuencias negativas» no sólo provocaron un crecimiento de la cifra de heroinómanos en Pakistán, que pasó de cero a alrededor de 1,5 millones, sino que, además, en los años ochenta, la heroína inundó el mercado a escala mundial, y en Pakistán, en concreto, se produjo una «heroinización» de la economía. Según estimaciones actuales del Gobierno indio,[61] la industria de la heroína pakistaní facturó once mil millones de dólares en 1999, un 30 % más del presupuesto anual del país, que, después de diez años de recesión, habría sufrido un colapso económico de no ser por la economía sumergida. El hecho de que el «daño colateral» de la heroína no intentara paliarse o detenerse tras la guerra fría, igual que la formación de terroristas en los campos de entrenamiento, se debe a que en ningún momento dejaron de resultar útiles. Los guerreros santos eran necesarios para la desestabilización de la Comunidad de Estados Independientes (CEI) en Chechenia y otros lugares, y los dólares de la heroína para costear la compra de armas de Pakistán (que en la década de los noventa superó los treinta mil millones de dólares). Hasta 1998, los altos mandos de la CIA no empezaron a sentirse incómodos con el personaje que ellos mismos habían creado —Osama bin Laden—; entonces instaron seriamente a los pakistaníes a reducir la producción de heroína, una petición a la que accedieron enseguida trasladándose a territorio talibán, aunque el control de los laboratorios continuó siendo pakistaní. Desde aquella época, el cultivo de la amapola ha aumentado de forma considerable y constituido la única fuente de ingresos de los talibanes hasta que, en respuesta a la presión de Estados Unidos, acordaron suspender la producción. En mayo de 2001, cuando el embajador talibán negoció con los estadounidenses en Islamabad el pago de compensaciones a los agricultores y solicitó «para el pueblo afgano» la cifra casi exacta de doce mil millones, la cantidad que genera anualmente el negocio de la heroína, Estados Unidos ofreció en un primer momento 1,5 millones y luego les prometió y transfirió la cifra de cuarenta y tres millones. De acuerdo con las estimaciones de Pakistán, se calcula que ésa es la cantidad que pudieron haber ganado los talibanes el año anterior con el comercio de opio crudo.

El jeque Massoud, que era el líder de la Alianza del Norte y fue asesinado por dos periodistas suicidas, concedió una entrevista unos días antes de morir a dos periodistas de *Le Figaro* y la revista *Rolling Stone*:

> Los talibanes disponen de mercancía suficiente para continuar exportando otros dos o tres años. Por cierto, quienes detuvieron la producción fueron los grandes narcotraficantes, no el mulá Omar. Quieren que suban los precios [...] Los talibanes recaudan un impuesto agrícola del 10 % por los campos de opio. Luego cobran un impuesto de fabricación de 180 dólares por cada paquete de kilo, y en cada paquete se pone un sello oficial. Después hay un impuesto de venta y uno de transporte si la mercancía se envía por avión primero a Kabul y después a Kunduz. Sin un sello y una declaración de los talibanes, ningún paquete cruza la frontera.[62]

El verdadero negocio es el que se hace entonces con los laboratorios controlados por la CIA y el ISI a lo largo de la frontera y con la distribución. Aquí tenemos, en resumen, a los dos monstruos de los tiempos modernos —el terrorismo y las drogas— y, como podemos apreciar, ambos son fenómenos relacionados entre sí y ambos de fabricación casera. Los yonquis de todo el mundo —en su mayoría estadounidenses, dado que aunque Estados Unidos representa sólo un 5 % de la población mundial, allí se consume en torno al 50 % de las drogas ilegales— llevan veinte años financiando no sólo a un hatajo de servicios secretos militares corruptos, sino también la construcción de escuelas del islam («talibanes» significa «estudiantes del islam») y la formación de miles de guerrilleros terroristas a quienes lavan el cerebro; y todo ello porque la gran aspiración de su gobierno era «infligir el mayor daño posible» a los soviéticos. Dado que ningún parlamento democrático del mundo puede autorizar públicamente una estrategia geopolítica de guerrillas de esta índole, y mucho menos financiarla, eran necesarias otras fuentes de ingresos clandestinas. Por esa razón, los investigadores de la DEA (la agencia antidrogas de Estados Unidos) se encuentran que el 75 % de los casos importantes acaba bloqueado por la «mano protectora» de los servicios secretos, tal como sostiene el ya citado Andreas von Bülow.[63] Hasta la fecha, las drogas ilegales y sus enormes márgenes de beneficio resultaban indispensables a los servicios secretos para «engrasar la maquinaria del terror». A partir de ahora será interesante ver cómo se desarrolla la situación. Desde el golpe militar de 1999, Pakistán no puede obtener nuevos créditos del FMI y si ha logrado liquidar los anteriores ha sido gracias a las ingentes aportaciones «privadas» procedentes del tráfico de heroína. Si ese equilibrio se fuera al traste, la bancarrota estatal de Pakistán sería inminente, pero Estados Unidos no va a permitir que suceda eso a su aliado más importante. Porque como son el mayor deudor del mundo y están sin blanca —y por tanto no pueden permitirse invertir doce mil millones al año en un Plan Marshall—, lo mejor es que por el momento esos «canallas amigos» del ISI pakistaní sigan produciendo heroína.

*En abril de 2002, las agencias de noticias dieron aviso de la existencia de una de las plantaciones de opio más grandes de Afganistán de los últimos tiempos. La Alianza del Norte, a medida que avanzaba, había ido animando a los agricultores a cultivar amapola de nuevo. Según la BBC, la cosecha debería cubrir la demanda de los laboratorios de heroína de los dos o tres años siguientes.*[64] http://news.bbc.co.uk/hi/english/world/south_asia/

## 15-10-2001
## DEMOLICIÓN CONTROLADA

El periodista de renombre Robert Fisk ha expresado en *The Independent* sus dudas acerca de la autenticidad de las instrucciones presuntamente halladas en la maleta de Mohamed Atta, ya que contenían giros y expresiones que ningún musulmán —por muy descarriado que estuviera— hubiese empleado. La invocación al comienzo del texto («en nombre de Dios, mío y de mi familia») es de todo punto atípica, ya que ningún musulmán se mencionaría a sí mismo ni a su familia en una oración después de invocar a Dios, o a lo sumo haría referencia al profeta Mahoma. La traducción publicada por el FBI, según Fisk, suena «casi como una visión cristiana de cómo podrían haberse sentido los secuestradores».[65]

Mi ignorancia sobre las costumbres islámicas relativas a las plegarias y su forma de expresarse me impide valorar estas cuestiones, pero el artículo de Fisk hace referencia también a otras singularidades que dan mucho que pensar. Por otro lado, el periodista del *Washington Post* Bob Woodward, que es toda una eminencia en el caso Watergate, descubrió también una serie de incongruencias en el texto,[66] que conforma una gran cadena de extrañas casualidades.

Ha transcurrido ya un mes desde que aconteció el asesinato más atroz de la historia de la humanidad, y la población del mundo continúa todavía a dos velas respecto a la autoría. Diecinueve supuestos secuestradores con nombres árabes, algunos de los cuales se habían entrenado como pilotos aficionados en Florida y habían estudiado una temporada en Hamburgo; eso es lo único que sabemos, lo se nos dijo pocas horas después del atentado. Desde entonces, aparte de los documentos que pertenecían al presunto piloto del 11-S, Atta, sólo han aparecido unas cuantas supuestas transferencias saudíes en su cuenta. En cuanto a la línea de investigación que apuntaba hacia la presencia en todo el mundo de los tentáculos de esa Al Qaeda de los misteriosos Bin Gadafi, Bin Sadam y Bin Laden: cero pruebas. Sin embargo, con lo que tenemos basta y sobra para iniciar una guerra; y en el mundo occidental ya nadie exigirá pruebas...

«Atta era muy blando», así es como uno de sus perplejos compañeros de clase describía al alumno totalmente normal, tímido y sensible que supuestamente lideraba al grupo de los pilotos suicidas.[67] Lo cierto, si en verdad era él, es que la blandura le afectaba también a las neuronas, o puede que sencillamente no fuera como lo presentan en la versión de los hechos de la CNN.

Se olvida documentos de vuelo escritos en árabe, casualidad número uno, y un Corán, casualidad número dos, en un coche de alquiler, y un testigo lo ve salir del coche, casualidad número tres. Cualquier musulmán, y en especial si se encuentra en su «santa» misión final, se llevaría consigo el Corán y ningún superagente curtido y entrenado dejaría documentos de aviación en un coche de alquiler vacío, a menos que el objetivo fuera dejar una prueba. Gran casualidad número cuatro: resulta que el piloto suicida que viaja con billete de ida lleva equipaje consigo; y no sólo equipaje de mano, sino una maleta que factura y que, supercasualidad número cinco, se queda en el aeropuerto. Y resulta que dicha maleta, megacasualidad número seis, contiene el manuscrito con las instrucciones y las plegarias que han sido publicadas.

Si el piloto suicida que nos presentan el FBI y la CNN quiso dejar a propósito una prueba de su «heroica hazaña», ¿por qué facturó la maleta en lugar de dejarla en el vestíbulo? Si el manuscrito de la bolsa contenía instrucciones para los últimos minutos, ¿por qué no se la llevó como equipaje de mano? Si el documento realmente fue redactado por el cabecilla de Al Qaeda, ¿cómo es que contiene expresiones tan poco árabes como «cien por cien» u «optimista» e incluye la oración matutina que cualquier niño sabe de memoria y que aparece escrita de principio a fin, lo cual resulta de todo punto innecesario?

¿Acaso podría tener esto que ver con la incompetencia en asuntos islámicos de los traductores de la CIA, tal como sospecha Robert Fisk? Hasta ahora sólo se ha publicado la versión traducida y no el texto original. Si algún día se publica, entonces quizá podamos aclarar si se trata de un error de traducción o nos hallamos ante una farsa; lo que significaría que los errores se cometieron cuando se tradujo del inglés al «original» árabe…

Hace un mes nos preguntamos aquí por qué unos expertos y agudos terroristas darían sus nombres reales al comprar los billetes para vuelos nacionales —¡supermegacasualidad número siete!—. A ese respecto hemos de decir que esta serie de pistas tan obvias y maquilladas a lo musulmán no tienen ni pies ni cabeza, a menos que lo que se pretenda sea crear un perfil claro y evidente de los autores para que hasta el más torpe de los telespectadores aficionados a las series policíacas mediocres de la tele sea capaz de establecer la relación.

Además, resulta que en las listas de pasajeros publicadas por la CNN no figuran los diecinueve nombres árabes, cosa que no sorprende en absoluto a los paranoides profesionales de PsyOp-News porque, según la teoría que exponen en su página web, los aviones fueron dirigidos a los objetivos por pilotos automáticos y las Torres del World Trade Center fueron derribadas con ayuda de explosivos adicionales activados por control remoto.[68]

Al igual que en el atentado con camión bomba de Oklahoma, cuya magnitud, en opinión de diversos expertos,[69] resulta difícil de explicar teniendo en cuenta la cantidad de explosivos empleados por McVeigh, «único autor» de los hechos, cabe suponer que los autores de las Torres Gemelas recibieron también un poco de ayuda. O como mínimo eso sostienen en PsyOp, que son especialistas en estrategias psicológicas bélicas. Su afirmación se basa en que casualmente volverá a ser la misma empresa de demoliciones la que se encargue de la evacuación de los escombros (es decir, la destrucción de las pruebas). El contrato que ha ganado la empresa, que se llama Controlled Demolition, asciende a mil millones de dólares.

Entretanto, ha dado comienzo la demolición controlada de Afganistán y la población está ya mentalizada para una guerra de larga duración. Lo que los teóricos de la CIA Brzezinski[70] y Huntington[71] planificaron sobre el papel como si se tratara de un juego de estrategia se llevará a la práctica en la realidad. El nuevo enemigo mortal, el «terrorismo islámico», ha enseñado por fin su temible rostro, proporcionando así todas las razones necesarias para ocupar esa zona entre Europa y Asia, que resulta clave desde el punto de vista geoestratégico. En primer lugar, para evitar que se forme aquí un eje París-Berlín-Moscú-Pekín que dentro de unas décadas pudiera erigirse como rival económico y militar de la única potencia del mundo; y en segundo lugar, para retrasar el colapso del sobrevalorado dólar, la sobrecargada economía estadounidense y, por tanto, de todo el sistema financiero mundial o, lo que es mismo, para provocar una «demolición controlada».

¿Qué son unos cuantos miles de muertos frente a casa cuando se trata de la supervivencia a largo plazo del imperio, de las reservas de energía para otro «siglo estadounidense» y de un nuevo orden mundial y una moneda global? En el caso de la decisión que tomaron en 1941 Henry Stimson y sus jefes de los servicios secretos de sacrificar a dos mil personas y unos cuantos buques en Pearl Harbour para motivar a la población estadounidense a embarcarse en la guerra contra Hitler, ¿acaso el fin no justificaba los medios? ¿Acaso Estados Unidos y, en particular, la familia Bush no salieron enormemente beneficiados cuando, primero, abastecieron de armas y financiaron a Hitler y a IG Farben entre 1929 y 1941 y, posteriormente, provocaron la «demolición controlada» de Europa? ¿Acaso Estados Unidos no salió de la Segunda Guerra Mundial, que en realidad no terminó hasta 1989, siendo la mayor potencia del mundo? Si repasamos el siglo XX, ¿hay tal vez algo de malo en la política exterior encubierta en la que participan esos canallas amigos como Bin Hitler, Bin Pinochet, Bin Noriega o Bin Laden? Desde el punto de vista ético de la moralidad y los derechos humanos, hay infinidad de cosas malas en esa política, pero desde el punto de vista del poder de Washington y Wall Street, ¡no hay absolutamente nada de malo! Por esa misma razón es posible imaginar que el 11-S fuera un ataque kamikaze a lo Pearl Harbour, un ataque provocado, observado y permitido, y más todavía conforme pasan los días y la investigación se va volviendo más turbia.

*Después de que se descubriera que siete de los diecinueve supuestos pilotos suicidas están vivos, toda la lista de sospechosos, que oficialmente todavía no ha sido corregida, se revela como una prueba más que dudosa. La fijación con que Atta era el «cabecilla de los pilotos suicidas», la asombrosa velocidad con la que las autoridades, ajenas a todo hasta el propio día 11 de septiembre, recopilaron una lista de autores con fechas y datos personales en cuarenta y ocho horas, y las pruebas —como ese dudoso testamento— colocadas a propósito en el escenario... Todo apunta a una cadena de pruebas fabricada de manera artificial con el fin de presentar como cerebro del ataque a un único autor perturbado, tal como sucedió con el asesinato de Kennedy y Oswald o el camión bomba de Oklahoma y McVeigh.*

## 20-10-2001
## EL HILO DEL DINERO

Cuando en el siglo XII, siete «caballeros pobres» fundaron en Jerusalén la Orden del Temple, en teoría lo hicieron con el objetivo de proteger a los peregrinos que se dirigían a la Tierra Prometida tras el éxito de la cruzada. Lo cierto, sin embargo, es que la idea de los devotos caballeros era en verdad algo más profana, pues sabían que las diversas innovaciones financieras como los cheques, las letras de cambio y los préstamos «sin intereses» les permitirían burlar la prohibición de cobrar intereses impuesta por todas las religiones desde los tiempos de Moisés, Jesús y Mahoma. Esos trucos que multiplicaban las ganancias convirtieron en poco tiempo a los templarios en un grupo financiero multinacional, cuya influencia se extendió por toda Europa y Oriente Próximo. El Wall Street de la Alta Edad Media se encontraba en París, y el World Trade Center era el castillo de la Orden de los Caballeros Templarios, hasta que la Santa Inquisición acabó con ellos en 1307 por orden del rey francés, que había contraído enormes deudas. Igual que sucede con la reaparición de los *hashshashín*, con quienes, por cierto, los templarios siempre se llevaron bien, e igual que Wall Street con la yihad por medio de la CIA, parece que la historia vuelva a repetirse con el ataque al templo gemelo de las altas finanzas modernas y con Bin Laden, que como gran inquisidor es todo lo medieval que se puede ser. La cuestión radica ahora en saber quién le ha dado la orden esta vez. Y la mejor y más eficaz forma de resolver el rompecabezas, como en el caso de los templarios, a quienes se asociaron después infinidad de mitos ocultos, es tirar del hilo del dinero.

Tal como suponíamos, la única prueba contundente que apuntaba hacia los autores de la tragedia de las Torres Gemelas

—el llamativo volumen de contratación de opciones de venta previo al atentado; es decir, las apuestas por la caída de los precios de las aerolíneas y los seguros— cayó en saco roto. Ni los bancos ni los grandes magnates quieren renunciar al pastel de trescientos mil millones de dólares que genera anualmente el negocio mundial de las drogas. Y por esa razón seguirán existiendo bancos *offshore* sin control, paraísos y oasis fiscales y grandes operaciones de blanqueo de dinero. La «libertad duradera» no sacudirá con fuerza esa red de terrorismo financiero ni el baluarte donde se refugian los caballeros bandidos de la era moderna. Por eso los medios de comunicación, que se mueven al unísono, no muestran el menor interés en investigar las contundentes pistas ni en tirar del hilo del dinero, pues de lo contrario el revelador artículo publicado el 29 de septiembre en el *San Francisco Chronicle*[72] habría suscitado ya titulares en todo el mundo y programas de televisión sobre el tema. Y habría generado titulares, sobre todo, en Alemania, puesto que uno de los bancos que adquirió un gran volumen de opciones de compra sobre United Airlines antes del 11-S fue identificado en el artículo como el Bank Alex Brown, que pertenece ni más ni menos que a la honorable institución financiera que albergan las dos torres de espejo de Fráncfort: el Deutsche Bank. Tras conocerse la noticia de que en 1999 el Deutsche Bank se convirtió en el mayor banco de Europa con la adquisición de Bankers Trust Alex Brown, el dato de que Alex Brown se hallaba entre las veinte entidades estadounidenses más sospechosas de blanquear dinero pasó a un segundo plano. Es posible que el hecho de que uno de sus clientes adquiriese a principios de septiembre un volumen de opciones de compra veinte veces superior al volumen medio sea, por supuesto, una simple coincidencia; la fuente del ámbito bursátil que proporcionó esa información a los periodistas del *Chronicle* no ha sido revelada. Y hay otra pieza del rompecabezas que demuestra por qué merecería la pena seguir investigando en esta dirección, aunque es probable que una vez más todo quede en agua de borrajas. El director de Alex Brown, y tras la absorción de Bankers Trust en 1997 también subdirector responsable de las «relaciones privadas con los clientes», era *Buzzy* Krongard: desde marzo de 2001 director ejecutivo y número tres de la CIA.[73] ¡Vaya!

Las transacciones citadas en el artículo del *Chronicle* sólo hacen referencia al volumen de opciones tramitadas en la Bolsa de Chicago, que en cuestión de pocos días generaron unas ganancias de entre doce y quince millones de dólares. Aún hoy sigue sin saberse qué sucedió en los parquets de Nueva York, Londres, Fráncfort u otros grandes mercados, salvo algún que otro apunte informativo de poca trascendencia incluido en la versión de la realidad de la CNN y la CIA. Tampoco se sabe nada del especulador que con información privilegiada, según el informe de vigilancia bursátil de la Bolsa de Chicago, todavía no ha cobrado los 2,5 millones de dólares que ganó con las opciones de United Airlines. ¿Puede ser que algún compañero de Buzzy que anduviera siguiendo la pista a los pilotos terroristas decidiese en el último momento realizar una apuesta privada y le pareciera demasiado arriesgado cobrarla después de que Wall Street cerrara sus puertas durante cuatro días? Sea como fuere, la pregunta clave ahora mismo es cómo es posible que aparezca publicado algo así en el mayor rotativo de San Francisco el 29 de septiembre y el día 30, las autoridades no hayan averiguado qué bancos compraron esos boletos de apuestas a comienzos de septiembre y para qué clientes. ¿O acaso debemos suponer que un honrado agente del FBI lleva tiempo investigando con ayuda de sus colegas todas estas transacciones financieras en Chicago, o algún otro lugar, y ha hecho entrega a su jefe de un buen tocho de papel con el resultado de sus pesquisas, y ahora, con la misma desesperación que un Fox Mulder en la vida real, tiene que presenciar cómo sus superiores impiden el desarrollo de la investigación? ¿Y que por eso no sabemos nada sobre la única pista concreta sobre los autores y los cómplices del ataque, porque seguir esa línea de investigación supondría una amenaza para la «seguridad nacional» de Estados Unidos? Y quizá también sea ésa la razón por la que las ocho cajas negras de los cuatro aviones han quedado supuestamente tan destrozadas —aunque en teoría soportan temperaturas dos veces superiores a la de una explosión de queroseno— que no puede recuperarse ni un solo dato. *Sorry.*

De igual manera que es obvio que no se puede tirar del hilo del dinero, sigue sin desvelarse el misterio que constituyen los diecinueve nombres árabes aparecidos de la nada, el rompecabezas de las listas de pasajeros[74] y las montañas de incongruencias[75] que existen en torno a este caso.

Sin embargo, esas pistas han bastado para iniciar la Tercera Guerra Mundial, y también para realizar operaciones financieras a una escala mucho mayor. Desde el 11-S, el Banco de la Reserva Federal, llamado también «el templo» —no se sabe si en honor a los santos caballeros templarios o debido a las sentencias del gran oráculo Alan Greenspan («Si me han entendido es que no me he expresado con suficiente precisión»)—, emite en torno a mil millones de dólares al día, devaluando el ya sobrevalorado dólar a toda velocidad cual moneda bananera. Una gigantesca ola inflacionista, un «tsunami de inflación»[76] se dirige a Estados Unidos. Si ni siquiera un escándalo tan insólito como los que acontecen en la nave principal del templo sale a la luz, no es de extrañar que las transacciones financieras de miles de millones que se realizaron en torno al 11-S en la oscura trastienda del sistema bancario y financiero se escondan debajo de la alfombra.

*Cuando adjudican un cargo de responsabilidad en la CIA a un ejecutivo de la banca como Buzzy Krongard, que trabajaba para Alex Brown, uno se pregunta por qué lo consideran cualificado para ocupar ese puesto. La única respuesta que a uno se le ocurre es que en su trabajo anterior ya se encargaba de gestionar los asuntos financieros de su nuevo jefe. Respecto a la gigantesca deuda y crisis financiera de Estados Unidos, en ese momento la población todavía no estaba al corriente de la quiebra inminente de Enron —la mayor de la historia de Estados Unidos conocida hasta ese momento—, pero la Casa Blanca lo sabía perfectamente. El vicepresidente Cheney se reunió a negociar a puerta cerrada con la dirección de Enron, pero aún hoy continúa negándose a revelar el contenido de esas conversaciones (y con ello, a reconocer que tuvo conocimiento de la bancarrota que estaba a punto de producirse).*

## 26-10-2001
## UNA MANO LAVA LA OTRA.
## UN DINERO LAVA EL OTRO

Porque, si se descubrieran dos pasteles a la vez —el del sistema monetario y bancario y el de los servicios secretos—, lo más probable es que al día siguiente algún jefe de investigación del caso del 11-S que tuviera competencias reales amaneciera con un agujero en la cabeza. Y es que las cosas que descubriría al echar un segundo vistazo comprometerían la seguridad nacional y por tanto no serían aptas para todos los públicos y tendrían que permanecer clasificadas durante los próximos cincuenta años.

Los quinientos mil millones de dólares que se inyectan de manera ilegal todos los años en el sistema financiero de Estados Unidos,[77] según una investigación del Comité del Senado de ese mismo país, deben lavarse como sea y donde sea. Ése es un negocio tan importante que cualquier intento de imponer unos controles legislativos amplios de la «banca privada» en el contexto de la lucha contra el terrorismo equivaldría a una revolución. El desesperado agente del FBI, al intentar averiguar quién fue exactamente el que apostó por un descenso en la cotización de United Airlines, no encontrará nombres reales ni titulares reales de las cuentas, sino más bien un entramado de conspiración casi impenetrable. Como la muñeca rusa que contiene a todas las demás, este intrincado sistema de bancos *off-shore*, cuentas corresponsales, contingentes colectivos y depósitos numerados reservados es, por tratarse del sanctasanctórum de las altas finanzas, completamente intocable. Los lamentables efectos secundarios como el terrorismo o las drogas deben aceptarse como daños colaterales, al igual que los miles de millones que los dictadores corruptos usurpan a sus países y atesoran a buen recaudo en las arcas del Citibank o de alguna otra destacada entidad de blanqueo citada en el informe del Senado. En este saco roto caen no sólo los descubrimientos acerca de las maniobras especulativas realizadas antes del 11-S con las acciones de las compañías aéreas a partir de información confidencial, sino la mayor parte de las investigaciones en las que hay peces gordos implicados.

De no ser por el punto de intersección con el blanqueo de dinero, los virtuales baluartes de la era moderna —ya alberguen a terroristas *hashshashín*, a la mafia que trafica con drogas y armas o a corruptos estafadores vestidos de traje y corbata— se hallarían aislados del mundo exterior. Se podrían tender puentes levadizos, es decir, establecer una seguridad financiera interna que permitiera controlar los movimientos de las cuentas, tomar las huellas dactilares de los titulares o, adoptando la medida popularizada por Schily, registrar sus datos biométricos. De la misma forma que se podría impedir que los caballeros bandidos utilizaran su dinero sucio. Pero ¿por qué no ocurre nada de eso? Sólo hay una respuesta a esa pregunta: esos caballeros bandidos son quienes en realidad nos gobiernan, y no nuestros gobiernos electos. Precisamente ahora el *New York Times*[78] acaba de publicar que un grupo de esos banqueros y grandes industriales se ha opuesto a las leyes contra el blanqueo de dinero que estaba previsto incluir en el nuevo «proyecto de ley antiterrorista», argumentando que incluirlas perjudicaría la competitividad internacional. A diferencia del dinero limpio, donde los banqueros tienen que conformarse con ganar un modesto margen de beneficio de entre un 5 % y un 10 %, el dinero negro rinde un 25 % anual, una gallina de los huevos de oro a la que nadie está dispuesto a renunciar.

No es una cadena especulativa de pruebas circunstanciales, ni un pensamiento conspirativo paranoide, ni una dudosa teoría de la conspiración; el hecho de que nuestro sistema financiero oculta, favorece y defiende por todos los medios una auténtica conspiración denominada «secreto bancario» es una realidad innegable, como también lo es que esa red conspirativa de transacciones financieras reservadas es precisamente lo que hace que el crimen organizado, la corrupción y el terrorismo a gran escala sean posibles. Aplicar medidas reales de control y disciplina a esta red según la «escala de Schily» por el bien de la seguridad interna y mundial constituiría una gran oportunidad que nos brinda la tragedia del World Trade Center. Para eso se necesitaría menor superioridad aérea sobre Afganistán y mayor altura en el control de los bancos de las Bahamas, las islas Caimán, etcétera, y sus honorables bancos corresponsales en Estados Unidos y Europa. Como no se estará a esa altura, los investigadores que continúen indagando y traten de tirar del hilo de las finanzas seguirán topándose con un muro.

Eso nos deja sólo con las pistas que conducen a los supuestos autores. Desde el comienzo se extendió la sospecha de que era imposible planear y llevar a cabo una operación de semejante alcance sin que los servicios secretos se enterasen de nada, y las pruebas presentadas hasta la fecha —como el Corán que uno dejó olvidado, la extraña redacción de las instrucciones, etcétera— no han servido sino para reforzar dicha sospecha.

Y si es cierto, como publica *Times of India,*[79] que la semana pasada fue destituido el director de los servicios pakistaníes —que ordenó hacer una transferencia de cien mil dólares ni más ni menos al «piloto terrorista» Mohamed Atta—, entonces nos encontramos en medio de una trama de los servicios secretos capaz de ponerle los pelos de punta hasta a un maestro del espionaje de la talla de John le Carré.

*El blanqueo de dinero y los castillos levantados en paraísos fiscales donde se refugian los caballeros bandidos de nuestro sistema financiero son ejemplos de una conspiración completamente abierta y legal, aunque no por ello menos delictiva. El hecho de que no se investiguen los movimientos bursátiles realizados con información confidencial indica que las cosas no cambiarán en el futuro.*

*La información publicada en* Times of India, *basada en fuentes del FBI y conversaciones telefónicas intervenidas por el servicio secreto indio, parece una de las piezas más importantes del rompecabezas si se quiere encontrar a los cerebros del atentado, y es probable que contribuyera a que Bush suspendiera en enero las «investigaciones a fondo» sobre el 11-S.*[80]

*Según esa información, se realizó una transferencia de cien mil dólares desde dos bancos pakistaníes a cuentas que había abierto Mohamed Atta en Florida. El ordenante de los pagos era Ahmad Omar Sheikh, ciudadano británico y agente especial del director del servicio secreto, el general Ahmed. A pesar de que ambas figuras tienen una gran implicación en el caso, el público apenas las conoce. Ahmed, que casualmente se encontraba en*

Washington en la fecha de los atentados, tuvo que dimitir «de forma inesperada» a mediados de octubre, y Omar Sheikh desapareció de un día para otro del panorama mediático después de ser detenido en Pakistán por el secuestro y asesinato del periodista del Wall Street Journal *Daniel Pearl*. ¿Cómo es posible que la detención de Omar Sheikh, una figura clave, no suscitara ningún titular cuando probablemente sea la persona que pagó a Mohamed Atta y asesinó a un periodista estadounidense? ¿Cómo es posible que no sólo no fuera una noticia bomba, sino que apenas fuera noticia? ¿Podría deberse a que el periodista del Wall Street Journal ignoró su misión oficial y mostró un interés excesivo por la conexión entre la CIA, el ISI, la heroína, los talibanes y el terrorismo? O lo que es lo mismo, ¿a que mostró interés precisamente por esos operadores y redes que dirigieron a los autores de los atentados y que en teoría deben permanecer ocultos bajo cualquier circunstancia, y en especial bajo el enorme despliegue de propaganda mediática del malvado «Osama»? ¿Qué es lo que convierte a un agente pakistaní y líder terrorista como Omar Sheikh y a un destituido jefe de la Gestapo como el general Ahmed en figuras tan sacrosantas para que no se publiquen más de dos líneas sobre sus maquinaciones? ¿Es posible —se pregunta uno con cautela— que ese silencio impuesto sobre los cerebros terroristas se deba a que lo contrario haría visible el hilo que les sirve de guía y que conduce hasta Langley, Virginia, donde se halla la sede central de la CIA? Si la noticia sobre los pagos a Mohamed Atta, que fue difundida también por la AFP y ABC-News, fuese en realidad una «pista falsa», ¿entonces por qué no lo desmintieron? ¿Intentaban Bush y Cheney impedir que se llevara a cabo cualquier tipo de investigación a fondo[81] porque no había nada que desmentir o porque una parte de la «verdad» amenazaba con salir a la luz?

Entretanto, en Estados Unidos se ha puesto en marcha el sistema de información y prevención del terrorismo (*Terrorism Information and Prevention System*, TIPS), para el cual se está reclutando a millones de ciudadanos como espías. Yo me presentaría voluntario sin pensarlo dos veces para llamar la atención sobre las sospechosas actividades del Gobierno estadounidense en relación con el agente especial del ISI Omar Sheikh, que ha sido condenado a muerte por el asesinato del periodista del Wall Street Journal *Daniel Pearl. El mismo personaje oscuro que supuestamente dio orden de realizar una transferencia de cien mil dólares a Mohamed Atta en Florida por encargo del ISI, un hecho que el Frankfurter Allgemeine Zeitung mencionó sólo de pasada en un artículo sobre la sentencia de muerte que publicó el día 16 de julio de 2002. Sin embargo, si lo analizamos con detenimiento, ésa es la pista más concluyente y directa sobre los cerebros que tramaron los atentados del 11 de septiembre. La prensa británica, por lo general digna de alabanza (en comparación con la alemana y la estadounidense), fue publicando información pormenorizada del juicio secreto de trece días celebrado contra el ciudadano británico Omar Sheikh, y sin embargo ese jugoso detalle ni lo mencionó. El propio Robert Fisk, un periodista por lo común concienzudo y profesional, lanza en* The Independent *la conjetura de que Pakistán se haya negado a extraditar a Sheikh a Estados Unidos por miedo a que hable de la relación entre el ISI y Al Qaeda, que por supuesto el FBI ya conoce de sobra por los extractos bancarios de las cuentas de Mohamed Atta. Sin embargo, al revés todo encaja a la perfección: resulta más conveniente procesar a Sheikh en un juicio a puerta cerrada en Pakistán y que en Estados Unidos no salga a la luz la relación entre el ISI, Al Qaeda y la CIA.*

31-10-2001
## MÁS ALLÁ DE BUSH Y DEL MAL

«Lo contrario de una gran verdad es otra gran verdad», sentenció en una ocasión el físico cuántico Nils Bohr sobre la paradoja de la observación de las partículas y ondas. Ese arte de hallar una verdad no dualista puede aplicarse también a la observación de la tragedia del World Trade Center. Civilización frente a barbarie, «libertad» frente a «terror», cruzada frente a yihad, nuevo orden mundial frente a teocracia, negocio del petróleo frente al protocolo de Kyoto, CIA frente a Al Qaeda, niño de papá que ha heredado una fortuna millonaria procedente del petróleo frente a niño consentido que ha heredado una fortuna millonaria procedente del petróleo; todos estos campos de influencia bipolares desempeñan un papel en la actual convulsión. Si bien con la neblina de la guerra, los bloqueos informativos y la estrategia de la guerra psicológica resulta difícil determinar con exactitud cuál es el grado de influencia que ejercen, sí es posible distinguir patrones, estructuras y paralelismos.

En torno al año 70 a. C., un ambicioso senador de la república de Roma, Marco Licinio Craso, tomó la determinación de asumir el gobierno. Craso es considerado el inventor de los bomberos y, como el mayor terrateniente privado de Roma, ganó una fortuna gracias a su singular visión de esa profesión: acudía con las tropas de extinción de incendios a los edificios en llamas y al llegar ofrecía comprar el inmueble por una parte de su valor. Si el propietario accedía, apagaban el incendio, pero si rechazaba la oferta, la brigada de esclavos bomberos se retiraba. Con la misma galantería que Craso empleó para ampliar su negocio, procedió después a flexibilizar las limitadas competencias del Senado, aunque para conseguirlo necesitó a un incendiario adecuado. Poco tiempo antes se habían reprimido las revueltas de los esclavos y el cabecilla Espartaco y sus seguidores se enrolaron en un buque mercante para huir en busca de la libertad. Craso sobornó a la tripulación del buque para que zarpase sin Espartaco, y colocó a dos guarniciones romanas de tal manera que Espartaco se viera forzado a regresar a Roma. Al conocerse la noticia de que los temidos gladiadores habían regresado a Roma, cundió el pánico y acto seguido Craso fue nombrado pretor. Ordenó matar a Espartaco y a sus hombres, y de ese modo ya nada pudo interponerse en su camino hacia el nombramiento de cónsul. Así llegó el final de la república democrática y, tras un triunvirato de transición, en adelante Roma fue gobernada por un emperador de naturaleza casi divina dotado de un poder dictatorial. Por la gracia del rey inmobiliario Craso, Julio César fue el primero en instalarse en el poder.

Parece que esta antigua historia y la película *La cortina de humo* guardan similitudes con el actual imperio estadounidense: ahí tenemos el final de las «revueltas de los esclavos» comunistas, un enemigo a punto de desaparecer. El ambicioso senador se ha abierto camino hasta el despacho presidencial con ayuda de su rica familia, y ahora necesita urgentemente despojarse de la sensación de que ha comprado su elección. Ahí están las relaciones comerciales del padre con los multimillonarios islámicos —según el *Wall Street Journal*, Bush padre y otros antiguos miembros del gabinete mantienen estrechos vínculos con el clan de los Bin Laden mediante el Carlyle Group— y sus «gladiadores», que en su día lucharon a las órdenes del imperio pero que ahora lo odian porque los «romanos» han ocupado Arabia Saudí. Ojalá se pudiera convencer a esos guerreros para que atacaran «Roma» y sembraran el pánico y el terror entre sus ciudadanos. Ojalá el torpe del hijo pudiera derrotarlos de una vez por todas en una batalla definitiva, porque de esa forma no sólo saldría fortalecido como presidente, sino que, además, podría aumentar considerablemente el control y el poder políticos nacionales. Y los negocios, claro.

### Socios de negocios

El *Wall Street Journal* publicó en septiembre que el ex presidente y padre del actual presidente había participado en los negocios de la familia Bin Laden en Arabia Saudí a través del Carlyle Group. Bush padre se reunió con la familia Bin Laden al menos en dos ocasiones. (También se vincula con el Carlyle Group a otros dirigentes republicanos, entre quienes figura el ex ministro de Exteriores James A. Baker). El líder terrorista Osama bin Laden fue supuestamente «repudiado» por su familia, que dirige empresas en Arabia Saudí con una facturación anual de varios miles de millones de dólares y participó como gran inversor en la compañía de Bush padre. Sin embargo, según otras informaciones, no está claro que todos los miembros de la familia renegasen de Osama bin Laden. Una cuñada de Osama declaró hace poco en una entrevista concedida a ABS News que, en su opinión, algunos familiares seguirían dispuestos a apoyarlo.

*Judicial Watch*, 27-11-2001
http://www.judicialwatch.org/1082.shtml

El vicepresidente Cheney fue hasta el año pasado el director y principal accionista del conglomerado empresarial Halliburton (dedicado a la construcción de pozos de extracción de petróleo y oleoductos), que entre otros encargos realizó un proyecto millonario para la construcción de un oleoducto que atravesaría Afganistán.[82] La empresa hija de Halliburton es Brown & Roots («marrones y raíces») —si se tratara de una novela sobre las raíces de camisas pardas del clan Bush, cualquier editor calificaría el título de excesivo—, la mayor proveedora del sector de la construcción y prestación de servicios del Ejército de Estados Unidos, cuyo eslogan es *Where cannon shoots, call Brown & Roots* («Si truenan los cañones, llame a Brown & Roots»). De hecho eran barcos de Brown & Roots los que llamaron la atención del periodista de investigación Michael Ruppert cuando, a finales de la década de los setenta, presenció por casualidad una operación encubierta de la CIA: el transporte de cocaína hasta plataformas de perforación y de allí a buques de carga. Cuando insistió en continuar investigando el caso, perdió su trabajo y, desde entonces, los servicios secretos no le quitan ojo a ese *sheriff* patriótico e incorruptible del narcotráfico.[83] Sólo con que fueran ciertas un 10 % de las pruebas relativas a las maquinaciones de la CIA (y las conexiones del clan Bush con las drogas) que Ruppert reunió y documentó con minuciosidad,[84] Bush hijo tendría motivos más que suficientes para rodar la segunda parte de *La cortina de humo* y así desviar la atención de sus bochornosos escándalos.

¿Sigue George W. Bush (es decir, su padre, que es el que piensa) la misma pauta de pensamiento que Marco L. Craso? Si nos colocamos las gafas «imperiales», el patrón resulta prácticamente idéntico, sobre todo si nos centramos en la cuestión clave de cuál de todos los actores del mundo saldría beneficiado en realidad de un ataque como el del 11-S. Aparte de George Uve Doble Bush, que ha pasado de la noche a la mañana de ser un estafador electoral a ser un hombre de Estado reconocido mundialmente, y los servicios secretos, que han sido compensados con un aumento de presupuesto, no me parece que haya absolutamente nadie en el bando de los ganadores.

Pero un buen motivo tampoco le convierte a uno en el culpable. A pesar de que la presunción de inocencia más básica no fue aplicada en el caso de Osama bin Laden, demonizar al siniestro clan Bush y considerarlo el origen de todos los males tampoco sería una reacción correcta. La mayor parte de las teorías de la conspiración caen en el error de sobreestimar la influencia lineal de los actores y subestimar la complejidad dinámica de los procesos (como es el poder de la ley de Murphy y la omnipresencia de la estupidez humana). Si bien es cierto que Craso fue un intrigante empresario político que expandió su poder sin ningún escrúpulo, siguiendo el método de «piensa primero la solución y después crea el problema», y que el estilo de los hombres del petróleo del clan Bush recuerda al de Craso cuando despliegan bomberos en la guerra del Golfo con ayuda de sus socios en Irak y Kuwait, ellos no constituyen el único factor que influye en estos sucesos. El hecho de que Hitler con su ejército privado de trescientos mil hombres sembraran el terror a partir de 1930 y, para reinstaurar el orden, se hiciera con el poder como dictador tras producirse el perturbador y simbólico incendio del Reichstag, similar al 11-S, no puede atribuirse únicamente a su asesor financiero Fritz Thyssen y al administrador financiero estadounidense de éste, Bush abuelo. Sin embargo, esas líneas de poder, las teclas que unas personas determinadas tocan con discreción en momentos determinados revisten gran importancia cuando se juzgan los sucesos históricos. NEGAR las conspiraciones es tan ingenuo como pensar que TODO es fruto de una conspiración.

Si bien se han aclarado algunos de los eslabones de la cadena de extrañas casualidades que hemos ido recapitulando tras el ataque —por ejemplo, que Atta y compañía reservaron los billetes de avión con su nombre real porque hace ya algunos años que es obligatorio identificarse incluso en los vuelos nacionales, o que se ha encontrado una de las cajas del avión estrellado en Pennsylvania y, por consiguiente, no todas las cajas negras han desaparecido o no todos los datos registrados son ininteligibles—, han salido a la luz otros hechos extraños. El último de ellos es la financiación de Mohamed Atta por parte de los servicios secretos pakistaníes, lo que convierte la aceptación de la versión principal de la realidad casi en un acto de irresponsabilidad; sobre todo porque después de seis semanas y del mayor despliegue policial de todos los tiempos, las pistas y las pruebas reunidas en relación con los autores son prácticamente las mismas que seis horas después del suceso. Sin embargo, a lo largo de estas seis semanas se han llevado a cabo más maniobras geopolíticas que en toda la década anterior. Después de una larga conversación telefónica entre Bush y Putin —el 23 de septiembre, según un informe de la página web israelí de inteligencia Debka,[85] no lo pensaron dos veces y, en cuestión de poco más de una hora, cambiaron las coordenadas del mundo— se anunciaron incluso cambios milagrosos: de la noche a la mañana los «luchadores de la libertad chechenos» se convirtieron en la CNN en «terroristas claramente vinculados a Osama bin Laden». El 28 de septiembre, el presidente Bush instó a los rebeldes chechenos a «romper su relación con Bin Laden».[86]

Creo que las apariciones marianas son posibles (al menos cuando el cielo está despejado), y que en ciertas ocasiones un individuo puede iluminarse de súbito y transformarse en alguien completamente distinto, pero ¿un ejército entero?

Aquellos que, en vista de esos milagrosos sucesos, se pregunten si han perdido el juicio o la noción de la realidad, pueden estar tranquilos: tienen la cabeza en su sitio. Más allá de Bush y del mal se abre un inmenso abismo.

### El eje del bien

Podría decirse que la prolongada conversación que mantuvieron la semana pasada los presidentes George W. Bush y Vladímir Putin ha tenido una consecuencia revolucionaria: el consenso en cuanto al material nuclear que alcanzaron ambos mandatarios en un santiamén, en el marco de un nuevo acuerdo común para luchar de manera conjunta contra el terrorismo internacional.

En su conversación hablaron también de la visión que comparten —posiblemente demasiado optimista—

sobre el Afganistán de la posguerra y el Irak pos-Sadam. A Afganistán, bajo una monarquía restaurada, se le asignó un papel geopolítico especial en Asia central y suroccidental.

Ni el lado ruso ni el estadounidense han realizado declaraciones oficiales sobre el contenido del acuerdo nuclear, pero fuentes militares y de inteligencia de la Debka-Net-Weekly aseguran que Putin ha dado luz verde a Bush para proveer a las unidades del Ejército estadounidense que están llegando a Asia central con armas atómicas tácticas tales como pequeñas bombas de neutrones que emiten una fuerte radiación, artefactos y cabezas nucleares así como otras armas nucleares aptas para terrenos montañosos.

Debka-Net-Weekly, 05-10-2001
http://www.debka.com/RUSSIA/body_russia.html

*Han transcurrido seis meses desde que se produjo el ataque y seguimos disponiendo de las mismas pistas y las mismas pruebas que seis horas y seis semanas después. Con el paso del tiempo, sin embargo, a mí ya no me cabe la menor duda de que el Gobierno de Bush utilizó los atentados perpetrados contra las Torres Gemelas y el Pentágono como farolillo, igual que hizo en su día el gobierno recién elegido del NSDAP con el incendio del Reichstag. La política mundial de la fuerza que aplica Estados Unidos —calificada con el elegante eufemismo de «unilateralismo»—, la negativa a aceptar los tribunales penales internacionales, la indiferencia frente a la destrucción del medio ambiente —protocolo de Kyoto—, el «doble rasero» de la justicia —los tribunales militares para los extranjeros—, ya nada tiene que ver con los viejos valores estadounidenses —la libertad, la tolerancia y la búsqueda de la felicidad—, sino más bien con un nuevo imperialismo en materia de política exterior y un estado de control y vigilancia policial en el ámbito de la política nacional.*

## 02-11-2001
## UNA GUERRA MÁS QUE PLANIFICADA

Las teorías de la conspiración son, según Robert A. Wilson, teorías espagueti: tire del hilo que tire, uno se mancha los dedos. Dado que McMedia nos ofrece de menú sobre las circunstancias del ataque al World Trade Center los huesos roídos de hace seis semanas, no nos queda otro remedio que seguir tirando de los espaguetis de la cazuela. Hoy: espagueti *al olio*.

Las empresas petroleras estadounidenses quieren construir un oleoducto desde el mar Caspio hasta Pakistán y, como la ruta a través de Afganistán no está garantizada por el actual gobierno al mando, se eliminará a los talibanes en una guerra que supuestamente se libra para luchar contra el terrorismo, pero cuya verdadera motivación es el petróleo. Hasta ahí, todo muy lógico, y si volvemos a colocarnos las gafas del petróleo, descubriremos enseguida que el último presidente de la empresa Halliburton, que pretende hacerse con el contrato de la construcción y mantenimiento del oleoducto y ha realizado ya el peritaje, fue casualmente nombrado vicepresidente y se llama Dick Cheney.

El «sueño del oleoducto»[87] en el Caspio de las multinacionales petroleras no es una ocurrencia de última hora. Ya cuando el régimen talibán llegó al poder gracias a Pakistán y a la CIA, los «estudiantes del islam» fueron escogidos como vigilantes del oleoducto y éstos negociaron el asunto con Estados Unidos al más alto nivel. Sin embargo, hasta que las organizaciones de derechos humanos y los ecologistas estadounidenses no denunciaron en masa ante la Administración Clinton la política de terror y desprecio hacia la mujer en Afganistán, los hombres de la United Oil of California o Unocal —que en realidad estaba establecida en Texas— no vieron la necesidad de interrumpir las negociaciones con los talibanes. En 1998, se suspendió de manera oficial el proyecto del oleoducto. Sin embargo, según informa la publicación especializada en asuntos de seguridad y defensa *Jane's Security*,[88] de forma extraoficial se decidió que no se aceptaría la situación sin más y que se intentaría conseguir una alianza con India y Rusia para presionar a los talibanes con medios militares. Por consiguiente, el ataque que se lanzó a finales de septiembre ¡estaba planeado desde hace años!

Ahora bien: ¿qué ciudadano estadounidense habría accedido a declarar una guerra para promover los negocios privados del petróleo de su presidente y su vicepresidente? En cambio, está claro que llamándola «guerra contra el terrorismo» el asunto se ve de otra manera: quien no esté de acuerdo e insinúe que hay mezquinos intereses comerciales por medio, será automáticamente tildado de antipatriota desalmado.

Dado que desde hace décadas el imperativo de la política exterior de Estados Unidos ha sido conseguir petróleo barato, unas semanas atrás ya sospechábamos que las investigaciones acerca del ataque contra el World Trade Center no tardarían en arrojar «pistas» que apuntasen hacia Irak. Y ahí está: el piloto terrorista Mohamed Atta se reunió supuestamente en Praga en más de una ocasión con un cónsul de la embajada iraquí y, según los servicios secretos checos, es posible que en esos encuentros se produjeran además entregas de carbunco.[89] ¿Es casualidad que esa «pista» salga a la luz ahora y se le dé tanta difusión, mientras que la revelación verdaderamente sensacional que publicó el *Times of India* de que Atta recibió dinero de los servicios secretos pakistaníes —es decir, que actuó por encargo de uno de los más estrechos aliados de Estados Unidos— no tuvo ninguna repercusión mediática? ¿Quedará pronto demostrado «sin ningún género de duda» que una de las cartas enviadas contenía carbunco de la misma cepa que en su día se vendió al amigo «canalla» Sadam? Por cierto, él tiene que acordarse bien de las cartas envenenadas porque a comienzos de los años sesenta participó en la operación con la que los estadounidenses quisieron eliminar al general y mandatario Kassem por sus simpatías hacia los soviéticos. Mientras la CIA proporcionaba al Partido Baath de Sadam las direcciones de los «comunistas» que fueron eliminados después por comandos de sicarios, el químico principal de la CIA Sydney Gottlieb —infame director del «programa de control de la mente», es decir, el proyecto de drogas y lavado de cerebro MK ULTRA—[90] ordenó enviar un pañuelo envenenado con esporas al domicilio particular del general. Lo malo es que no funcionó y Kassen fue fusilado tras el posterior golpe de Estado.[91]

Durante los días posteriores al 11-S, me preguntaba por qué se hablaba tanto en los medios de la posibilidad de que se produjeran nuevos ataques con agentes biológicos como el carbunco. Cuando dos semanas más tarde comenzaron a darse los primeros casos, el pánico creado se me antojó casi una profecía cumplida. ¿Acaso estaban animando a actuar a unos cuantos locos y miembros de las milicias de ultraderecha que ya habían perpetrado ataques con esa cepa en el pasado? ¿O acaso la histeria del carbunco era una operación psicológica, por una parte, para distraer la atención del absoluto fracaso de las autoridades en impedir y explicar el atentado del 11-S y generar un clima de miedo para imponer leyes en materia de vigilancia y «seguridad nacional» y, por otra, preparar el terreno para el siguiente enemigo que surgiría en el gran juego geopolítico? Si dentro de poco Bagdad cae en la línea de fuego por culpa del carbunco,[92] podremos deducir que las misteriosas cartas con carbunco no fueron enviadas por Al Qaeda, sino que se trataba de felicitaciones mandadas desde el taller de los alquimistas de la CIA.

### Pacíficos

En el mismo instante en el que el presidente George W. Bush anunció el ataque aéreo, declaró: «Somos una nación pacífica.» Y Tony Blair, el embajador favorito de Estados Unidos (que además ostenta el cargo de primer ministro del Reino Unido), repitió como un loro: «Somos un pueblo pacífico.» Ahora ya lo sabemos. Los cerdos son caballos. Las niñas son niños. Y la guerra es la paz.

En un discurso pronunciado por Bush pocos días más tarde desde la sede del FBI, dijo: «Ha llegado nuestra hora. Es la hora de los Estados Unidos de América. La nación más libre del mundo. Una nación levantada sobre valores fundamentales que rechazan el odio, rechazan la violencia, rechazan el asesinato y rechazan el mal. No desfalleceremos.»

A continuación figura la lista de los países a los que Estados Unidos ha declarado la guerra o ha bombardeado desde la Segunda Guerra Mundial: China (1945-1946, 1950-1953), Corea (1950-1953), Guatemala (1954, 1967-1969), Indonesia (1958), Cuba (1959-1960), Congo Belga (1964), Perú (1965), Laos (1964-1973), Vietnam (1961-1973), Camboya (1969-1970), Granada (1983), Libia (1986), El Salvador (década de los ochenta), Nicaragua (década de los ochenta), Panamá (1989), Irak (1991-1999), Bosnia (1995), Sudán (1998), Yugoslavia (1999), y ahora Afganistán.

Ciertamente la más libre de todas las naciones, no desfallece.

ARUNDHATI ROY: «Why America Must Stop the War Now», *The Guardian*, 23-10-2001

Cada día está más claro que el bombardeo de Afganistán no constituye una operación policial destinada a capturar terroristas. No obstante, en las actuales circunstancias, la extensión de la guerra a Irak conduciría a una ruptura inmediata de la ya de por sí inestable «alianza antiterrorista». Sin embargo, si se produjera otro espantoso ataque o un atentado contra un alto mandatario, cambiaría la visión del asunto. Puesto que la población estadounidense no aguantará otras tres semanas con la boca cerrada contemplando cómo se bombardean cabañas afganas sin ton ni son, y eso debería suceder cuanto antes y, a ser posible, para fortalecer la «alianza», debe suceder en Europa y no en Estados Unidos. Y si cuando ocurra aparecen «pruebas» de la implicación de Irak, entonces habrá llegado el momento de someter a una estricta vigilancia, cuando no de atacar, a cierto «refugio de terroristas», a saber: la sede de la CIA en Langley, a las puertas de Washington.

La autora india Arundhati Roy —a quien aludió con simpatía el presentador alemán de televisión Ulrich Wickert, alusión que estuvo a punto de costarle el puesto— tampoco escatima críticas a la CIA y a sus infames socios del ISI en el fulminante artículo publicado en el *Guardian*. Tampoco olvida mencionar al Carlyle Group, uno de los mayores grupos de inversión estadounidenses del sector de defensa, en el que no sólo la familia Bush y la familia Bin Laden hacen negocio codo con codo, sino también algunos altos cargos de la Administración Bush que podrían esperar extraer un especial beneficio de la guerra de Afganistán. Aquí Roy presupone que ésa es también la razón por la que, hace unas semanas, Bush fue pescado en un renuncio cuando declaró que «no iba lanzar un misil de un millón de dólares contra una tienda de campaña de diez dólares para darle a un camello en el trasero».

El señor Bush debería saber que no hay objetivos en Afganistán con un valor comparable al de sus misiles. Tal vez debería, por aquello de equilibrar el presupuesto, construir unos cuantos misiles baratos para las vidas baratas y los objetivos baratos de los países pobres, aunque ése no sería tan buen negocio para los fabricantes de armas de la coalición. Para fabricantes como, por ejemplo, el Carlyle Group —que en la web Industry Standard aparece descrito como el «mayor banco de inversión privado» y gestiona unos trece mil millones de dólares— no tendría ningún sentido. Carlyle invierte en el sector de defensa y obtiene sus beneficios de los conflictos militares y la distribución de armamento. Carlyle es una empresa dirigida por hombres con un expediente intachable. El director gerente es el ex ministro de Defensa Frank Carlucci, compañero de la universidad de Donald Rumsfeld. Entre los socios figuran además los ex ministros James Baker, George Soros y Fred Malek (jefe de campaña de Bush padre). Según el *Baltimore Chronicle*, Bush padre está adquiriendo inversiones para Carlyle en el mercado asiático y ha percibido sumas de dinero nada despreciables para sus «presentaciones».[93]

Cabe destacar la forma en que el *Spiegel Online* ha utilizado el artículo de Roy del *Guardian* y ha traducido un fragmento de forma bastante literal para los lectores alemanes:

El señor Bush debería saber que no hay objetivos en Afganistán con un valor comparable al de sus misiles. Tal vez debería, por aquello de equilibrar el presupuesto, construir unos cuantos misiles baratos para las vidas baratas y los objetivos baratos de los países pobres, aunque ése no sería tan buen negocio para los fabricantes de armas de la coalición.[94]

Y ahí termina. El pasaje determinante donde se menciona quiénes realizan los negocios —Bush padre y su banda, es decir, precisamente aquello que deberían estar investigando a fondo esos periodistas del *Spiegel* que cobran unos salarios desorbitados— ha sido suprimido. ¿Por qué? No se trata de un problema de espacio, pero tampoco es casualidad. Más bien debe de tener que ver con que la mención de esos nombres tal vez podría afectar a la solidaridad alemana con la guerra colonialista de Bush al ejercer un efecto desmoralizante sobre las tropas. De ahí que los pequeños observadores nacionales del *Spiegel* hayan decidido guardarse las espaldas y decantarse por la censura...

Hasta el momento, respecto a la importante pregunta «*Cui bono?*», sólo hemos incluido en la lista de ganadores a Bush hijo y los servicios secretos estadounidenses, que han visto cómo mejoraba su imagen y se incrementaba su presupuesto a raíz de la catástrofe. También podríamos nombrar la industria armamentista y los negocios familiares asociados a ella, como es el caso de Carlyle, como beneficiarios directos, pues los disparatados bombardeos no benefician a nadie en el mundo salvo a ellos.

## Orient-Experts: dudas sobre los hechos acontecidos el 11-S

El director del Instituto de Oriente alemán, Udo Steinbach, concedió una interesante entrevista al *Spiegel Online* (26-02-2002) donde, por primera vez, un prestigioso experto en Oriente expresó sus enormes dudas acerca de que el atentado del 11-S hubiera sido perpetrado por musulmanes. Según Steinbach: «Cuanto mayor tendencia muestre Estados Unidos a buscarse nuevos enemigos en la región —Irán, Irak, Somalia, Yemen—, más tiene uno la impresión de que en realidad no quieren luchar contra el terrorismo, sino establecer una política que beneficie a sus intereses en el sector petrolero. Eso corrobora la opinión de la población de que la campaña contra Afganistán podría ocultar intereses políticos estadounidenses. En la región existe una gran desconfianza respecto a todo lo relacionado con el 11-S. No son pocos quienes albergan dudas sobre que un grupo musulmán sea el autor de los ataques del 11 de septiembre.» Interesante, ciertamente. Pero mucho más interesante aún es el hecho de que acto seguido el *Spiegel Online* pisara el freno a fondo para parar el asunto en seco. El entrevistador del *Spiegel Online* replica: «Esas teorías de la conspiración son absurdas.» Steinbach contesta: «Desde luego.» Pues claro. Por qué iba a tener uno tanto miedo de sus propios pensamientos.

http://ourworld.compuserve.com/Homepages/
Gerhard_Wisnewski_3/schlagz.htm

«¡Esta guerra es un engaño!» es el título de un candente reportaje del corresponsal jefe del diario británico conservador *Mirror*.[95] Entre otras cosas, el periodista revela que el mayor comprador de armas británicas es Arabia Saudí, que es a su vez el mayor patrocinador de la yihad, y que el propósito no es capturar a los supuestos terroristas, que no proceden de Afganistán, sino conquistar una nueva «colonia petrolífera».

El ambiente en el frente ideológico de casa está decayendo. Para mantener a la población asustada y lograr que no pierdan el entusiasmo por la «guerra contra el terrorismo», pronto hará falta un nuevo estímulo psicológico. Si esta guerra llevaba planificada tanto tiempo como parece, no va a fracasar ahora por falta de ataques terroristas.

*Nuestra hipótesis de que las cartas con carbunco parecían te-*
*ner la firma de la CIA y no de un ataque islámico quedó confir-*
*mada al cabo de poco tiempo.*[96] *Las sospechas difundidas constan-*
*temente por las autoridades respecto a la posibilidad de que se*
*produjeran nuevos ataques (en puentes, centrales eléctricas, etcé-*
*tera) crearon un clima que permitió al Gobierno Bush sacar ade-*
*lante un programa de «seguridad» política dentro y fuera de sus*
*fronteras sin precedentes.*

*No resulta sorprendente que el* Spiegel *optara por omitir el tras-*
*fondo financiero de la «guerra contra el terrorismo» y los tratos co-*
*merciales del clan Bush con Carlyle y otras empresas. De lo contrario,*
*podría volverse la vista hacia el pasado de esa familia terriblemente*
*simpática y hacia el hecho de que abuelo, padre e hijo hayan mante-*
*nido un estrecho vínculo con «amigos canallas» y dictadores siempre*
*que eso ha sido beneficioso para sus intereses comerciales.*

## 04-11-2001
## ¡OSAMA CONOCE A LA CIA!

Una de las críticas argüidas con mayor frecuencia contra el
pensamiento conspirativo es que en las grandes conspiraciones
donde hay varios actores implicados, como por ejemplo el asesinato de Kennedy, resulta prácticamente imposible mantener
ocultos o callados a todos los testigos y todas las pruebas con el
paso de los años. Esa escasa probabilidad hace que esa clase de
teorías de la conspiración resulten, por lo general, poco convincentes. Este argumento, que a primera vista parece razonable, resulta un tanto ingenuo si se analiza con mayor detenimiento porque los conspiradores tendrían que ser muy torpes para permitir
que participasen tantas personas en el plan. Por regla general,
hasta la subdivisión más pequeña de la mafia se mueve conforme
al principio de «saber sólo lo necesario»: las pequeñas ruedas individuales del mecanismo únicamente saben lo que necesitan saber, y poco o nada sobre la estructura completa. Si alguno de los
participantes revelase lo que sabe, a los jefes de la conspiración
no les afectaría en absoluto.

En cuanto a los ataques contra el World Trade Center, una conspiración de tal magnitud no podría mantenerse oculta con el paso del tiempo, independientemente de que la hubiera urdido una organización secreta del tipo de Al Qaeda, del tipo de la CIA, las dos organizaciones juntas o un grupo completamente distinto. Una rueda u otra del engranaje acabaría aflorando, desenmascarándose, saliendo a la luz. Sin embargo, no por eso la estructura general quedaría al descubierto; sobre todo, porque al mismo tiempo se realizarán esfuerzos para ocultarla, encubrirla o disfrazarla.

Una de esas posibles ruedas de este extraño engranaje se encuentra actualmente en una prisión de Canadá, y su historia, relatada en el diario *Toronto Star*,[97] es tan disparatada que difícilmente podría ser inventada. El estadounidense de treinta y cinco años Delmart E. Vreeland fue arrestado unos meses atrás en Toronto por una estafa con tarjetas de crédito falsificadas. Como era sospechoso de haber cometido delitos parecidos en California y Florida, Estados Unidos solicitó su extradición. Tras su detención, Vreeland declaró que era colaborador del servicio secreto de la Marina estadounidense y había participado en operaciones encubiertas. Solicitó hablar con algún miembro de los servicios secretos canadienses para realizar la siguiente declaración: poseía información sobre un enorme ataque terrorista que iba a llevarse a cabo de manera inminente. Nadie lo creyó, dado que, tras una serie de investigaciones, se supo que la Marina lo había expulsado en 1986 tras dos años de servicio. Vreeland lo desmintió arguyendo que a partir de 1986 se había dedicado a organizar operaciones de contrabando de drogas por encargo de la Marina y después había llevado a cabo otras actividades encubiertas. Clasificado como un delincuente común, se hizo caso omiso de sus afirmaciones. Cuatro semanas antes de los atentados, Vreeland hizo una declaración escrita que entregó a las autoridades de la prisión en un sobre cerrado para que la adjuntaran a su expediente. La dirección de la prisión abrió el escrito el 14 de septiembre y se lo entregó de inmediato a las autoridades del Gobierno de Ottawa. Hasta la fecha el contenido del texto no ha sido revelado en la vista contra Vreeland. Sus abogados están intentando evitar su extradición porque sostienen que, supuestamente, su cliente podría enfrentarse a la pena de muerte en Estados Unidos. El caso sigue siendo interesante, dado que ni el mismísimo George W. Bush se atrevería a ejecutar a alguien por una estafa con tarjetas de crédito.

Cabe imaginar que una de las pequeñas piezas marginales del engranaje decida investigar, haga cuentas, llene los vacíos con un poco de imaginación e informe a las autoridades de una conspiración a gran escala para salvar el pellejo. Tampoco sería extraño que un ex colaborador con aspiraciones de James Bond que tal vez haya descendido a la vida en los bajos fondos —supuestamente Vreeland utilizó cheques sin fondo para comprar, entre cosas, un yate y un cargamento del mejor champán— acepte de vez en cuando algún trabajillo para la «empresa». La pregunta es: ¿qué pasa si la dudosa declaración de Vreeland contiene en efecto información sobre los ataques?

Pero mientras yo sigo sopesando el papel secundario de los agentes de poca monta, el diario parisino *Le Figaro* ha lanzado una auténtica bomba de mucho mayor alcance que el dudoso papel de los actores marginales. El representante regional de la CIA en Dubái realizó una visita muy especial al hospital militar estadounidense del emirato para ver al actual enemigo número uno del mundo Osama bin Laden, que en teoría estuvo ingresado allí del 4 al 14 de julio de 2001.

Durante su hospitalización, Bin Laden recibió muchas visitas de familiares y personalidades prominentes de Arabia Saudí y los Emiratos Árabes Unidos. Allí fue visto también el agente local de la CIA, muy conocido en Dubái, cuando tomaba el ascensor para subir a la habitación de Bin Laden. Unos días más tarde presumió frente a unos amigos de haber estado con Bin Laden. Según fuentes oficiales, el 15 de julio, el mismo día que Bin Laden regresó a Quetta (Pakistán), ordenaron el regreso del agente de la CIA a la sede central.[98]

Desde el punto de vista periodístico, resultaría de lo más tentador tomarle el pulso en una entrevista a ese hombre de la filial de la «empresa» en Dubái para sonsacarle con pelos y señales el contenido de la amigable conversación que mantuvo con el terrorista en la planta de urología dos meses antes del atentado. ¿Qué detalle se lleva al hospital a un prominente millonario desalmado que ya tiene de todo? Un puñado de cúteres no, desde luego. ¿Qué tal un vial de carbunco —y saludos de todos los del laboratorio—, un kilo de coca para que los guerreros santos se repongan del cansancio o el último informe anual del Carlyle Group con saludos de la familia Bush para toda la familia Bin Laden? ¿O los códigos que necesitan los secuestradores para burlar el control aéreo y establecer conexión directa con el *Air Force One*?[99] (Supuestamente Bush recibió una «amenaza telefónica» en su avión poco después del atentado.)[100] Lástima que esa entrevista no pueda llevarse a cabo por motivos de «seguridad nacional». Y por esa misma razón no debe responderse a la pregunta de cómo es posible que Osama volara en su jet privado de Dubái a Pakistán, tan tranquilo, sin control ninguno de las Fuerzas Aéreas estadounidenses, y se escondiera de nuevo en su cueva. Todo ello constituye una razón más por la que Langley, el nido de células durmientes de la sede de la CIA, no sólo es el centro de las miradas, sino que, poco a poco, está convirtiéndose en blanco de todas las investigaciones.

El eje de influencia conspirativa «CIA-ISI-Osama-talibanes», que hemos aireado aquí el pasado mes, abandona ahora por medio de los indicios y los paralelismos históricos el terreno de las conjeturas y las sospechas y se adentra en el de los hechos. Y así lo demuestra un meticuloso y bien documentado artículo publicado el 2 de noviembre en una web por Michel Chossudovsky con el título «*Cover-up or Complicity of the Bush Administration? The Role of Pakistan's Military Intelligence Agency (ISI) in the September 11 Attacks!*»[101] («¿Encubrimiento o complicidad de la Administración Bush? El papel de la agencia de inteligencia militar pakistaní, ISI, en los ataques del 11 de septiembre».) ¿Dónde estaba el 11 de septiembre el teniente general Mahmud Ahmed, destituido a causa de la transferencia bancaria a Atta? En Estados Unidos. ¿Y qué hacía allí? Mantener conversaciones con los altos representantes del Pentágono y el Comité de Asuntos Exteriores. ¿Y sobre qué? Sobre el orden mundial de la posguerra.

*Naturalmente, la información publicada por* Le Figaro *fue desmentida de manera inmediata por la CIA, y más tarde Bin Laden negó también haber estado en Dubái en una entrevista con un periódico pakistaní. Pero la reacción de George W. Bush ante la noticia que recorrió el mundo durante los siguientes días resulta significativa. El 10 de noviembre condena ante Naciones Unidas «disparatadas teorías de la conspiración» (véase página 1).*

*La sospecha de que Osama bin Laden no sólo es un exc ompañero de armas, sino que en la actualidad continúa siendo un instrumento estratégico de la política exterior estadounidense tampoco podrá disiparse a lo largo de los próximos meses.*

*El artículo de Michel Chossudovsky que hemos mencionado ha quedado convertido en un capítulo del nuevo libro del autor.*[102]


13-11-2001
## SI LA CIA NO ESTABA IMPLICADA, ENTONCES, ¿QUÉ DEMONIOS ESTABA HACIENDO?

Uno de los peligros del pensamiento conspirativo es la sobrevaloración de la causalidad, de la influencia directa y universal del conspirador y del proceso lineal de la cadena de causas y efectos. Sabemos por la física cuántica y el estudio del caos que no existen los efectos sin causa y que la menor «perturbación», provocada por el aleteo aparentemente insignificante de una mariposa, puede desencadenar un efecto monumental. En los sistemas abiertos —como son la realidad, la vida y también el mundo de lo secreto— las cosas ocurren de una manera menos lineal, más confusa y más caótica de lo que desearía la lógica criminalista.

Uno de mis primeros pensamientos cuando vi el segundo avión estrellándose contra la torre fue: «Una persona tiene que estar tremendamente dolida para hacer algo así.» Si midiéramos esta agresión según la escala normal —que abarca desde las agresiones que se dan en el patio del colegio o las rivalidades laborales hasta el campo de batalla y los escenarios bélicos— traspasaría todos los límites. Es un acto de violencia ante el que nada puede hacerse. No se trata de un niño falto de cariño, enrabietado y asustado que rompe el precioso castillo de arena de otro niño, sino más bien de un arrebato de violencia que deja el castillo completamente destrozado y reducido a un puñado de arena. En algún momento de la investigación de los hechos debería aparecer ese «niño» tan tremendamente dolido y decepcionado. No obstante, dado que actúa bajo la influencia de esas emociones, resulta difícil imaginarlo con tanta sangre fría como para planear una vil conspiración.

Si nos preguntamos cuál de los niños criados por el Tío Sam podría sentirse tan decepcionado como para querer causar un daño tan espantoso a su «papá», en un abrir y cerrar de ojos tendríamos sobre la mesa a los aproximadamente cien mil jóvenes que han pasado desde la década de los ochenta por los campos de guerrilleros y de lavado de cerebro de Pakistán, donde se entrenaron para librar la guerra santa contra el comunismo (véase «06-10-2001: Yihad S.L. - Made in USA»). La entrevista concedida a finales de septiembre a la agencia UPI por el general Hameed Gul, ex director del servicio secreto pakistaní (ISI), revela la sensación de desprecio y abandono que sintieron cuando los soviéticos se retiraron de Afganistán. Como estrecho aliado de la CIA durante décadas y jefe secreto de los muyahidines y Osama bin Laden, Gul conoce bien ambos lados del frente actual: «Como director del ISI yo movía todos los hilos del movimiento muyahidín. Todos éramos pro Estados Unidos. Pero los estadounidenses nos dejaron en la estacada, y entonces todo se desmoronó, Afganistán incluido.» En cuanto a la autoría de los atentados del 11-S, en opinión del general sólo pudo ser el Mossad israelí:

Los judíos nunca estuvieron de acuerdo con Bush 41.º ni con Bush 43.º (Uvedoble Bush es el 43.º presidente). Se encargaron de que Bush 41.º no saliera reelegido, porque la presión que ejerció para imponer su programa de «tierra por paz» no gustó a Israel. Gustó tan poco como Bush hijo, que mantenía un vínculo demasiado fuerte con los intereses petrolíferos de los países del Golfo. Bush padre y James Baker recaudaron ciento cincuenta millones de dólares para la campaña electoral de Bush hijo, y buena parte de ese dinero procedía de Oriente Próximo y de sus intermediarios estadounidenses. Bush 41.° y Baker, ya en calidad de ciudadanos corrientes, mediaron para establecer nuevos lazos estratégicos entre Arabia Saudí e Irán, según me han informado fuentes de ambos países. De manera que la posibilidad de que saliera Bush 43.° se revelaba un claro peligro para Israel. Los judíos se quedaron atónitos al ver el fraude electoral de Florida. Habían invertido grandes sumas en Al Gore [...]

Ahora Israel ha brindado a la familia Bush la posibilidad de hacer aquello que tanto deseaba: consolidar el control estadounidense en los países del Golfo y ampliar la presencia militar en el mar Caspio y Asia central [...] La desestabilización de Pakistán forma parte del plan de Estados Unidos, porque se trata de un país musulmán con armas nucleares. En consonancia con su política de contención, Pakistán debe quedar aislado de China. Ya el presidente Nixon afirmó en su libro *La verdadera guerra: la Tercera Guerra Mundial ha comenzado* que China sería la superpotencia del siglo XXI. Estados Unidos fomenta también la enemistad entre Afganistán y Pakistán para invertir la percepción de que el mundo musulmán dispone de sus propias armas nucleares. Bush 43.° no se da cuenta de que en realidad lo manipulan las personas que entienden algo de geopolítica, que él no dirige, sino que otros lo dirigen a él [...]

Irak quedó atrapado en la trampa de Kuwait después de que Estados Unidos le diera a entender a Sadam que no estaba interesado en los conflictos entre árabes. Dos días más tarde, Sadam entró en Kuwait, que fue una provincia iraquí hasta que el Imperio británico decretó que dejaba de serlo. Roosevelt colocó la trampa de Pearl Harbour a los japoneses y eso le sirvió de pretexto para participar en la Segunda Guerra Mundial. Y ahora los israelíes le han proporcionado a Estados Unidos un pretexto para expandirse en una zona que será clave en los próximos veinticinco años: la cuenca del Caspio.[103]

Hasta aquí la teoría de la conspiración del general Gul, que como antidemócrata, partidario radical de la yihad y ex jefe de un servicio secreto, estilo Gestapo, dedicado al tráfico de heroína no puede ser considerado precisamente una fuente objetiva. Aunque, por otro lado, como persona que está dentro y es experta en negocios oscuros, su credibilidad no es menor que la de un ex director, por ejemplo, de la CIA. Gul no aporta pruebas tangibles que respalden sus conjeturas respecto al Mossad, de la misma manera que Occidente no puede demostrar su teoría de la conspiración de Al Qaeda. La idea de que su viejo conocido Bin Laden dirigiera la operación desde su cueva se le antoja completamente absurda. Ahora bien, sobre cómo se supone que habría tramado el Mossad esa atrocidad —recordemos que existe la sospecha de que el sucesor de Gul en el ISI transfiriese dinero a Mohamed Atta para la operación—, el general no aporta ningún dato. De la misma forma que la CIA y el FBI desviaron la atención de su aparente pasividad gritando «¡Ha sido Bin Laden!»; Gul desvía la atención de las negligencias y los desórdenes de su propio servicio secreto gritando: «¡Ha sido el Mossad!» No obstante, no hay que desdeñar las estrategias y los motivos geopolíticos que aduce.

Por otra parte, tal como Seymour Hersh, uno de los periodistas de asuntos internacionales mejor informados de Estados Unidos, escribió en la revista *New Yorker*,[104] el Pentágono, la CIA, Israel e India están planeando destruir el arsenal nuclear de Pakistán. A Pakistán, como es lógico, no le interesa una desestabilización de esa índole, pero al mismo tiempo no puede pasarse por alto el eje de influencia CIA-ISI-Osama-talibanes. ¿Cómo encaja todo eso?

Mientras no entrecomillemos siempre términos como «eje de influencia» y cadenas lineales de causa-efecto como «CIA-ISI-Osama-talibanes», existirá el peligro de la trampa de la causalidad mencionada al comienzo. Y es que también dentro de la CIA, el ISI o los talibanes podrían crearse facciones que siguieran estrategias diferentes, y posiblemente existan en el futuro otros ejes de influencia que se vuelvan activos o instrumentalicen a una u otra facción para alcanzar sus objetivos. En relación con la teoría del Mossad del general Gul, el servicio secreto israelí habría tenido que infiltrarse en el ISI e instrumentalizar a Atta y compañía para la operación. Esa teoría resultaría plausible en el mundo islámico, donde el Mossad se revela como el chivo expiatorio número uno, pero en Occidente resulta bastante poco probable.

La BBC-World, que a diferencia de la pura propaganda de la CNN todavía ejerce lo que en tiempos de paz conocemos como «periodismo», ha alertado en varias ocasiones durante las últimas semanas de la compleja situación conspirativa de Afganistán. Allí hay guerreros que por cien dólares o por una cabra están dispuestos a luchar hoy para los talibanes, mañana para la Alianza del Norte y pasado mañana para un clan autónomo pashtún. «Cambian de bando con tanta facilidad que resulta difícil establecer una diferencia clara entre la Alianza del Norte y los talibanes», afirma el reportero jefe.[105] Al menos en el futuro será más fácil distinguirlos visualmente: han equipado a los miembros de la Alianza del Norte con uniformes de combate estadounidenses nuevos. Como, según la BBC, han arrancado las etiquetas en las que figuraba el país de origen, los uniformes son ideales para hacer trueques con los talibanes, de forma que pronto los «malos» circularán por ahí ataviados con los uniformes de los «buenos».

Reinando un caos como el que reina en la base, sería más que osado atribuir una estructura clara y lealtades fijas a la Administración y al Gobierno. Parece evidente que la inteligencia pakistaní (ISI) apoya, por una parte, a los talibanes y a Bin Laden, y que orquestó también el asesinato del líder de la Alianza del Norte Ahmed Schah Massud.[106] Asimismo, está claro que la CIA no sólo mantiene contacto con el antiguo líder mercenario Osama bin Laden, sino que, además, hasta hace poco apoyaba a los talibanes. Pero ¿cuáles serían los cálculos que llevaron a esos servicios o facciones a perpetrar el atentado contra las Torres Gemelas?

No cabe duda de que el ataque ha beneficiado al presidente

Bush y a la CIA. Y nadie pone en duda que a Israel le interesa que Estados Unidos entre en guerra contra Irak y los países árabes, y que Unocal, Halliburton y «Wall Street» se hallan más que interesados en construir un oleoducto que atraviese Afganistán. De igual forma que está claro que Bin Laden odia el régimen feudal de su país natal respaldado por Estados Unidos, sin cuya presencia él, como hijo de un multimillonario, tendría tantas opciones de llegar a la presidencia como tuvo su adversario Bush en Estados Unidos. Sin embargo, ¿de veras tenemos que imaginarnos que alguna de estas facciones, ya que todas tenían un motivo para perpetrar el ataque, llamó al señor Atta en primavera y le encargó la misión del 11-S?

Tal vez peco de bondad excesiva, pero me cuesta creer que el señor Bush, el señor Bin Laden o cualquiera de las otras personas mencionadas fueran capaces de semejante aberración; y es que desde el punto de vista psicológico no veo que ninguno de ellos tenga motivos para sufrir ese arrebato emocional, para sentir esa ira desmedida que sufre el niño decepcionado. Sin embargo, sí se aprecia esa decepción, en el general Gul,[107] ex superjefe secreto de todos los muyahidines, de Bin Laden y de las fábricas de heroína, y mejor amigo de Estados Unidos, que fue destituido por los estadounidenses bajo el mandato de Bush padre y enviado a un puesto provincial siguiendo la idea de «El moro puede irse». Y como seguramente no es el único ex padrino que continúa teniendo contactos profesionales con terroristas, cabe imaginar la escalada del World Trade Center como un acto de pura venganza llevado a cabo por ex generales decepcionados que, si bien no pertenecen a los ejes de influencia oficiales de CIA-ISI-Bin Laden, disponen de sus mismos medios profesionales. Un acto urdido por zorros viejos decepcionados, poderosos venidos a menos y machos fundamentalistas sin ningún reparo hacia la pérdida de vidas; un acto ejecutado por gentes de esas tropas de «robots de la yihad» a las que la CIA entrenó en su día y después, en los años noventa, abandonó a su suerte. En cierto modo, el ataque podría considerarse una consecuencia de la guerra fría, de esa época en la que el fin de la guerra santa contra el «comunismo» justificaba todos los medios, incluidos el terrorismo y el tráfico de drogas a gran escala, y en la que era necesario contar con amigos canallas, como el general Gul, a quienes luego no se puede dejar plantados con todos sus combatientes terroristas pululando por ahí.

Sin embargo, aun en el caso de que un alborotador extraoficial como un jefe de servicios secretos resentido fuera el verdadero responsable y hubiera organizado los preparativos a través de los viejos canales a su disposición, le habría resultado del todo imposible ocultárselo por completo al ISI pakistaní y a su mentor, la CIA. La línea temporal de predicciones que ha reconstruido en su página el investigador de la CIA Mike Ruppert[108] sólo da pie, en realidad, a preguntarse: si los servicios de inteligencia de Estados Unidos no estaban implicados, entonces, ¿qué demonios estaban haciendo?

*La pregunta de qué hicieron para evitar el ataque los servicios secretos con un presupuesto de treinta mil millones de dólares continúa sin formularse porque podría poner en peligro la seguridad nacional de Estados Unidos. Tampoco hay que temer que las comisiones investigadoras del Congreso arrojen alguna luz sobre el oscuro mundo de las investigaciones encubiertas y las operaciones y agentes secretos. El presupuesto de la CIA aumentó de nuevo tras los atentados y ningún oficial ha asumido responsabilidad alguna; todos han mantenido sus puestos.*

20-11-2001
## UN DÍA ABRAZOS Y, AL SIGUIENTE, ESTACAZOS: LA CONEXIÓN BUSH-BIN LADEN

El grupo saudí Bin Laden Group, o el holding empresarial familiar de Osama y los cuarenta ladrones (¿o eran veinticuatro hermanos? Bueno, qué más da…), vendió a finales de octubre su participación de 2,5 millones en el Carlyle Group.[109] Dado que corren tiempos de prosperidad para los negocios del mayor inversor estadounidense de la industria armamentista, es poco probable que el clan familiar del supuesto terrorista diera un paso así por motivos económicos. Probablemente el movimiento sea consecuencia de la orden dada por un representante del Carlyle Group, George Bush padre, porque conviene disimular al máximo el bochornoso vínculo comercial entre los clanes Bush y Bin Laden. Sin embargo, esa relación no es más que la punta de un iceberg en el que las antiguas conexiones tanto entre las dos familias como entre los servicios secretos de Estados Unidos y los terroristas islamistas han quedado congeladas.

Ya hemos mencionado que Bush hijo obtuvo el capital para su primera empresa de James R. Bath, el administrador de los bienes de la familia Bin Laden en Estados Unidos (véase «14-09-2001: Osama bin Laden»), y también que su padre trabajaba para el grupo inversor en la industria armamentista Carlyle,[110] en el que hasta hace poco participaba también el clan Bin Laden. Tampoco es novedad que Osama dirigió en los años ochenta el contingente saudí en la yihad afgana contra los soviéticos, y que fue la CIA quien lo entrenó y le proporcionó las armas. Según la versión oficial, los caminos del servicio secreto estadounidense y Bin Laden se separaron diez años atrás porque este último se opuso a la presencia de las tropas estadounidense en territorio saudí. Al parecer, la familia repudió a Osama por ser la oveja negra, y desde que escapó a Sudán hace las fechorías propias de un monstruo terrorista en las cuevas del Hindu Kush. No ha sido sólo a raíz del artículo de *Le Figaro* sobre la hospitalización de Osama en julio y las visitas que recibió de miembros de su familia (parientes de sangre y miembros de la CIA) cuando han aflorado dudas sobre esa versión de los acontecimientos. El programa *Newsnight*[111] de la cadena BBC ha dado a conocer ahora nuevos documentos que revelan que las investigaciones del FBI sobre la familia Bin Laden fueron obstaculizadas[112] tanto después del 11-S como mucho antes de que éste se produjera.

Mientras más de mil sospechosos continúan retenidos en Estados Unidos sin derecho a un proceso judicial y, si todo transcurre conforme a los planes de la Administración Bush, serán juzgados e incluso ejecutados por tribunales militares de manera clandestina —es decir, mientras avanza sin piedad la talibanización de los derechos civiles de un Estados Unidos que en su día fue el ejemplo a seguir en la materia—, once miembros de la familia Bin Laden regresaron tranquilamente a Arabia Saudí tan sólo unos días después de los atentados en Nueva York. Entre ellos se hallaba Abdullah bin Laden, un hermano de Osama, que vivía en una ciudad dormitorio de Washington, donde, entre otras cosas, dirigía la World Assembly of Muslim Youth (asamblea mundial de jóvenes musulmanes) o WAMY.[113] Aunque los gobiernos indio y filipino sostienen desde hace tiempo que la WAMY financia y apoya el terrorismo islámico, en Estados Unidos el supuesto club juvenil está clasificado como una asociación benéfica. Hasta el día de hoy no se le han podido congelar las cuentas, algo que resulta más sorprendente aún si tenemos en cuenta que, según un expediente secreto del FBI que cayó en manos del experto en seguridad Joe Trento,[114] cuatro de los presuntos secuestradores vivían precisamente en la calle donde se encontraba la sede de la WAMY, justo al lado de la casa de Abdullah, donde vivía Omar, otro de los hermanos de Osama. Del expediente se desprende también que en 1996 la Policía Federal incluyó al dudoso club en la lista de sospechosos de terrorismo, pero no le permitieron investigar el asunto más a fondo. Joe Trento declaró en el programa *Newsnight* de la BBC:

> El FBI quería investigar a esas personas. No es que no mostraran interés, ellos querían indagar, pero no les dejaron. Esas personas tenían vínculos con la gente de Osama bin Laden, tenían vínculos con las organizaciones culturales y financieras musulmanas que subvencionan a los terroristas. Encajan en el patrón de los grupos que fundaron la familia real saudí y los veinte mil príncipes saudíes para llevar a cabo actividades terroristas. Ahora bien, ¿puedo afirmar que la WAMY ha incurrido en alguna ilegalidad? No, no puedo. Lo que sí puedo afirmar es que el FBI tenía la mosca detrás de la oreja respecto a esa organización desde 1996.[115]

Es cierto, y así lo corroboró Michael Springman en el mismo programa. En la década de los ochenta, Springman era el encargado de los visados de la embajada estadounidense en Arabia Saudí, y el Departamento de Estado, bajo mandato de George Bush padre, le encargó en varias ocasiones que expidiera visados para personas que no cumplían los requisitos. Sus protestas fueron desoídas:

> De lo que yo me quejaba, en realidad, era de una práctica habitual que consistía en introducir en Estados Unidos a personas reclutadas por Osama bin Laden para que la CIA los entrenase como terroristas. Después las enviaban de nuevo a Afganistán para luchar contra los soviéticos. El ataque contra el World Trade Center de 1993 no quebrantó la confianza que el Departamento de Estado había depositado en los saudíes ni tampoco el ataque contra las Torres Khobar [un complejo residencial de las Fuerzas Aéreas estadounidenses en Khobar] que se produjo tres años más tarde en Arabia Saudí, donde perdieron la vida diecinueve ciudadanos estadounidenses. Los agentes del FBI comenzaron a encontrar trabas para investigar. Y no sería de extrañar que los agentes estuvieran frustrados porque no les permitían investigar determinadas conexiones saudíes.

Es posible que los hermanos de Osama y su asociación para el fomento de los jóvenes musulmanes persiguieran fines benéficos, pero, entonces, ¿por qué llegaron órdenes de arriba que impidieron a la policía examinar el caso con mayor detenimiento? El abogado Michael Wildes, que representó ante los tribunales a uno de los terroristas de Khobar y participó también en el programa de la BBC, explicó que un diplomático saudí le proporcionó acceso a catorce mil documentos con información detallada sobre la financiación de actividades terroristas por medio de ciudadanos y organizaciones saudíes. Cuando Wildes quiso hacer entrega al FBI de dichos documentos, el FBI respondió que no estaba autorizado a leerlos: «Vuelva a llevárselos, no le cobraremos las copias, consérvelos o haga algo con ellos, atrape a unos cuantos "tipos malos".»

Es bastante probable que la WAMY y Abdullah bin Laden apareciesen en esos documentos. Por eso no es de extrañar que se dejara vía libre para que los hermanos del monstruo terrorista abandonaran alegremente el país una semana después de los atentados y se reprimiera cualquier intento del FBI de investigarlo. Porque... ¿qué habrían hecho los hermanos de Osama al ser detenidos? Probablemente habrían arrojado tal montaña de trapos sucios sobre la mesa, que Bush hijo no habría durado ni tres días más en el cargo y habría sido llevado ante los tribunales junto a su padre por «aceptar tratos con el enemigo», como le ocurrió al difunto abuelo Prescott por sus tratos con los nazis.

Durante el transcurso de la guerra del Golfo, Bush padre adjudicó el mayor encargo militar jamás concedido en el extranjero por el Ejército estadounidense: la construcción y dotación de las bases militares estadounidenses en Arabia Saudí. Se invirtieron nada menos que doscientos mil millones de dólares, de los cuales más de sesenta y cinco mil se dedicaron a instalaciones y edificios.[116] Y aquí es donde vuelve a entrar en juego la mayor empresa de construcción del mundo árabe, el grupo Bin Laden Group, a la que se adjudicó parte de ese colosal contrato. De manera que la empresa de construcción de su familia contribuyó en gran medida a la presencia de las tropas estadounidenses en Arabia Saudí —que indignó tanto a Osama, según la versión oficial, que decidió convertirse en un terrorista—, ya que fue la que hormigonó el «suelo santo» para construir pistas de aviación, búnkeres, puertos y casernas estadounidenses. Cuando en 1996 se perpetró el atentado con bomba contra el edificio de Khobar, Osama bin Laden se perfiló como el principal sospechoso y, sin embargo, el contrato de construcción del nuevo complejo «superseguro» se le adjudicó, como no podía ser de otra manera, al Bin Laden Group.[117]

Abrazos un día y, al siguiente, estacazos. Es lo único que se puede decir, porque en esa época Osama se encontraba en Sudán y podría haber sido entregado a Estados Unidos en 1996, según declaró al *Washington Post* el entonces ministro de Defensa sudanés, el general Erwa. Pero Washington rechazó la oferta de extradición de Sudán, porque Estados Unidos temía que la extradición produjera levantamientos contra la casa real en Arabia Saudí y recomendaron a Sudán que invitara a Bin Laden a abandonar el país de forma voluntaria. Cuando Jartum comunicó a

Washington que Osama tenía intención de marcharse a Afganistán, los oficiales estadounidenses respondieron al general Erwa: «¡Que se marche!» Una vez hubo abandonado oficialmente el país, Clinton ordenó bombardear una fábrica de aspirinas de Sudán en una supuesta operación de busca y captura de Osama…

## Conexiones comerciales entre Bush y Bin Laden

Si Estados Unidos en su afán por poner fin a las actividades presuntamente terroristas de Osama bin Laden aumenta la partida de gastos en armamento, podría haber, según los medios, un beneficiario inesperado: su familia. El adinerado clan saudí, que afirma haber roto su relación con Osama tiene, entre otros intereses comerciales de alto vuelo, según ha revelado recientemente el *Wall Street Journal*, participaciones en uno de los fondos del Carlyle Group, un banco comercial con excelentes conexiones que se ha especializado en la adquisición de empresas de armamento y astronáutica. «Gracias a esa inversión y los vínculos con la casa real saudí —prosigue el artículo—, la familia Bin Laden ha trabado amistad con algunos de los representantes más influyentes del Partido Republicano. A lo largo de los últimos años, George Bush padre, el ex ministro de Exteriores, James Baker, y el ex ministro de Defensa, Frank Carlucci, han emprendido un viaje de peregrinación a la sede central de la familia Bin Laden en la ciudad saudí de Jedda. El ex presidente viaja en calidad de representante del Carlyle Group y asesor del fondo de socios asiáticos (Asian Partners Fund), el señor Baker actúa como abogado, y el señor Carlucci ostenta el puesto de presidente del consejo de administración.»

*Hindustani Times*, 28-09-2001

El *Washington Post*[118] se hizo eco de este comportamiento en las siniestras líneas que siguen: «Hubo conatos de iniciar un debate —que más tarde se intensificó— sobre si Estados Unidos debía perseguir y procesar a Bin Laden o tratarlo como a un combatiente de una guerra clandestina.» Es obvio que acabaron decantándose por la última opción: «tratarlo como a un combatiente de una guerra clandestina». Y así ha permanecido hasta el día de hoy, como un combatiente. Sus tropas de terroristas se desplegaron en Kosovo[119] y Macedonia[120] por ocultos intereses estadounidenses, estuvieron activas en Chechenia y otras ex repúblicas soviéticas y ahora el maestro en persona está brindando la primera oportunidad para iniciar una guerra petrolera ilegal contra Afganistán, aunque por lo visto hace tiempo que Bin Laden abandonó ese país.

¿Acaso el pasado verano, cuando los preparativos de los atentados contra el World Trade Center y el Pentágono estaban a punto de caramelo y ya empezaban a oler mal, reaccionaron igual que en 1996, cuando los oficiales estadounidenses, ante la oferta de extradición de Bin Laden, respondieron al Gobierno sudanés: «¡Que se marche!»? ¿Se interrumpieron las investigaciones del FBI sobre los hermanos de Osama y su sospechosa asociación para no poner en peligro al combatiente de la guerra clandestina? ¿Y qué ocurrió con los avisos de algunos servicios secretos extranjeros que alertaron sobre el hecho de que los estudiantes de piloto Atta y compañía, a quienes vigilaba el FBI, planeaban un gran atentado contra el World Trade Center? ¿Tal vez se desoyeron porque circulaba un comunicado interno con el mensaje «¡Que lo hagan!»?

Diez minutos después del atentado se difunden por todo el mundo tanto la teoría de la conspiración alqaédico-binládica como la hipótesis de «Afganistán», y a partir de ahí se eleva a la categoría de hecho, pero no mediante la aportación de pruebas, sino a fuerza de repetirlas una y otra vez. Mientras tanto, a sólo dieciséis kilómetros del Pentágono, el escuadrón del Ejército del Aire encargado de defender el espacio aéreo de la ciudad permite que los secuestradores vuelen a sus anchas hasta encontrar el ángulo óptimo de aproximación[121] para atinar de pleno en el objetivo. Lo cierto es que más que una trágica cadena de coincidencias parece una partida amañada.

24-11-2001

## A LA MEMORIA DE JOHN O'NEILL, EL SAGAZ PERSEGUIDOR DE BIN LADEN QUE MURIÓ EN EL WORLD TRADE CENTER

Ya informamos en la última entrega de que al FBI se le impedía que investigase a fondo la red de Bin Laden por lo menos desde 1996, y que a los hermanos de Osama, que residían en Estados Unidos y figuraban desde hace tiempo en la lista de sospechosos de terrorismo, se les abrieron las puertas de par en par tras el 11-S para que salieran tranquilamente del país. En un libro publicado en Francia a principios de esta semana, escrito por dos expertos en servicios secretos y editores de la revista digital *Intelligence Online*, Jean-Charles Brisard y Guillaume Dasquié,[122] se confirmó una verdad prohibida: John O'Neill, el director del FBI a cargo de las investigaciones sobre Bin Laden desde 1993, dimitió un mes antes del 11-S en señal de protesta por las injerencias. «Los principales obstáculos para investigar el terrorismo islámico —dijo O'Neill a los autores— eran los intereses empresariales petroleros de Estados Unidos y el papel que desempeñaba Arabia Saudí.»[123] Parece de película de Hollywood que, tras su dimisión, O'Neill aceptara el puesto de jefe de seguridad del World Trade Center y perdiera la vida en el ataque del 11-S, pero es la trágica realidad. Los autores dedicaron el libro a John O'Neill.

Julio Goday resume algunas de las hipótesis de Brisard y Dasquié en su reseña:

Los autores sostienen que el principal objetivo del Gobierno estadounidense en Afganistán era consolidar la posición del régimen talibán y de esa forma acceder a las reservas de petróleo y gas de Asia central. Afirman que hasta el mes de agosto, el Gobierno de Estados Unidos veía al régimen talibán como «una fuente de estabilidad en Asia central que permitiría la construcción de un oleoducto a través de la región», desde los ricos yacimientos de Turkmenistán, Uzbekistán y Kazajistán, pasando por Afganistán y Pakistán, hasta el océano Índico. Hasta ahora, según el libro, «las reservas de petróleo y de gas de Asia central estaban controladas por Rusia. El Gobierno de Bush quería darle la vuelta a la tortilla». Pero al encontrarse con que los talibanes se negaron a aceptar las condiciones de Estados Unidos, «el fundamento de la seguridad energética adquirió un carácter militar», aseguran los autores. En un determinado momento de las negociaciones, los representantes de Estados Unidos dijeron a los talibanes: «O aceptáis nuestra oferta de una alfombra de oro, u os enterraremos bajo una alfombra de bombas.»[124]

Desde entonces han desplegado la alfombra de bombas sin reparos, gracias al 11-S. De poco sirvió que en primavera los talibanes se buscaran una representante de relaciones públicas en Washington para mejorar su imagen. Nada de *hashshashín* con barba y gafas de pasta, o parche en el ojo como el embajador de Pakistán; una mujer dulce y profesional llamada Laila Helms,[125] hija de un ex ministro afgano y —¡adivinen!— sobrina del ex jefe de la CIA Richard Helms. Brisard y Dasquié la describen como un personaje tipo Mata Hari que llevaba orquestando tratos entre los talibanes y la CIA de forma extraoficial desde comienzos del año. Helms llevó al asesor más cercano del mulá talibán Omar a Washington para que pudieran negociar al más alto nivel.

El embargo de Naciones Unidas había supuesto una presión aún mayor desde comienzos del año y, justo después de que Bush se colara en el poder, la Administración estadounidense intensificó los esfuerzos relativos a los talibanes y el oleoducto. A principios de año y bajo el paraguas de Naciones Unidas, se llevó a cabo una serie de discretas conversaciones «6+2» moderadas por Francesc Vendrell —representante personal de Kofi Annan— donde los seis países vecinos más Estados Unidos y Rusia discutieron la situación de Afganistán. Los representantes de los talibanes estuvieron también presentes en algunos de esos encuentros, como la reunión celebrada en julio en Berlín, donde, según el ex ministro de Asuntos Exteriores pakistaní Niaz Naik, el objetivo central era «formar un gobierno de unidad nacional».

«Si los talibanes hubieran accedido, se habrían comenzado a inyectar ayudas económicas de inmediato y —agregó Naik en una entrevista concedida a una televisión francesa— el oleoducto desde Uzbekistán y Kazajistán se habría convertido en una realidad.» El negociador principal en esas reuniones, Tom Simons, supuestamente amenazó a los talibanes y a Pakistán de manera bastante abierta: «O los talibanes se comportan como es debido, o Pakistán les convence para que lo hagan, o recurriremos a otra opción.» Las palabras supuestamente empleadas por Simons fueron «una operación militar.» Ése es el relato del ministro de Asuntos Exteriores pakistaní Naik, citado por Brisard y Dasquié, sobre las negociaciones que comenzaron a fracasar de manera clara y contundente en julio y se rompieron definitivamente el 2 de agosto, tras la reunión final entre los talibanes y la vicesecretaria de Estado Christine Rocca. Es posible que los talibanes se mostraran dispuestos a entregar a Bin Laden en febrero en determinadas condiciones; pero en julio, según Brisard y Dasquié, Estados Unidos —más interesado en realidad en su oleoducto que en Bin Laden— empezó a plantearse emprender acciones militares.[126]

¿Se jugó en febrero de 2001 al mismo juego que en 1996, cuando Sudán se ofreció a extraditar a Bin Laden y el Gobierno de Estados Unidos rechazó la oferta porque, según el *Washington Post*,[127] quería utilizarlo como combatiente en su guerra clandestina? ¿Fueron esas mismas consideraciones el motivo por el que se obstaculizaron las investigaciones del FBI sobre los atentados con bomba perpetrados contra las Torres Khobar en Arabia Saudí en 1996 y contra el buque USS *Cole* en el puerto de Aden en octubre de 2000? ¿Se obstaculizaron también por eso las investigaciones abiertas contra los miembros del clan Bin Laden que vivían en Estados Unidos y llevaban a cabo actividades para entidades «benéficas»? ¿Es posible que John O'Neill —el «cazaterroristas más sagaz de Estados Unidos», como lo describió el *New York Post* en una ocasión— sintiera tal bochorno ante esa pasividad institucional que, a pesar de ser un veterano con treinta años de servicio, decidiese tirar la toalla?

A principios de año, la embajada de Estados Unidos en Yemen negó a O'Neill la entrada en el país —el lugar de nacimiento del padre de Bin Laden, de donde procedía uno de los terroristas suicidas del USS *Cole*— donde él pretendía continuar una investigación. Alegaron «razones diplomáticas» y que sus investigadores se comportaban «como Rambos». «No me habría gustado estar en la piel del terrorista al que perseguía. John O'Neill era capaz de mover cielo y tierra para conseguir lo que quería», comentó en tono de elogio el jefe de antiterrorismo de Scotland Yard sobre su colega, respetado internacionalmente.[128] John O'Neill era, por tanto, un perseverante sabueso, el perfil perfecto para ir a la caza de terroristas fanáticos, siempre y cuando éstos no se hallaran bajo el paraguas protector de la CIA y la diplomacia petrolera. Su «terquedad» y «agresividad» le habían creado problemas con los servicios secretos y el Departamento de Estado en otras ocasiones, según un artículo publicado en el *New York Times* en agosto.[129] Dimitió bajo la sombra de una investigación interna, después de que en un viaje a Florida para asistir a una reunión se dejara olvidado en el hotel un maletín con documentos del FBI muy comprometidos. El maletín desapareció y volvió a aparecer intacto al día siguiente, y a pesar de que O'Neill dio parte inmediatamente de su metedura de pata, se propagó a los cuatro vientos que sería sometido a una investigación. Según muchos de sus compañeros, aquello fue una campaña difamatoria, dado que O'Neill había sido propuesto como candidato para un puesto de consejero de seguridad nacional. Así, tras una brillante trayectoria en el FBI y a los cincuenta años, cuando estaba aún en la flor de la vida, O'Neill acabó aceptando un puesto como jefe de seguridad de las Torres Gemelas, donde empezó a trabajar el 1 de septiembre. Después de que el primer avión impactara contra el World Trade Center, llamó a su hijo para comunicarle que había conseguido salir al exterior y se encontraba a salvo, pero acto seguido decidió entrar de nuevo en el edificio para ayudar en las tareas de rescate, y entonces perdió la vida. Sus restos mortales pudieron ser recuperados.

Si el director de cine Oliver Stone, que ya llevó a la gran pantalla las conspiraciones de Kennedy y el Watergate, se lanzara también a llevar al celuloide la conspiración del World Trade

Center, su historia contaría con dos eminentes protagonistas: George W. Bush, que lleva a cabo guerras petroleras tras la cortina de humo de la lucha contra el terrorismo, y John O'Neill, el sagaz perseguidor de Osama bin Laden.

*El New Yorker elaboró un extenso retrato póstumo de John O'Neill.*[130] *Existe incluso un sitio web en Internet dedicado a su memoria.*[131] *O'Neill había deseado desde niño trabajar para el FBI, y logró ver su sueño cumplido con semejante éxito que tiempo más tarde disfrutaba diciendo con una sonrisa socarrona: «Yo soy el FBI.» Abandonó su profesión destrozado y abatido por la frustración. Si le hubieran dejado hacer su trabajo, los paraísos terroristas de Arabia Saudí y Yemen no se habrían convertido en fichas sacrosantas del Monopoly del petróleo al que jugaba el Gobierno de Bush, y Bin Laden y compañía podrían haber acabado entre rejas antes del 11 de septiembre. O'Neill tardó demasiado tiempo en darse cuenta de que su equipo y él se hallaban bajo la protectora supervisión de los servicios secretos y el Departamento de Estado. De haberse percatado antes, no habría cometido el error de permitir que aquello lo frustrara hasta el punto de renunciar a su puesto. Aunque su caso constituye, sin lugar a dudas, uno de los más trágicos de entre todos los que perdieron la vida el 11-S, los medios de comunicación estadounidenses apenas aludieron a la muerte de O'Neill. Es mejor no remover las cosas; después de todo, si la conciencia pública despierta, puede tomar unos derroteros que no conviene.*

## 30-11-2001
## LA CONSPIRACIÓN MUNDIAL ALQAÉDICO-BINLÁDICA

¿A qué se dedican entonces los terroristas de las células «durmientes»? ¿No se nos contó en los días posteriores a los atentados la teoría de la conspiración de «Bin Laden» y su «organización terrorista» Al Qaeda, cuyos miembros se encuentran entre nosotros y están dispuestos a atacar sin piedad ninguna en el instante en que reciban la consigna desde las cuevas de Hindu Kush? ¿Cómo es posible que esos atroces asesinos continúen durmiendo mientras su líder es el hombre más buscado y llevan semanas bombardeando Afganistán? ¿Podría ser que la red de terroristas durmientes de Al Qaeda en realidad no existiera?

Saad al-Faghi, un médico saudí disidente que reside en Inglaterra, literalmente «estalla de risa» cuando oye esas historias sobre Al Qaeda, la organización terrorista de Bin Laden. El ejercicio de la medicina lo llevó a Afganistán, de modo que conoce cada palmo del telón de fondo de la yihad y también la situación en Arabia Saudí. En los años ochenta, Bin Laden abrió una oficina de reclutamiento en Peshawar, Pakistán, para reclutar a jóvenes árabes que quisieran participar en la guerra afgana. Al principio no había ningún registro de dichos reclutamientos, pero cuando las familias comenzaron a preocuparse y a preguntar por el paradero de sus hijos, Bin Laden empezó a elaborar listas de ingresos y salidas donde quedaban registrados los nombres y las fechas. Sobre este asunto habló Al-Faghi en una entrevista concedida al magazine televisivo *Frontline*:

Bueno, la verdad es que estallo de risa cuando oigo hablar al FBI de Al Qaeda como una organización de Bin Laden. La historia es muy sencilla: cuando Bin Laden recibía árabes de Arabia Saudí y de Kuwait, los recibía en la casa de huéspedes de Peshawar. Solían ir al campo de batalla y regresar, sin documentación [...] no había constancia de quién llegaba, de quién se iba, ni de cuánto tiempo había permanecido allí. Lo único que había era una recepción general muy agradable, y después ibas para allá y participabas en la guerra; una organización de lo más simple. Lo que ocurre es que empezó a sentirse avergonzado cuando las familias lo llamaban y le preguntaban qué había sido de sus hijos, y él no lo sabía, porque no llevaba ningún registro. A partir de entonces ordenó a sus compañeros que documentaran todos los movimientos de los árabes que estuvieran movilizados por su organización. Se registraban la fecha de llegada y la duración de la estancia; algunos se quedaban sólo dos o tres semanas y después volvían a marcharse. Ese registro, esa documentación, recibía el nombre de Al Qaeda. Eso es Al Qaeda, no una sociedad secreta, ni una organización terrorista ni un grupo clandestino. Por lo que yo sé, él nunca ha empleado ese nombre para denominar a sus propios grupos. Si uno tuviera que llamarlo de alguna forma, lo llamaría el grupo de Bin Laden, porque Al Qaeda no es más que la lista de personas que se alojaron en un momento dado en Peshawar. En total debemos de estar hablando de entre veinte mil y treinta mil personas. Imposible seguirles la pista a todas. Y creo que, de todos modos, la mayoría de esos registros se hallan en poder del Gobierno saudí porque les ofrecían precios muy económicos en los vuelos si viajaban con compañías saudíes. Un vuelo a Islamabad salía por el 25 % del precio normal...[132]

Y ésa es la trágica verdad sobre la diabólica red terrorista, ese ejército de soldados imperiales durmientes del Imperio del Mal que amenaza a nuestra civilización: Al Qaeda, una cuadrilla de pasajeros *low-cost* a la que la CIA subvencionaba parte del billete. Los reclutamientos para viajar a Peshawar fueron fruto del esfuerzo de más de treinta oficinas de reclutamiento de Estados Unidos y de la Conferencia Mundial sobre la yihad celebrada en Nueva York, de la que ya hemos hablado anteriormente. Se ofrecía a jóvenes musulmanes de todo el mundo la oportunidad de participar en un campamento de aventuras «con todos los gastos incluidos» dirigido por el animador socio-juvenil y virtuoso del Kalashnikov Osama bin Laden. Por lo visto, ya entonces era un viejo conocido. Y sin embargo, desde el 11-S, a nosotros se nos ha vendido como la red superterrorista y megaclandestina del siglo XXI, una organización más peligrosa y turbulenta que todas las organizaciones terroristas y los muyahidines luchadores por la libertad juntos. Un terrorista de Estado como Sharon (véase «03-03-2002: La conspiración Kosher») puede perpetrar asesinatos a diario alegando con cinismo que pretende obligar a los palestinos a la sumisión, y tener la absoluta certeza de que Occidente quitará hierro al asunto y entenderá los crímenes como «asesinatos selectivos». De forma que si Al Qaeda y Bin Laden son el nuevo engendro del mal latente, benditos sean.

«Si viviéramos en una dictadura, esto sería muchísimo más fácil, siempre y cuando el dictador fuese yo», declaró George W. Bush el 18 de diciembre de 2000.[133] Una frase de la que hay que tomar nota, aunque todo el mundo la tomó en broma. Robert A. Wilson comentó en su momento: «Con esa frase, después de treinta años oponiéndome a la Asociación Nacional del Rifle, me convenció: ¡quiero un fusil!»[134] Desde entonces Bush se ha dedicado a limitar la Constitución, a llevar a cabo juicios militares sumarísimos y a emprender una guerra más que cuestionable desde el punto de vista del derecho internacional, y todo gracias a la conspiración mundial alqaédico-binládica. En Alemania están planteándose volver a medir narices y mentones, pues parece que al menos a ojos del ministro de Interior Schily, la «biometría» es un método adecuado para luchar contra el terrorismo:[135] una selección entre lo alemán y lo no-alemán, que al fin y al cabo fue el pan nuestro de cada día durante la lucha contra la conspiración mundial «judeobolchevique». Sin embargo no es Sadam, ni Bin Laden, ni ningún otro monstruo terrorista barbudo, sino el mismísimo Bush hijo, con el atraco electoral, la irrupción tramposa en el poder y el incendio del World Trade Center al estilo Reichstag quien se revela como el verdadero fantasma de Hitler. Más de mil cien ciudadanos extranjeros continúan retenidos sin cargos en Estados Unidos bajo la ley marcial, sin acceso a abogados y sin derecho a recibir visitas. Muchos de ellos simplemente han desaparecido, y su paradero es un completo misterio. Los medios de comunicación, cuya confesión patriótica es examinada con lupa, no hacen alusión a ellos o, si acaso, hacen alusión sólo porque hay cincuenta y dos israelíes entre los detenidos; una estupidez estratégica, según el *New York Times*,[136] dado que eso no es sino propaganda antisemita para el enemigo. Los mecanismos extendidos y anticonstitucionales de seguimiento y control que han empezado a aplicarse con la entrada en vigor de las nuevas leyes de «seguridad nacional» y antiterrorismo fueron aprobados de manera casi unánime por la Cámara de Representantes sin apenas leerlos, según informó la CNN (en un tono exento de crítica y cargado de orgullo). Para el profesor de derecho internacional de Illinois Francis A. Boyle, todo esto constituye un atentado contra la Constitución y un «golpe de Estado»: «La pregunta clave es: ¿cuándo piensan el FBI, la CIA y la Agencia de Seguridad Nacional empezar a devolver a los ciudadanos estadounidenses los poderes que les otorga la ley del estado policial de Ashcroft?»[137]

### La ley patriótica y la libertad perdida

En un discurso vehemente y enérgico, el secretario de Justicia Ashcroft ha defendido hoy el paquete de medidas antiterroristas del Gobierno y ha acusado a quienes critican el programa de apoyar a los terroristas al proporcionar «munición a los enemigos de Estados Unidos».

Reforzado por las encuestas de la opinión pública, que revelan que los estadounidenses apoyan mayoritariamente las iniciativas del Gobierno contra el terrorismo, el señor Ashcroft afirmó ante el Comité Judicial del Senado: «A aquellos que asustan a los amantes de la paz con el fantasma de la libertad perdida, mi mensaje es el siguiente: vuestra táctica sólo ayuda a los terroristas.»

*New York Times*, 6-12-2001

Los desaparecidos, que constituyen una categoría de víctimas de las dictaduras militares latinoamericanas conocida por todos, ahora forman parte también del orden del día de Estados Unidos, y si John Ashcroft ve satisfecha su petición de someter a interrogatorio a otros cinco mil ciudadanos extranjeros, pronto empezará a haber también campos de internamiento. Algunos incluso están pensando en voz alta la posibilidad de permitir la tortura. Y todo esto bajo las consignas de «Guerra contra el terrorismo», «Justicia infinita» y «Libertad duradera». Si no fuera la sobrecogedora realidad, parecería que David Zucker ha rodado otra parodia de la república bananera: *Agarra al dictador como puedas, 2 ½.*

¿Bush como fantasma totalitario de Hitler? Al igual que su antecesor espiritual, Bush está iniciando su ascenso a gran dictador con una ficción ideológica —la conspiración mundial alqaédico-binládica— y con ayuda de un aparato organizado en gran medida como una organización secreta. Excepto Oliver North, todos los gánsteres expulsados y en ocasiones condenados por el escándalo Irán-Contra,[138] que se contaban entre los viejos compinches de su padre en el negocio del terrorismo-armas-drogas ,están de nuevo a bordo y han recuperado sus cargos. Pero lo más insólito es que, como a alguien se le ocurra comentar esos pequeños detalles de mal gusto, automáticamente le acusan de antiestadounidense. Igual que en su momento se sintieron con el derecho a definir el término «terrorismo», manipularon unas simples listas de soldados invitados a unos campamentos que, con unos toquecitos, quedaron convertidas en el guión de una conspiración mundial, los propagandistas de Bush y sus vasallos del frente de los medios de comunicación se adueñaron también del término «americanismo». «¡Nosotros decidimos lo que es alemán!», fue en su día el lema del ministerio de Goebbels. Tomar posición contra Hitler tenía tan poco que ver con el sentimiento antialemán como protestar contra los decretos anticonstitucionales de Bush con el sentimiento antiestadounidense. El «bushismo» ya no tiene nada que ver con «América» ni con nada de lo que ésta representa.

*Por desgracia, el pronóstico «bushista» que hice en noviembre resultó ser más que cierto, aunque tal vez me quedé corto. Lo que ha conseguido el Gobierno Bush con su paquete de medidas de Seguridad Nacional y su red de espionaje TIPS (Sistema de información y prevención del terrorismo) encaja perfectamente en la tradición que nació con la Gestapo y a la que dieron continuidad otras agencias como la Stasi: por voluntad del Ministerio de Justicia, a partir de agosto, un 4 % de la población deberá informar regularmente de cualquier «actividad sospechosa».*

## 07-12-2001
## ¿GAMBITO DE TORRE EN EL AJEDREZ GEOPOLÍTICO?

Desde que los continentes comenzaron a interactuar políticamente, hace aproximadamente unos cinco siglos, Eurasia ha sido el centro del poder mundial [...] El grado de hegemonía mundial que consiga Estados Unidos dependerá directamente del tiempo y la eficacia con la que logremos mantener nuestra superioridad en el continente euroasiático y retrasar el advenimiento de cualquier otro poder dominante o rival [...] Eurasia es por tanto el tablero de ajedrez donde seguirá jugándose en el futuro la partida de la lucha por la hegemonía mundial.[139]

Se trata de un fragmento del libro de Zbigniew Brzezinski, publicado en 1997, *El gran tablero mundial: la supremacía estadounidense y sus imperativos geoestratégicos*, y no sólo las primeras páginas parecen un guión de la llamada «guerra contra el terrorismo» en Afganistán. Sería ingenuo de nuestra parte pensar que, después de renunciar como asesor de seguridad de Jimmy Carter, Brzezinski (nacido en 1928) es sólo un viejo y necio profesor a quien no hay que tomar en serio. Como uno de los cerebros y cofundadores del *think tank* Rockefeller, del Consejo de Relaciones Exteriores (CFR)[140] y de la Comisión Trilateral,[141] Brzezinski continúa ejerciendo una influencia considerable. Sobre el vicepresidente Cheney, por ejemplo, que en 1998 anunció: «No recuerdo ninguna otra época en la que hayamos visto emerger una región de forma tan repentina y adquirir la importancia estratégica que ha adquirido la región del Caspio...»[142] Por ese entonces, Cheney seguía siendo directivo de Halliburton, el mayor proveedor de la industria petrolera estadounidense, que precisamente había realizado el proyecto del oleoducto a través de Afganistán. Debido a las gigantescas reservas, según Brzezinski «la cuestión del oleoducto revestía una importancia capital para el futuro de la cuenca del Caspio y Asia central». En su profético capítulo titulado «Los Balcanes eurasiáticos», Brzezinski expone:

Si los principales oleoductos de la región continúan atravesando territorio ruso para salir al puerto ruso del mar Negro en Novorossisk, se dejarán notar las consecuencias políticas de esta condición, aun en el caso de que Rusia haga ostentación de su fuerza. La región continuará sufriendo una dependencia política, y Moscú mantendrá una posición de poder cuando se decida cómo se reparte la riqueza de la zona [...] Por consiguiente, el interés primordial de Estados Unidos debe ser ayudar a asegurar que ninguna potencia se adueñe del control total de ese espacio geopolítico y que la «comunidad internacional» disponga de acceso libre y sin trabas en los ámbitos financiero y económico. El «pluralismo geopolítico» sólo se convertirá en una realidad consolidada cuando exista una red de oleoductos y rutas de transporte que unan la región con los principales centros de la actividad económica mundial, tanto a través de los mares Arábigo y Mediterráneo como por tierra.[143]

Las comillas de la «comunidad internacional» y el «pluralismo» son mías, porque son una muestra clara de la jerga que confunde los intereses de Estados Unidos con los de la comunidad internacional y la dominación de Washington con el «pluralismo». Una confusión no sólo de Brzezinski, sino también de su colega Samuel Huntington, a quien cita en su libro: «La continuidad de la *dominación de Estados Unidos* es de importancia capital para el bienestar y la seguridad de los estadounidenses y para el futuro de la libertad, la democracia, las economías abiertas y el orden internacional del mundo.»

Esas afirmaciones no quedan muy alejadas del grito de guerra «estás con nosotros o estás con los terroristas». Andreas von Bülow apunta que los trabajos encargados por la CIA, como es el caso de los estudios geoestratégicos *El gran tablero mundial*, de Brzezinski, y *El choque de civilizaciones*, de Huntington, suelen constar de dos partes: una pública con un carácter bastante general y otra secreta con propuestas y directrices concretas. El aspecto que presentan podía distinguirse ya antes del 11-S con una «probabilidad rayana en la certeza»: «Las operaciones encubiertas de los servicios secretos [son] el instrumento elegido para la imposición del poder y los intereses económicos estadounidenses, mientras que el despliegue de la fuerza militar continúa siendo un recurso impopular.»[144] Una portavoz del Consejo de Relaciones Exteriores lo corroboró en un programa de la BBC: las operaciones encubiertas son «menos costosas» y a menudo «más eficaces» que las acciones militares.

Y es que estamos ante una guerra oculta con duelos al estilo del salvaje oeste, carteles que rezan «se busca vivo o muerto», llamadas al linchamiento y a la incorporación de tribunales militares. Al acabar la guerra, los estadounidenses trataron de dominar por medios constitucionales a una banda terrorista tan monstruosa como eran los nazis. ¿Por qué no iba a ser posible hacer lo mismo con el díscolo Príncipe del Terror en el que se ha convertido el multimillonario saudí Bin Laden? ¿Por qué ni siquiera existe constancia de algún intento de llevarlo ante el Tribunal Internacional de La Haya? ¿Cómo es que la primera orden para detener a Bin Laden no se emitió ni en Washington ni en Londres ni en Berlín, sino en Trípoli en 1998, por orden del mismísimo Muamar el Gadafi, que culpaba a Osama de apoyar los atentados de los terroristas islamistas en Libia que causaron la muerte, entre otros, a dos empleados de los servicios secretos alemanes? ¿Por qué se permite ahora que nuestros nuevos amigos de la Alianza del Norte, los brutales carniceros que destrozaron el país antes que los talibanes, regresen como vengadores sedientos de sangre? ¿No significa esto, como afirma Robert Fisk en *The Independent*,[145] que al final hemos acabado pasándonos al bando de los criminales? ¿Cómo es posible que las declaraciones de la organización afgana de mujeres RAWA, que apuntan a este horroroso absurdo, no tengan repercusión ninguna en los medios de comunicación, y no digamos ya en los representantes de la mesa negociadora de Petersberg? ¿Cómo es que de pronto la gigantesca petrolera Unocal, después de años de intensas negociaciones con los talibanes respecto al oleoducto, siente la necesidad de hacer públicas unas declaraciones, negando que hayan dado apoyo o cobijo a estudiantes del islam en algún momento?[146] ¿Podría tener que ver todo esto con la forma de política que John Pilger,[147] corresponsal jefe del *Mirror* británico, denomina el «fascismo geopolítico» de Estados Unidos?

Richard Falk, profesor de política internacional de Princeton, ha dado la siguiente explicación: la política exterior occidental —sostiene— se difunde en los medios de comunicación «mediante una pantalla legal/moral puritana y unidireccional con imágenes positivas de los valores occidentales, donde la inocencia aparece amenazada para legitimar la violencia política sin límites».

El ascenso al poder del secretario Rumsfeld, el subsecretario Paul Wolfowitz y sus socios Richard Perle y Elliot Abrams es reflejo de que gran parte del mundo se ve abiertamente amenazada por un fascismo geopolítico que lleva fraguándose desde 1945 y se ha disparado desde el 11 de septiembre.

La actual banda de Washington está formada por auténticos fundamentalistas estadounidenses. Son los herederos de John Foster Dulles y Allen Dulles, los fanáticos bautistas que, en la década de los cincuenta, dirigían el Departamento de Estado y la CIA respectivamente, aplastando a los gobiernos reformistas de varios países —Irán, Irak, Guatemala— y rompiendo pactos internacionales como los acuerdos de Ginebra de 1954 sobre Indochina, cuyo sabotaje por parte John Foster Dulles condujo directamente a la guerra de Vietnam y provocó cinco millones de muertes. Ahora sabemos, por el material desclasificado, que Estados Unidos ha estado a un tris de utilizar armas nucleares en dos ocasiones.

Encontramos ahora el paralelismo en la amenaza de Cheney a entre «cuarenta y cincuenta países» y en una guerra «que puede que no veamos acabar». Esos «expertos» prefabricados, que han eliminado la humanidad del estudio de las naciones y lo han cuajado de una jerga que se halla al servicio del discurso de la dominación, llevan tiempo suministrando el vocabulario que justifica este militarismo a ambos lados del Atlántico. Los países pobres son «Estados fracasados»; los que se oponen a Estados Unidos son «Estados canallas»; y los ataques de Occidente son «intervenciones humanitarias». (Uno de los partidarios más entusiastas de los bombardeos, Michael Ignatieff, es ahora «profesor de derechos humanos» en Harvard). Y como en la época de Dulle, el papel de las Naciones Unidas se reduce a limpiar los escombros provocados por los bombardeos y a proporcionar «protectorados» coloniales.

Los atentados contra las Torres Gemelas supusieron para el Washington de Bush tanto un gatillo como una extraordinaria coincidencia. El ex ministro de Exteriores pakistaní Niaz Naik ha revelado que a mediados de julio altos funcionarios estadounidenses le dijeron que a mediados de octubre se emprenderían acciones militares contra Afganistán. El secretario de Estado de Estados Unidos, Colin Powell, se encontraba entonces de viaje por Asia central, intentando conseguir apoyos para la «coalición» para la guerra contra Afganistán.[148]

En el ajedrez, cuando la pérdida de una pieza supone una ventaja estratégica, se denomina «sacrificio». Las estrategias de sacrificio son difíciles de reconocer, en especial cuando se pierden dos figuras aparentemente indispensables como las torres. Sin embargo, cualquier buen ajedrecista comprendería que merece la pena sacrificar dos torres si eso permite consolidar las posiciones en la otra mitad del tablero y proporciona una ventaja estratégica inigualable o una «dominación mundial» que compense con creces las «unidades» perdidas. Hay múltiples razones para creer que los maestros del ajedrez geopolítico de Washington previeron los ataques de los talibanes contra sus dos torres e incluso metieron piedras en el bolsillo de agresivos perseguidores como el cazador de Bin Laden, John O'Neill, para no interferir en los preparativos del oponente.

Los precursores intelectuales como Brzezinski y Huntington —que ascendió a la fama como asesor de la CIA en la represión de las revueltas tras la caída de dictadores— no habrían estado desempeñando su trabajo si no evaluaran esas estrategias de sacrificio en escenarios específicos en las partes secretas de los informes. Y nosotros sencillamente estaríamos ciegos si no viéramos el Gran Juego destinado a conseguir la victoria y la dominación a cualquier precio bajo el discurso hipócrita del «pluralismo geopolítico», los «derechos humanos», el «mundo libre» y las «intervenciones humanitarias».

*La historia de la orden de detención de Osama bin Laden confirma la sospecha de que pueda ser un «colaborador no oficial» en activo de los servicios secretos británicos y estadounidenses. En la época del primer atentado contra el World Trade Center de 1993, de los atentados con bomba contra la embajada africana y del ataque contra el USS Cole en Yemen, Bin Laden ya se contaba entre los principales sospechosos y, sin embargo, no se emitió ninguna orden de arresto contra él. Tuvo que ser un «canalla» del «eje del mal» como Gadafi quien fuera tras él, lo cual tiene su lógica. Como las Siete Hermanas se vieron obligadas a abandonar los yacimientos a causa de la revolución libia, los británicos y los estadounidenses han recurrido a fuerzas islamistas como la de Al Qaeda de Bin Laden para desestabilizar el Gobierno de Gadafi.*[149]

*El informe de Reuters del 9 de febrero*[150] *donde se recoge que el líder militar pakistaní, el general Musharraf, y el presidente afgano Karzai habían acordado reanudar el proyecto del oleoducto, pasó sin pena ni gloria por la prensa alemana; y lo mismo sucedió con la noticia de que, en la década de los noventa, antes de empezar a vestir trajes de Gucci e iniciar su carrera primero como presidente interino y como presidente electo por la Loya jirga después, Karzai trabajó como consultor en nómina para la petrolera Unocal. Asimismo, Karzai prestó previamente sus servicios en la lucha contra la ocupación soviética de Afganistán como intermediario en la distribución de armas entre la CIA y los muyahidines.*[151]

## 11-12-2001
## EL *PUTSCH* DE BUSH

Han pasado ya tres meses desde los atentados contra las Torres Gemelas y el Pentágono, y todavía no hay pruebas que demuestren la relación entre los ataques y Bin Laden o Afganistán.

Por ahora ni siquiera los observadores más confiados se creen eso de las pruebas secretas que no pueden revelarse para proteger las fuentes. Con los nuevos tribunales militares secretos, no harían falta pruebas si se arrestara a Bin Laden. Y gracias a las nuevas leyes de «seguridad nacional», Bush hijo ha podido clasificar, además, todos los expedientes de la legislatura de su padre.

Como cualquier presunto delincuente, Bin Laden y su gente merecen un juicio o, si estamos en guerra, merecen ser tratados como prisioneros de guerra conforme a lo dispuesto en las convenciones de Ginebra. Sin embargo, según ha declarado el fiscal general Ashcroft al *New York Times*,[152] no cabe esperar que ninguno de los sospechosos capturados en Afganistán vaya a gozar del privilegio de someterse a juicio en Estados Unidos. «¿Es que encima vamos a tener que abrir un canal por cable que se llame "Osama TV" o algo por el estilo y proporcionarle una plataforma mundial de propaganda?», dice literalmente el *New York Times*.

A decir verdad, con los beneficios de publicidad que se obtendrían de un duelo televisivo entre Uve doble Bush y Osama —retransmitido en todo el mundo por la CNN y Al Jazeera (por cortesía del Carlyle Group, la «empresa familiar» de los clanes Bush y Bin Laden)[153] se podría financiar la reconstrucción del World Trade Center y Afganistán entero, y el efecto propagandístico se repartiría a partes iguales, otorgando a ambos el mismo tiempo, de tal forma que los espectadores pudieran juzgar por sí mismos. A continuación, y en caso de que haya pruebas suficientes contra él, vendría la condena de Bin Laden, a ser posible juzgado ante el Tribunal de Justicia de Naciones Unidas, que Estados Unidos quiere sabotear a toda costa por miedo de acabar ante los tribunales por patrocinar el terrorismo. Eso constituiría una defensa mucho más sólida de los valores occidentales —los derechos humanos, la libertad y la democracia— que las bombas inteligentes que estamos empleando como argumento en esta cruzada. Nos procuraría una propaganda mucho mejor. Y destruiría la magia del megaterrorista Bin Laden de un solo plumazo.

La política de las operaciones encubiertas de Bush garantiza justo lo contrario. Convierte a Bin Laden en un héroe y en un mártir, y transforma el terrorismo islámico en el «nuevo imperio del mal» del mundo: exactamente lo que la Única Superpotencia del Mundo necesita con urgencia tras la caída del comunismo. Fuera de sus fronteras, lo necesita para poder calificar sus movimientos geopolíticos en la partida de ajedrez como «intervenciones militares» y parte de «la guerra contra el terrorismo internacional»; y dentro, para ocultar la recesión y disimular el riesgo de que el sistema financiero del mundo se venga abajo, encerrar al rebaño asustado por el pánico que ha sembrado Al Qaeda en un cercado patriótico y crear una sociedad demacrada y mezquina a fuerza de corroer las libertades constitucionales.

Incluso el ex presidente Jimmy Carter ha hablado en televisión de un *putsch*, y Scott Nelson, en su día abogado de Richard Nixon, ha declarado recientemente en una audiencia ante el Senado que el famoso secretismo de *Tricky Dicky* Nixon (Nixon, el tramposo) era «un juego de niños» en comparación con lo que está sucediendo ahora en la Casa Blanca.[154] El fiscal general, por supuesto, no tolera las críticas: «A aquellos que asustan a los amantes de la paz con el fantasma de la libertad perdida, mi mensaje es el siguiente: vuestra táctica sólo ayuda a los terroristas, porque no sirve sino para erosionar nuestra unidad y limitar nuestra determinación.»[155]

No podría llamarse de manera más directa a la obediencia ciega. La demagogia está alcanzando unos límites que se creían extintos en Occidente desde los tiempos de McCarthy en Estados Unidos y de Hitler en Alemania. Hasta ahora no se han producido protestas en el país porque las escuchas al estilo Gestapo y las leyes de búsqueda afectan «únicamente» a los veinte millones de personas que residen en Estados Unidos pero carecen de la ciudadanía, de forma similar a como sucedió tras el incendio del Reichstag, cuando pocos «alemanes corrientes» se rebelaron contra la opresión que Hitler infligió contra los judíos, comunistas y extranjeros.

La «libertad perdida» no es sino un «fantasma» para los más de mil «sospechosos» que llevan meses encarcelados sin cargos; o para los sesenta y ocho mil documentos de la era Reagan en que Bush padre fue vicepresidente, que iban a salir a la luz —ante una enorme expectación— en enero, al terminar el período habitual de doce años, hasta que de pronto, el 1 de noviembre, Bush hijo modificó la ley para impedir su desclasificación. Y lo mismo hizo con los expedientes de su legislatura como gobernador de Texas, que protegió por su supuesta confidencialidad en la «biblioteca presidencial» de su padre. ¿Por qué? John Dean, ex asesor jurídico de la Casa Blanca, lo explica así:

> La ley indica no sólo que el presidente Bush no quiere que los estadounidenses se enteren de lo que está haciendo, sino que, además, no quiere tener que preocuparse de que los historiadores y otras personas lo descubran algún día […] Si el presidente Bush continúa en esta línea de secretismo a lo Nixon, me temo que los votantes le darán un voto de no confianza también a lo Nixon el próximo 2004. Si bien el secreto es necesario para luchar en la guerra, no es necesario para dirigir el país. Puedo asegurarles, y lo digo con conocimiento de causa, que, por lo general, un presidente que actúa en secreto no lo hace pensando en el interés de los ciudadanos estadounidenses, sino en los suyos propios.[156]

Dean, que es un republicano incondicional, habla por experiencia. Como asesor de Nixon se vio implicado en el escándalo Watergate e incluso lo acusaron de desacato al tribunal y llegó a ingresar en prisión por ocultar pruebas que inculpaban a su jefe. Sin embargo, según la sentencia de Ashcroft, se podría acusar a los soldados más leales, como Dean, de apoyar el terrorismo, y no digamos ya a los intelectuales críticos como Noam Chomsky, que ha publicado recientemente un libro con un recopilatorio de entrevistas titulado *11/09/2002*: «Deberíamos reconocer que gran parte del mundo considera que Estados Unidos es un Estado terrorista, y no sin razón.»[157]

Precisamente por esa razón, Bush hijo tiene que esconder los archivos de la presidencia de Reagan. Prácticamente todos los eminentes culpables del caso Irán-Contra[158] y del escándalo bancario del BCCI[159] han vuelto a subirse al tren con Bush, y junto a Bush, desempeñando un papel central en esa operación de drogas, armas, lavado de dinero y terrorismo que movió cincuenta mil millones de dólares en la década de los ochenta, se encuentra ni más menos que Salem bin Laden, el hermano mayor de Osama. Desde los años setenta, Salem bin Laden está relacionado con los negocios y la política de la familia Bush a través de James R. Bath, administrador de los fondos de Estados Unidos y amiguito de Bush que invirtió en la primera empresa petrolera de Bush hijo, «Arbusto»,[160] y a través del banquero Mahfouz, que utilizó al BCCI como lavadero para los negocios de drogas y armas del Irán-Contra. La «profunda política» del petróleo, las drogas y el terror, como la describe el profesor de Berkeley Peter Dale Scott,[161] ya estaba arraigada entonces, ahora sólo estamos experimentando la excrecencia visible de la actual «guerra contra el terrorismo».

## El narcotráfico como política

*Drugs, Oil and War* («Drogas, petróleo y guerra») explora los factores que subyacen tras la estrategia de Estados Unidos en las intervenciones indirectas en países del Tercer Mundo mediante alianzas con los narcotraficantes internacionales más importantes del orbe. La estrategia evidentemente nació en los años cuarenta para contener a la China comunista. Desde entonces, el Gobierno de Estados Unidos ha utilizado esta estrategia en repetidas ocasiones para conseguir el control de recursos petrolíferos en el extranjero. El resultado ha sido la asombrosa expansión del tráfico de drogas y las mafias asociadas a él, un problema que irá en aumento hasta que se decida dar un giro político.

PETER DALE SCOTT; *Drugs, Oil and War,
The Deep Politics of US-Interventions in Afghanistan,
Colombia and Indochina* (2003)

Las consecuencias que puede acarrear que la población pierda la confianza en Bush en las próximas elecciones —pronóstico que hace hasta un veterano conspirador como John Dean por culpa de la política del encubrimiento y el secretismo— no permite albergar grandes esperanzas para el futuro del mundo. Después de colarse como se coló en el poder, algo de lo que hasta ahora ha obtenido grandes réditos, es más que probable que, en cuanto vea decaer su popularidad, opte por la huida hacia delante: la guerra.

*Numerosas instituciones y archivos han presentado quejas contra la nueva política de Bush sobre los secretos de Estado. Evidentemente él tenía una razón de peso para cometer la desfachatez de esconder las actas de su legislatura como gobernador de Texas bajo la alfombra de la «familia presidencial», pero al parecer entonces no se sabía. Y la razón no era otra que los infortunios del mayor financiador de su campaña, Enron, cuyo meteórico ascenso en el mercado de valores comenzó con la «desregulación» de las leyes de la energía que Bush hijo llevó a cabo en Texas. El negocio salió tan redondo que Enron apostó cuatro millones de dólares para catapultar al «exitoso» gobernador de Texas a la presidencia.*

## 15-12-2001
## HECHOS, FICCIONES, FALSIFICACIONES...

Lo que hizo la publicación semanal *Der Spiegel* con la serie «What Really Happened» («Qué ocurrió en realidad») fue una auténtica demostración de cómo se puede crear ficción de la realidad reuniendo un montón de hechos insignificantes. El drama del derrumbamiento de las Torres Gemelas se relata con una minuciosa escrupulosidad, como si la mera descripción de los síntomas pudiera explicar la causa de la «enfermedad». En el proceso ni siquiera se mencionan las múltiples preguntas sin respuesta ni las contradicciones sobre la autoría y las circunstancias que rodean los ataques.

La revista que en su día fue el buque insignia alemán del denominado «periodismo de investigación» se ha unido a la falange mediática formada por loros que repiten lo que oyen y aguerridos lanzadores de humo. Si Rudolf Augstein[162] no tuviera de vez en cuando algún que otro momento de lucidez, uno podría llegar a pensar que todos los habitantes de *Der Spiegel* han perdido los sentidos, víctimas de unos conspiradores que han echado Prozac en las máquinas de café de la redacción o algún otro psicofármaco de efecto calmante que anula el proceso de pensamiento crítico en el cerebelo y lo transforma en un anuncio publicitario enmarcado en chisporroteantes estrellitas de colores. El vacío y la falta de argumentación que se respiran en las páginas —al final el refrito se ha publicado en formato libro—[163] estaban ya presentes en el «relato informativo original», que publicaron las semanas posteriores a los atentados. Y de la noche a la mañana, excediendo los límites de los códigos deontológicos del periodismo y la ética profesional, lo que entonces eran sospechas y suposiciones ha sido elevado por arte de magia a la categoría de hechos y pruebas fehacientes. «Qué importan los hechos allá donde hay odio»: no cabe la menor duda de que ni siquiera los propios editores, tal como Uwe Galle demostró a las mil maravillas en un documental para la revista suiza *Zeitfragen*,[164] son inmunes a este eslogan que utilizó *Der Spiegel* como titular para un perfil del padre de Mohamed Atta. No es de extrañar, como comentábamos, que el *Spiegel Online*, al traducir un extenso texto de Arundhati Roy, omitiera precisamente las diez líneas donde la autora menciona al grupo empresarial de la industria armamentista Carlyle, donde hasta hace poco Bush padre era representante y la familia Bin Laden un importante inversor. Porque ¿adónde conduciría el análisis de esas pistas circunstanciales? No conduciría a Afganistán, sino a Arabia Saudí. No conduciría a una organización mundial fantasma como Al Qaeda, sino a las discretas redes de actividades petroleras, militares y de inteligencia. Tampoco conduciría a unos «seres infrahumanos» medievales que salen por ahí de excursión a pegar tiros a diestro y siniestro, como los talibanes, sino a la versión de ese mismo medievalismo en el mundo de los peces gordos; es decir, al sistema feudal, corrupto, misógino y profundamente antidemocrático de la élite. Ni a humildes estudiantes de piloto con el cerebro lavado, sino a los hombres retorcidos y perversos que los manejan. Y tampoco a la reconstrucción de los catastróficos últimos minutos a bordo del avión secuestrado o de las Torres, sino a la pregunta que clama al cielo: ¿cómo es posible que los cazas aparcados a escasos kilómetros del Pentágono ni siquiera llegaran a despegar?

El 17 de octubre cité el artículo del *Times of India* donde se mencionaba la razón de la sorprendente dimisión del jefe de los servicios secretos pakistaníes (ISI), el general Mahmud Ahmed: por medio de unas escuchas telefónicas, el servicio secreto indio y el FBI habían descubierto que poco antes del 11-S, uno de los compañeros más cercanos a Ahmed había realizado una transferencia bancaria de cien mil dólares a Mohamed Atta. En comparación con las disparatadas presunciones y especulaciones relativas a los cerebros de los atentados que se proclamaron a los cuatro vientos como posibilidades, probabilidades y verdades, ésta parecía una información jugosa, una prometedora línea por investigar. Sin embargo, salvo contadas alusiones, ningún periodista de investigación de los medios occidentales vio la necesidad de investigar esa cuestión. Hacerlo habría supuesto desviar la atención de Afganistán y centrarse en Pakistán; y, por tanto, desviar la atención del joven mulá Omar, «jefe de Estado» y predicador del pueblo manejado por control remoto, y centrarse en aquellos que lo crearon y lo manipularon; habría supuesto desviarse de los cultivadores de opio afganos azotados por la pobreza y centrarse directamente en los laboratorios de heroína que operan bajo la supervisión del ISI y la CIA; y dejar de lado también el fantasma de los islamistas fanáticos y dirigirse directamente a sus entrenadores, financiadores, explotadores y maestros.

En 1919, después de haber pasado décadas en las bibliotecas buscando fenómenos extraños y anotando en fichas pruebas y relatos de testigos, el autor Charles Fort publicó *El libro de los condenados*, una enciclopedia de noticias y artículos sobre sucesos inexplicables que no habían salido a la luz, no porque no hubieran tenido lugar, sino porque su existencia no comulgaba con las ideas predominantes sobre las leyes de la naturaleza o el sentido común. Pero la faceta que nos interesa de Fort ahora no es la de racionalista radical («Pienso, luego he desayunado»),[165] sino la de investigador de hechos malditos, esos hechos que pese a ser encubiertos, omitidos, ignorados o justificados, tienen la particular habilidad de aflorar una y otra vez, como las malas hierbas en un descampado. Por ejemplo, el investigador de la CIA Mike Ruppert, que fue oficial de narcóticos, ha publicado en su página web una lista de hechos condenables sobre las tramas delictivas de los servicios secretos estadounidenses que sencillamente no pueden ser rebatidos. Ruppert ofrece una recompensa de mil dólares a cualquiera que sea capaz de demostrar que existe un error en la secuencia de información disponible previa a los atentados contra las Torres Gemelas.[166] De forma que todos aquellos que conspiran contra la conspiración pueden ganarse una paga extra de Navidad, y *Der Spiegel* (junto con los principales medios de radiotelevisión y prensa alemanes) ya puede iniciar la rehabilitación mirando a la cara los hechos condenados.

El fenómeno de la uniformidad autoimpuesta y desenfrenada de los medios, que desde el 11-S se ha vuelto mucho más extremo en Alemania que, por ejemplo, en Francia o Inglaterra, merece ser estudiado con detenimiento. En *Psicología de masas del fascismo,*[167] el psicoanalista (también condenado) Wilhelm Reich describió los sistemas fascistas como combinaciones neuróticas de anhelo de libertad y miedo a la misma, una combinación de frases de amor por la libertad y principios de liderazgo autoritario. «Lo nuevo del fascismo —escribió— es que las masas prácticamente accedieron y provocaron su propia represión. Se demostró que la necesidad de autoridad era mayor que el deseo de independencia.» Algo muy similar parece estar sucediendo con los conformistas y autorrepresivos *bushistas* y belicistas de nuestros tiempos, y por lo visto a los chupatintas de la prensa se les ha esfumado por completo la voluntad de pensar por sí mismos. Eso sí, el flujo de frases de «amor a la libertad» es incesante…

Al cabo de tres meses, la CIA «encontró» el vídeo de un aficionado en el que supuestamente Bin Laden (o alguien que se le parecía) confiesa a un desconocido con turbante que sabía lo de los atentados, y se congratulaba de ello. Se trata de un hallazgo accidental de todo punto insuficiente, después de un cuarto de año de investigaciones sistemáticas, aunque el vídeo —en el caso de que se demuestre que es auténtico— pueda servir para probar que Bin Laden disponía de información privilegiada sobre los atentados. Esto, por supuesto, suscita más preguntas que respuestas: ¿por qué iba a realizar una confesión así un superterrorista que hasta ahora ha procurado formular todas sus declaraciones con indumentaria militar, ha negado cualquier implicación y ha culpado del atentado a una conspiración judía mundial, en lugar de salir por el canal de televisión Al Jazeera con su ya emblemático Kalashnikov? ¿O es que acaso él no publicó la cinta, sino que «se quedó olvidada por accidente en una casa de Jalalabad», como ocurrió con la bolsa de Atta en el aeropuerto con su última voluntad, el Corán o los manuales de vuelo en árabe? Pero ¿a quién le interesarían unos vídeos en árabe en Afganistán, si allí nadie habla árabe? Y si se grabaron para distribuirlos por todo el mundo árabe, ¿por qué tienen una calidad tan mala? Si se trata de un diario privado de Bin Laden y, por tanto, no pensado para en su divulgación, ¿dónde están los demás volúmenes? ¿Cuántos vídeos más encontró la CIA? ¿No contradice este ejemplo clásico de cinismo diabólico de Bin Laden —su afirmación de que, salvo los pilotos, ninguno de los participantes sabía que se trataba de una misión suicida— la versión de los «hallazgos» encontrados hasta la fecha, la versión de la «última voluntad» y las instrucciones exactas que en teoría se le dieron al grupo? La lamentable calidad de la imagen y del sonido y el más que dudoso origen del nuevo vídeo que ha aparecido como prueba brindan una nueva oportunidad a los medios de comunicación para convertir las posibilidades en realidades y las ficciones en hechos. Sin embargo, las condenadas noticias que nadie quiere oír no dejarán de llegar.

*La falsedad del vídeo fue demostrada en tiempo récord por un programa de televisión llamado «Monitor», y al parecer resultaba obvio que alguien había manipulado tanto la imagen como el sonido, a diferencia del vídeo confesional de Bin Laden que apareció poco después de los atentados, en el que Bin Laden ne-*

*gaba cualquier implicación. Las dudosas «pruebas en formato vídeo» que surgieron a lo largo de los siguientes meses tampoco aportaron ningún dato nuevo.*

## 29-12-2001
## LOS ORDENADORES SOBREVIVEN
## AL ATENTADO CONTRA LAS TORRES GEMELAS...,
## ¡LAS CAJAS NEGRAS NO!

Aparte de los negocios con las opciones de compra de las acciones de las compañías aéreas (véanse «20-10-2001: El hilo del dinero» y «26-10-2001: Una mano lava la otra...»), una senda de investigación orientada hacia la fortaleza tras la que se refugian los caballeros bandidos del sistema bancario y que todavía nadie ha querido tomar, ha surgido ahora la sospecha de que en efecto alguien supiera que iban a producirse los atentados contra las Torres Gemelas y utilizara ese dato para llevar a cabo especulaciones financieras delictivas a una escala mayor aún.

La empresa alemana Convar, especialista en recuperación de datos,[168] lleva desde la semana pasada trabajando contrarreloj para confirmar o descartar una sospecha que eclipsa por completo los indicios anteriores de especulación financiera. En las horas anteriores al atentado y durante los ataques se produjo un número extraordinariamente elevado de transacciones con tarjetas de crédito canalizadas a través de compañías con sede en el World Trade Center, excediendo en mucho la facturación normal de un martes por la mañana. Corre el rumor de que el 9 de septiembre se cargaron más de cien millones de dólares en facturas fraudulentas en los ordenadores del World Trade Center. Ahora, la empresa Convar es la encargada de recuperar los datos de los discos duros encontrados entre los escombros para hallar a los culpables que, por lo visto, albergaban la esperanza de que todas sus transacciones quedaran eliminadas con la destrucción de los ordenadores centrales.

«Cabe la posibilidad, por supuesto, de que las razones que motivaron el extraordinario volumen de transacciones fueran perfectamente legítimas —sostiene el director de Convar, Peter Henschel—. Es posible que ese martes por la mañana a los estadounidenses les diera por comprar a lo loco. Pero en estos momentos existen muchas transacciones que no tienen explicación.» La empresa comunicó a Reuters que había recibido treinta y dos ordenadores, cada uno de ellos con unos cuarenta gigabytes de información almacenados. Para total sorpresa de los cirujanos informáticos, «el estado de los discos duros era lo bastante bueno para recuperar los datos».[169] A pesar de que los discos se hallaban fuertemente contaminados por el polvo que se había filtrado bajo la alta presión, todos los datos eran recuperables.

Cuando los responsables de la investigación oficial afirman que siete de las ocho cajas negras de los aviones siniestrados quedaron completamente destruidas, un anuncio como el realizado por esta empresa de prestigio internacional dedicada a la recuperación de datos suena a auténtica ciencia ficción. ¿Cómo es posible que ordenadores normales y corrientes sobrevivieran al siniestro de las Torres Gemelas y sus delicadas memorias magnéticas resistieran sin un solo rasguño y, sin embargo, las «indestructibles» cajas negras fabricadas a prueba de bombas e incendios no aguantaran?[170]

Ante este panorama, la sospecha de que en realidad los registros de las cajas negras no quedaron destruidos, sino que se han ocultado porque los lamentables datos contravendrían la leyenda oficial, no puede descartarse alegremente como un simple acto malicioso de desconfianza. Todos y cada uno de los discos recuperados de los ordenadores del World Trade Center que los especialistas de Convar consigan recuperar en Alemania con la tecnología láser no serán sino un síntoma más de que en el asunto de las cajas negras hay gato encerrado y, por tanto, gana terreno la hipótesis de la «demolición controlada».[171]

De hecho, sería lógico mostrarse escéptico frente a la posibilidad de que los datos recuperados de los ordenadores del World Trade Center provocaran un giro radical en el caso. Ni aunque se demostrara que efectivamente las transacciones por valor de cien millones de dólares fueron ilegales y se investigaran podría llegarse a los cerebros de la operación. Las posibilidades de que se deje vía libre a la policía para que los detenga son tantas como de que se emprenda una minuciosa investigación penal del caso de las opciones de compra. Cualquier intento de esa índole se hundiría en el foso de la fortaleza que los caballeros bandidos poseen en el extranjero. No se ha soltado a los perros para que sigan el rastro que señaló el *San Francisco Chronicle* el 29 de septiembre al publicar que fue el banco Alex Brown quien gestionó las opciones de compra, una entidad estrechamente unida a los servicios secretos a través de su director *Buzzy* Krongard. Al ser absorbido por el Deutsche Bank el pasado marzo, Krongard pasó a ocupar el puesto de número tres de la CIA. No es muy difícil adivinar cuáles son las cualificaciones que abren la puerta a un banquero para ocupar un alto cargo en el servicio de inteligencia de otro país. La zona gris de la política exterior no oficial —el negocio del terrorismo, las armas y las drogas— exige una ayudita, ser discretos en las transacciones financieras o, dicho sin tapujos, un sistema de blanqueo de dinero. A Krongard se le conoce también por ser asesor de inversiones en empresas de software y hardware especializadas en productos para los servicios secretos.

El periodista Tom Flocco intentó investigar las estrechas conexiones entre los servicios secretos, los bancos, la comisión reguladora del mercado de valores y las descuidadas y mal llevadas investigaciones de este caso. Como cabía esperar, no encontró pruebas concluyentes que demostrasen que los especuladores disponían de información privilegiada, pero su informe sobre las actividades ilegales del Alex Brown Bank —y sobre la reciente acusación de blanqueo de dinero del jefe de operaciones de Wall Street del Deutsche Bank, Kevin Ingram— habla por sí solo. Igual que los discos prácticamente intactos de las Torres Gemelas…[172]

*Los datos de las cajas negras jamás llegarán a publicarse, al igual que la comunicación radiofónica con la nave secuestrada, de la que sólo se publicaron algunos fragmentos, eleva un grado más la sospecha de que se trata de una operación encubierta.*[173] *La única razón por la que alguien querría retener esa información es que pudiera poner de relieve las claras incoherencias de la versión oficial. ¿Cómo es posible que los ordenadores de mesa hayan perma-*

*necido intactos y las «indestructibles» cajas negras hayan queda-do reducidas a cenizas? El hecho de que este misterio no haya sido mencionado en los medios de comunicación sorprende tan poco como la ausencia de investigaciones abiertas sobre las transaccio-nes especulativas gestionadas por Alex Brown y otros bancos.*

04-01-2002
## ¿DÓNDE ESTABAN LOS BOMBEROS?

«Estamos bastante bien cuando la amenaza viene del exterior. Y no tan bien cuando viene del interior», declaró el 13 de sep-tiembre de 2001 el general Richard B. Myers ante el Senado en la vista de su nombramiento como miembro de la Junta de Jefes de Estado Mayor, el rango militar más alto de Estados Unidos.[174] El periodista Jahred Israel, que documenta los misterios del 11 de septiembre en su página web,[175] lo compara con un hipotético jefe de bomberos de Buffalo, cerca de la frontera canadiense, que comentara cuatro incendios simultáneos en cuatro escuelas:

> «Sabemos cómo reaccionar ante los pirómanos de Buffa-lo, pero lo que nadie esperaba es que se colara un tipo desde Canadá.» ¿Cómo iban a saber, al saltar las alarmas, que un pi-rómano canadiense había provocado los incendios? Y aunque lo supieran, ¿por qué no se limitaron a seguir el procedimien-to habitual? Ya saben: deslizarse por la barra, enfundarse las cazadoras, subirse al camión, poner la sirena. ¿Por qué ni si-quiera aparecieron para intentar extinguir los fuegos? Pues eso mismo sucedió el 11-S.[176]

Los «camiones de bomberos» que controlan la zona del es-pacio aéreo mejor resguardado de Estados Unidos, la zona de ex-clusión aérea sobre el distrito gubernamental de Washington, es-tán aparcados a sólo dieciséis kilómetros del Pentágono, es decir, prácticamente enfrente, en la Base Aérea Andrews: unas naves militares siempre «a punto y en disposición» de despegar en cual-quier momento para escoltar a aeronaves fuera de ruta, ejercer presión sobre pilotos erráticos que no se muestren dispuestos a cooperar y, en caso de necesidad, obligarlos a aterrizar, y proteger el avión presidencial, el *Air Force One*, que también despega desde la base aérea Andrews. Los profesionales dedicados a la vigilancia aérea tienen sus rutinas y regulaciones para esta clase de tareas «contra incendios». Sin embargo, tal como funcionaron las cosas el 11-S, hasta un piloto como Matthias Rust, que en una ocasión aterrizó en la Plaza Roja en un ultraligero, podría haber arrojado un montón de bombas sobre la Casa Blanca con toda tranquilidad, o haber aterrizado en misión de paz en los campos de enfrente sin que ninguna «unidad de bomberos» se movilizara en absoluto. Habría podido despegar de cualquier campo aéreo estadounidense y le habrían puesto tan pocas trabas como al vuelo 77 de American Airlines, al que le concedieron todo el tiempo del mundo para realizar una maniobra de acercamiento y asegurar el tiro contra el Pentágono.

¿Qué sucedería si un vuelo de pasajeros de una aerolínea extranjera procedente de Berlín, Moscú o Pekín de pronto cambiara de rumbo y se dirigiera hacia los edificios gubernamentales de Washington? ¿Es que los cazas se quedaron en tierra el 11-S sólo porque la amenaza procedía de un vuelo doméstico?

### Valientes interceptores

El domingo 16 de septiembre, el programa «*Meet the Press*» de la cadena NBC entrevistó al vicepresidente Richard Cheney. Durante la entrevista, Cheney dio a entender que el Ejército habría necesitado autorización presidencial para que los caza pudieran interceptar el vuelo 77 de American Airlines antes de que atacara el Pentágono.

El señor Cheney no fue muy claro al exponer esta mentira.

En cambio, hizo dos cosas. En primer lugar, evitó comentar el fracaso al intentar interceptar el vuelo 77 y se limitó a hablar de las decisiones que teóricamente adoptó el señor Bush después del ataque al Pentágono.

En segundo lugar, dio por hecho que hacía falta autorización presidencial para derribar un avión comercial, como si se tratara de un hecho consumado. Después, en base a esa afirmación falsa, desplegó un manto neblinoso de desinformación emocional para confundir a los millones de estadounidenses que querían saber: ¿por qué los cazas no lucharon para interceptar el vuelo 77 antes de que se estrellara contra el Pentágono? ¿Es que Estados Unidos ya no tiene radares ni Fuerzas Aéreas?

Cuando algún cargo oficial trata de encubrir un delito capital es común que acabe culpando a algún subordinado. Sin embargo, el señor Cheney utilizó un método distinto en «*Meet the Press*». Confiando en sus habilidades para el engaño público, Cheney intentó dar a entender que no se había incurrido en ningún error, que ante las espantosas alternativas que tenía, el valiente presidente había hecho lo que tenía que hacer.

http://emperors-clothes.com/indict/indict-2.htm

Al margen de la pregunta clave de quiénes fueron los auténticos cerebros de los atentados, probablemente el mayor misterio de este caso es la no comparecencia de «los bomberos», la cuestión de cómo es posible que se diera al vuelo 77 la oportunidad de sobrevolar y dar vueltas a sus anchas sobre el Pentágono durante más de media hora. La casualidad menos inverosímil de todas es que las cajas negras fueran completamente ilegibles después de un impacto que, desde el punto de vista técnico, era un impacto común como sería el de cualquier avión que se estrellara contra un edificio de cuatro plantas. En cambio, la aparente particularidad de que el pasaporte de uno de los supuestos secuestradores apareciera intacto a dos manzanas del World Trade Center, parece completamente natural: un pasaporte puede volar si sale despedido por efecto de una explosión, pero una caja negra «indestructible» no puede quemarse en las circunstancias completamente normales del ataque al Pentágono. Y en caso de que algo así sucediera —porque al fin y al cabo la Ley de Murphy afecta también a las cajas negras— cada aeronave, para mayor garantía, va equipada con dos dispositivos.

Sí, la «historia tapadera» que contó el vicepresidente Dick Cheney —donde eludió las preguntas sobre el fallo de la interceptación con excusas sobre un derribo, que es algo completamente distinto— se la tragó todo el mundo con gusto, pero la analogía del departamento de bomberos pone de manifiesto la estafa. La pregunta no es «por qué no se apagó el fuego», sino por qué no se acercaron los bomberos al lugar hasta que ya era demasiado tarde.

*El propio debate sobre el «misterio del Pentágono» que se abrió a partir de febrero de 2002 —la afirmación de que la destrucción causada en el Departamento de Defensa no pudo ser obra de un Boeing de pasajeros— continúa siendo irrelevante mientras no se responda a la pregunta crucial: cómo es posible que un avión se pase media hora realizando maniobras libremente en la zona de exclusión aérea más restringida de todo Estados Unidos.*

## 10-01-2002
## THE AMERICAN WAY OF WAR

Tras el asesinato en masa de tres mil personas en el World Trade Center nada ha vuelto a ser lo mismo, o al menos eso dicen. Porque hay algo que desde luego ha continuado, aunque todo el rebaño de los medios de comunicación se resista a contarlo: el asesinato en masa. El estudio de Marc Herold,[177] profesor de Económicas de la Universidad de New Hampshire, probablemente tendrá pocas opciones de llegar a la conciencia pública. Según sus cálculos, sólo entre el 7 de octubre y 10 de diciembre de 2001 los bombardeos estadounidenses sobre Afganistán habían asesinado a 3.767 civiles.

La famosa sentencia bíblica «ojo por ojo, diente por diente» no es, como suele creerse equivocadamente, una llamada a la venganza, sino bien al contrario, trata de recordar que conviene ser comedido en las represalias. Si la cruzada de Occidente estuviera impulsada de verdad por valores morales o cristianos, los bombardeos se habrían interrumpido a comienzos de diciembre. Sin embargo, en el Estados Unidos de Bush sólo los predicadores liantes de la televisión hablan en términos confusos sobre la caridad y los dictados bíblicos. Lo mismo que puede aplicarse a los ideólogos del «Cinturón Bíblico» sirve a los mulás y rabinos ultraortodoxos de Palestina y el mundo árabe: incitan a la gente a asesinar y les prometen apoyo divino en el proceso. ¿Quién va a ser tan miserable de ponerse a contar cuerpos cuando se está librando una batalla contra el mal de males? ¿Quién va a entretenerse en escrúpulos morales cuando se trata de detener el avance definitivo del Anticristo para evitar que la teocracia de Alá se extienda por todo el mundo? La crítica de Marx a la religión como «opio para el pueblo» necesita una puesta al día, pues, según parece a comienzos del tercer milenio, el fervor religioso resulta menos eficaz como tranquilizante o somnífero que como anfetamina ideológica: es acicate para la guerra, un fuerte estimulante del estrechamiento de miras. Es posible que semejante dopaje del subconsciente colectivo sea la única forma de explicar el encogimiento de hombros y la gélida indiferencia con la que los medios —los mismos que el 11-S asistieron estupefactos al asesinato despiadado de «siete mil inocentes»— borran y excluyen de su cobertura a los niños, las mujeres y los hombres asesinados en Afganistán. Con el tiempo, la cifra de víctimas de las Torres Gemelas ha quedado reducida a la mitad, mientras que la de Afganistán aumenta a diario, pero por lo visto eso no constituye un hecho digno de mención. Eso sí, cuando el fuego enemigo causó la muerte del primer soldado estadounidense, la noticia apareció en los titulares de todo el mundo. Un soldado sacrificado por cuatro mil civiles asesinados; una estadística formidable. A los diecinueve supuestos secuestradores, que el 11-S batieron récords de eficacia homicida, les arrebataron el primer puesto tan sólo unas semanas más tarde. Y el nuevo «American Way of War»[178] se encargará de asegurar que nadie tenga prisa o ponga demasiado empeño en desbancar a Estados Unidos del primer puesto.

¿Qué se puede esperar de un *sheriff* que, al intentar capturar a una banda de asesinos, deja la ciudad reducida a polvo y cenizas y, en lugar de buscar a los culpables, se dedica a matar a civiles, uno detrás de otro? ¿Con qué ojos será juzgado el representante de un pueblo aliado que sigue ofreciendo «solidaridad ilimitada» a ese *sheriff*? ¿Y cómo el cártel de prensa y medios de difusión que reivindica este disparatado comportamiento como un remedio necesario y una medida civilizadora, adoctrina con tenacidad a la población sobre el desprecio que merece la banda y la admiración que merece el heroico *sheriff*, mientras la culpabilidad de la primera no ha sido demostrada y el «heroísmo» del último convierte a las nuevas víctimas en cadáveres inocentes a diario? ¿Qué clase de *western* de pacotilla es éste? O, dicho con otras palabras: ¿qué clase de operación de psicología de masas es ésta, esta operación simplificada y apta para todos los públicos que podría titularse el «mayor lavado de cerebro de todos los tiempos»?[179]

A una audiencia estupefacta no le hace falta que le programen este método de lavado de cerebro automático: lo único que pide son explicaciones simples y comprensibles y, cuanto más compleja y desconcertante es la realidad, más simples pueden resultar las explicaciones, y mayor es la eficacia de una teoría de la conspiración ultrasimple. Un ejemplo esclarecedor es la teoría de la conspiración mundial alqaédico-binládica que, hasta hoy, continúa sin estar basada en ninguna prueba que pudiera presentarse ante un tribunal, y gracias a la cual Bush hijo goza ahora de unas cotas de popularidad desconocidas desde tiempos de Roosevelt. Esa teoría da carta blanca a Estados Unidos para hacerse con el control militar de los recursos petroleros del mundo sin que nadie se oponga. Los poderosos bastiones militares del golfo Pérsico se crearon con la «liberación de Kuwait», la «liberación de Afganistán» o la «destrucción del Al Qaeda», y ahora se está haciendo lo mismo con Uzbekistán y Afganistán.

Así que la obra no pasará por los escenarios sin pena ni gloria; al menos no pasará, si el Senado de Estados Unidos aprueba una resolución[180] con preguntas que irán volviéndose cada vez más acuciantes de no dárseles respuesta. Y como constituyen un buen resumen de las extraordinarias circunstancias expuestas en este diario, hemos elaborado con ellas la siguiente lista:

1. ¿Por qué se vendieron miles de opciones de compra de acciones de United Airlines días antes del 11-S?
2. ¿Se procesaron transacciones por valor de más de 100 millones de dólares en los ordenadores del World Trade Center?
3. ¿Cómo se explica que las cajas negras de los cuatro aviones siniestrados quedaran destruidas?
4. ¿Por qué no figuran en las facturas las llamadas de los teléfonos móviles realizadas por pasajeros secuestrados?
5. ¿Qué ha sido de las conversaciones de las torres de control aéreo el 11 de septiembre?
6. ¿Qué dijeron los testigos oculares que aseguran que el vuelo 93 (Pennsylvania) explotó antes de estrellarse y cómo se explican los restos hallados a más de once kilómetros del lugar del impacto?
7. ¿Cuál es el papel de Unocal en la construcción de un oleoducto a través de Afganistán y cuáles eran los planes llevados a cabo con ese fin antes de 2001?
8. ¿Y el papel del Carlyle Group en la coordinación de los objetivos de Unocal y los planes llevados a cabo con ese fin antes de 2001?
9. ¿Cuál fue el papel del control remoto en los siniestros del 11-S?
10. ¿Qué hay de la posibilidad de que George W. Bush poseyera datos sobre los ataques antes de que éstos se produjeran?
11. ¿Qué papel tuvo la Alianza del Norte en la floreciente producción de opio tras la intervención de Estados Unidos?

Como punto doce añadiría la cuestión relativa a la no comparecencia de «los bomberos» (véase «04-01-2002: ¿Dónde estaban los bomberos?»), y me comprometo a dejar mi trabajo como teórico de la conspiración a tiempo parcial si en unas semanas alguien da respuesta a estas preguntas en un PDF bien ordenado y rubricado con el sello del Gobierno. El punto número diez es el único que ofrece ciertas dudas, dado que los datos que tenía el títere Uve Doble Bush no eran muy atinados. Hace un año todavía creía que «los talibanes» eran un grupo de rock…

En el verano de 2000, un periodista preguntó al candidato a la presidencia de Estados Unidos qué opinión le merecían los talibanes. George W. Bush se encogió de hombros, con gesto de despiste. El periodista tuvo que darle un empujoncito para ayudarle («La discriminación contra las mujeres en Afganistán», le dijo), y entonces Bush cayó del guindo: «¡Ah, los talibanes de Afganistán! Claro. Represalias. Pensé que me estaba preguntando por un grupo de rock.»

Citado en: CHOSSUDOVSKY, MICHEL: *Globalización de la pobreza y nuevo orden mundial*

*Ninguna de estas preguntas, planteadas el 10 de enero de 2002, ha obtenido nada parecido a una respuesta. Continúa sin darse ninguna a las especulaciones financieras, los datos de las cajas negras o las comunicaciones radiofónicas. El misterio de las supuestas conversaciones telefónicas por móvil se ha vuelto más turbio todavía, al menos en lo que a Barbara Olson se refiere: supuestamente ella llamó desde un teléfono del avión, algo que, no obstante, tal como Joe Vialls demuestra —véase la nota al comentario del 16 de septiembre—, es bastante improbable. Al provenir de testigos oculares de primera mano, las llamadas telefónicas realizadas desde los aviones secuestrados deberían desempeñar un papel central: ¿quién llamó a quién, cuándo y qué le contó? Junto con las cintas de las comunicaciones por radio, todo esto permitiría reconstruir los secuestros con bastante precisión. Sin embargo, las llamadas telefónicas se emplearon únicamente para ilustrar el drama emocional de los secuestros y el heroico intento de los pasajeros de Pennsylvania de abatir a los secuestradores. Pero, por encima de todo eso, el misterio número uno continúa sin esclarecerse: el misterio de los supuestos cúteres.*

*A mediados de enero, el presidente Bush solicitó al Congreso que no emprendieran ninguna investigación a fondo en torno a las circunstancias del 11-S, ya que ésta podría «poner en peligro la seguridad nacional».*

18-01-2002
ENRONGATE

La trágica historia de John O'Neill —el mejor cazaterroristas de Estados Unidos, que dimitió de su cargo por frustración frente a las trabas que le pusieron en las investigaciones sobre Bin Laden y que perdió finalmente la vida en el World Trade Center— ha revolucionado el panorama en Estados Unidos. La propia CNN se sintió obligada a tratar este caso y el libro de Jean-Charles Brisard y Guillaume Dasquié, que ya mencionamos, lo sacó a la luz.

Richard Butler —antiguo inspector de armas de Naciones Unidas, actualmente en nómina del Consejo de Relaciones Exteriores de Rockefeller— fue el experto en la materia a quien consultó la CNN. (Scott Ritter lo ha retratado como un socio de carné del partido de la guerra que manipuló el proceso de inspecciones con la intención de convertirlo en un pretexto para iniciar la segunda guerra contra Irak). Butler no tuvo que hacer ningún esfuerzo en particular para desacreditar o criticar las hipótesis del libro, lo cual resulta más sorprendente aún si tenemos en cuenta que Brisard y Dasquié, entre otros, mencionan la versión de John O'Neill según la cual se evitó capturar a Bin Laden para no poner en peligro los intereses petroleros de Estados Unidos: después de los atentados perpetrados contra las Torres Khobar de Estados Unidos y el buque de guerra USS *Cole*, ni a O'Neill ni a su equipo del FBI se les permitió que persiguieran a los culpables en Arabia Saudí y Yemen. Y durante las negociaciones del oleoducto, la razón por la que los representantes de Estados Unidos rechazaron la oferta de los talibanes de entregarles a Bin Laden fue que los afganos exigían a cambio una parte más grande de los beneficios del oleoducto. Butler lo comenta de manera bastante lacónica en la entrevista de la CNN:

Y así se consigue petróleo, cosa que es fundamental. No perdamos de vista lo fundamental. La población de Estados Unidos de América representa el 5 % de la población del mundo. Sin embargo, nosotros solos consumimos el 40 % del petróleo del mundo. De manera que el asunto del petróleo es un asunto crucial y, como decíamos ayer, en Asia central hay mucho petróleo. Y para llevar todo ese petróleo hasta el mar, lo mejor sería construir un oleoducto que atravesara Afganistán. Ése es el lío, Paula, y no crea que nos están contando toda la verdad. Han llegado a negar y a desmentir que se hubieran celebrado reuniones que sin duda alguna tuvieron lugar. Lo más interèsante que nos han contado hoy esos autores franceses es que han visto archivos. No les entendíamos muy bien por el acento que tenían, pero yo sé lo que eso significa. Significa registros de las conversaciones diplomáticas que se mantuvieron.[181]

Pero incluso sin echar un vistazo a los informes diplomáticos, está cada vez más claro que la agenda de la llamada «guerra contra el terrorismo» en Afganistán se reduce al fin y al cabo a ocho letras: petróleo. El que fue nombrado jefe del Gobierno interino afgano en la montaña de Petersberg de Bonn, Hamid Karzai, desempeñó el papel de portavoz de la empresa petrolera estadounidense Unocal en las conversaciones con los talibanes sobre el oleoducto;[182] y el nuevo Comisionado Especial de Naciones Unidas en Afganistán, Zalmay Khalilzad,[183] que llegó a Kabul en enero, estuvo durante años en la nómina de Houston del mismo gigante multinacional del petróleo. Khalilzad, un ciudadano estadounidense nacido en Kabul, trabajó bajo las órdenes de Bush padre como subsecretario de Estado en el Ministerio de Defensa y, como hombre de Unocal, desempeñó un papel importante a partir de mediados de los noventa en las negociaciones sobre el oleoducto. Ya en 1997, cuando las ofensas del régimen contra los derechos humanos eran manifiestas, escribió en el *Washington Post* en un tono en total sintonía con su jefe: «Los talibanes no practican el fundamentalismo antiestadounidense que practica Irán. Deberíamos mostrarnos dispuestos a ofrecer reconocimiento y ayuda humanitaria, y a promocionar la reconstrucción económica internacional […] Ha llegado el momento de que Estados Unidos vuelva a la carga.»[184] Ahora, en su primera conferencia en Kabul, Khalizad ha descrito a los talibanes como promotores del terrorismo internacional y ha anunciado que Estados Unidos emprendería una campaña hasta lograr neutralizarlos a ellos y a sus aliados de la Al Qaeda de Bin Laden. ¡Okey!, así fue entonces, y así es ahora… Sin duda lo último que uno necesita cuando tiene entre manos un proyecto de construcción de miles de millones de dólares es una banda de terroristas suicidas o potenciales saboteadores. Pero si uno se detiene a mirar quién es quién entre los altos cargos del Gobierno y la embajada de Estados Unidos, tendría que estar ciego para no darse cuenta de que todo gira principalmente en torno a las obras de construcción y contratos de las empresas que participan y que, por tanto, no se trata ni mucho menos de liberar al mundo de los terroristas.

Y por si todas estas indicaciones no bastaran para ilustrar la agenda empapada de petróleo de la guerra de Afganistán, las bien lubricadas conexiones entre la política *bushista* y el negocio del petróleo en el frente nacional ya no podrán seguir ocultándose mucho tiempo: «Enrongate», el escándalo provocado por la mayor quiebra de la historia de Estados Unidos,[185] conduce directamente al conspirativo lodazal de nepotismo, corrupción y tradición que Bush hijo parece haber logrado esquivar tras su dudosa victoria electoral gracias a la «guerra contra el terrorismo», y evoca su pasado empresarial como director de la empresa de extracción de petróleo Harken Energy a comienzos de los años noventa. Igual que con Enron, donde los directivos se apresuraron a pasar por caja antes de la quiebra, George W. Bush vendió también sus acciones por poco menos de un millón de dólares sólo unas semanas antes de que Harken se fuera a pique «inesperadamente» a comienzos de la guerra del Golfo.[186] Igual que Enron constituía una fuente principal de financiación de la campaña de Bush hijo, entre los inversores de Harken se contaban los financiadores más importantes de Bush padre. Y del mismo modo que desaparecieron los documentos relativos a las transacciones fraudulentas en Enron, las investigaciones sobre los abusos de información de Harken fueron enterradas por Bush padre. Bush hijo acaba de cargarse de un plumazo la «Ley de la Libertad de Información»[187] para evitar que salgan a la luz los documentos de la legislatura de su padre. Los equipos de la auditoría y el síndico que están investigando ahora el fraude de Enron[188] están repletos de hombres de Bush más predispuestos a la ofuscación que a la iluminación.

Tom Flocco y Michael Ruppert estudiaron otros paralelismos de esta índole en la tercera parte de su serie «Profits of Death».[189] Para ellos, el caso Harken es «la madre de todos los Enron». Dos bancos que en su día estuvieron implicados, como son el Faysal Islamic Bank de Bahrein y la Finance House de Kuwait, figuran ahora en la lista de instituciones sospechosas de financiar el terrorismo, aunque sólo en las listas de los investigadores europeos. Sea como sea, la cuestión es que no les ha afectado la congelación de activos de George W. Bush. Estos dos bancos sospechosos tienen sus cuentas corresponsales precisamente con el mismo gran banco al que se le ha encontrado un desagradable punto común con su filial estadounidense Alex Brown en cuanto a la especulación del 11-S: el Deutsche Bank.

Si hasta la CNN se ha decidido a informar sobre las circunstancias en que se produjo la dimisión del mayor investigador de Bin Laden, John O'Neill, ¿no es hora también de que la radiotelevisión pública alemana investigue de una vez por todas al Deutsche Bank?

*Si uno compara el gigantesco esfuerzo realizado para investigar el escándalo Whitewater y la aventura de Bill Clinton con una becaria, que supuso setenta millones de dólares en costes, con el mimo y la delicadeza en el trato de un escándalo de envergadura mucho mayor como es el de Enron, puede apreciarse un llamativo «doble rasero» en la atención de los medios. Es evidente que el actual presidente goza de total impunidad gracias a la «guerra contra el terrorismo».*

*No es cierto que se «cargaran de un plumazo» la «Ley de Libertad de Información», como se dice en el artículo, pero el De-*

*partamento de Justicia está dando órdenes a todas las autoridades de que a partir de ahora retengan todos los documentos que estimen oportuno alegando razones de seguridad nacional.*[190]

*La cadena de televisión CNN está tomándose libertades similares. La cita de Richard Butler a la que hemos aludido anteriormente desapareció de la noche a la mañana de la transcripción de la cadena estadounidense. Sin embargo, este texto se publicó completo el 1 de octubre de 2001, en torno a las 9.00 de la mañana de la costa Este estadounidense. Por desgracia, yo extraje la cita del documento online y no lo imprimí hasta dos horas más tarde. En ese lapso, la CNN debió de «actualizar» la noticia, porque el documento impreso contiene ya la versión publicada ahora. Dado que la cita no cambia el resultado, y tampoco logré encontrar el original en Google, no continué investigando, pero todo esto demuestra la ligereza con la que se maquillan las declaraciones sinceras de quienes poseen información de primera mano, y lo volátil que llega a ser la libertad de prensa.*

## 02-02-2002
## DEL TERRITORIO DE AL CAPONE A OLEODUCTISTÁN

*Inter arma silent leges*: «en tiempos de guerra se silencian las leyes». La famosa sentencia de Cicerón de los tiempos de apogeo del Imperio romano tiene hoy en día pleno vigor para el actual Imperio de Estados Unidos. Cuando vemos imágenes por televisión de los prisioneros de guerra de Guantánamo (delante precisamente de las narices de Fidel Castro, que figura desde años en la lista negra de la CIA), hacinados en jaulas en unas condiciones a las que no se sometería ni a los pollos en las zonas donde reina la corrección política, uno duda de que realmente la civilización haya evolucionado algo en los últimos dos milenios.

Es cierto que, a diferencia de lo que ocurría en la Roma y la Grecia antiguas, se ha abolido la esclavitud por ley. En realidad, sin embargo, el Occidente «civilizado» envió subrepticiamente a sus bestias de carga humanas, privadas de derechos, a los campos de explotación del Tercer Mundo. Es posible que, de acuerdo con todas las constituciones democráticas del mundo, los pueblos sean soberanos y la corrupción sea ilegal. En realidad Enron demuestra que, a la postre, quien ostenta la influencia política tiene el poder de redactar las leyes (las leyes sobre energía, por ejemplo) y comprar a la mayoría de los políticos. Es cierto que, en nombre de la humanidad y los derechos humanos, la guerra y la violencia son en teoría un último recurso. Sin embargo, lo cierto es que son la continuación habitual de los negocios de corrupción realizados por la fuerza. No hay ningún negocio como el negocio de la guerra.[191]

*Inter arma silent media*: «en tiempos de guerra se silencian los medios». Los medios no desempeñaban un papel destacado en la época de los emperadores romanos, pero si lo hubieran desempeñado, seguramente habría significado el silencio de Cicerón. Esta ley no escrita sería muy cierta en el caso del césar George W. Bush de no ser por la pequeña aldea virtual que, como el reducto de Astérix en la Galia, resiste con todas sus fuerzas ante los romanos y el ruidoso silencio de los medios, y comparte noche y día las noticias ocultas en el mercado de Internet.

Tomemos como ejemplo a Sherman Skolnick, que,[192] como en su momento Ironside —el criminalista en silla de ruedas de la televisión—, lleva décadas tras la pista de jueces y políticos. En la cuarta parte de la serie «Enron-Black Magic»[193] («Enron: magia negra») se invita al espectador a viajar hasta uno de los motores del imperio estadounidense donde se conoce muy bien la verdad de la sentencia de Cicerón: a Cícero, Chicago. Ésa es la parte de la ciudad que en su día fue conocida como el territorio de Al Capone, donde el servicio secreto estadounidense ideó en 1944 la invasión de Italia con la élite de la mafia y sentó las bases para las denominadas «rutas de las ratas» entre la CIA, la mafia y el Vaticano.[194] También residió allí en la década de los setenta Paul Marcinkus *el Gorila*, quien, como posterior director del Banco Vaticano, es uno de los criminales más interesantes que jamás hayan habitado la Santa Sede. Skolnick se hallaba ya tras la pista de la coalición entre el servicio secreto y la mafia en tiempos de Marcinkus cuando desaparecieron millones de dólares del

First National Bank de Cícero (para fines como la financiación del terrorismo, entre otros), y los jueces se negaron a investigar el caso alegando razones de «seguridad nacional».[195] Y en 1992 mostraron una pasividad similar cuando el cardenal Marcinkus eludió una orden de arresto europea y se refugió en su país natal, donde, ya en su chochez, pudo dedicarse a la vida contemplativa. Un alto cargo de la junta supervisora de la quiebra de Chicago, que debía prestar declaración como testigo sobre los fraudes y los libros manipulados del First National Bank, fue encontrado muerto de un disparo antes de las navidades de 1991. Arthur Andersen,[196] con sede en Chicago, se encargaba de las auditorías en la filial bancaria de Rockefeller, que cambiaba de nombre con frecuencia y cuyo álter ego era la blanqueadora de dinero BCCI; los mismos auditores que en el actual caso Enron ocultaron durante años las pérdidas y destruyeron los archivos. Por supuesto, podría ser una mera casualidad que el último hombre que sabía demasiado y que murió en extrañas circunstancias[197] fuera el ex vicepresidente de Enron, Clifford Baxter;[198] sin embargo, con el paso del tiempo va quedando claro que, en el fondo, Enron significa para los mafiosos de Estados Unidos lo mismo que Gazprom para la mafia rusa.[199] Para los estadounidenses, por supuesto, los fondos secretos no sirven para explotar sólo las reservas nacionales, sino todas las reservas de petróleo del mundo: a finales de la década de los setenta, Enron compró a un gobernador para «desregular» el suministro energético de Texas y, a finales de los años noventa, a un presidente para que llevara a cabo una desregulación similar, por medios más radicales, si era necesario, en Oleoductistán.[200] Como los medios no pueden acallar por completo la quiebra del gigante de Enron, antes o después deberían arrojar algo de luz sobre las circunstancias que rodean al 11-S y al gigantesco endeudamiento económico que está a punto de azotar al recién instalado presidente, que hasta ahora había conseguido escabullirse gracias a la guerra.

Entretanto, en los extensos campos de Internet han vuelto a aflorar noticias sobre Delmart E. Vreeland, el agente del servicio secreto de la Marina al que ya hemos mencionado (véase «04-11-2001: ¡Osama conoce a la CIA!») como una persona que tal vez sabía que iban a producirse los atentados contra el World Trade Center y/o acaso como un aspirante a James Bond. Recientemente se ha publicado una de las crípticas notas[201] que entregó a los funcionarios de la prisión a comienzos de agosto como parte de la causa contra Vreeland. En concreto, se trata de la nota encabezada por la siguiente lista de preguntas: «¿Torres Sears de Chicago? ¿World Trade Center? ¿Casa Blanca? ¿El Pentágono?»[202]

Durante el juicio se dio a conocer un hecho que parecía nuevamente sacado de una novela detectivesca: Vreeland había sido y sin duda continuaba siendo un agente encubierto de los servicios secretos y no fue expulsado en 1986, como afirmaba la Marina de Estados Unidos. Para verificar la identidad de su cliente, el abogado realizó una llamada telefónica en directo desde la sala del tribunal: marcó el número del Pentágono, conectó con el «Departamento de Defensa» y preguntó por el despacho del teniente Delmart Vreeland. Al cabo de unos segundos, la operadora confirmó el nombre de Vreeland, el número de despacho y la extensión directa. La fiscalía trató de invalidar esa asombrosa prueba alegando que obviamente el acusado (encarcelado durante meses) había encontrado la manera de piratear el directorio telefónico del Pentágono desde un ordenador...

De modo que el caso Vreeland continuará revelándose como el de un posible candidato para la fuga inevitable de toda conspiración. Sus abogados están convencidos de que pueden detener, cuando no anular por completo, la solicitud de extradición de Estados Unidos (algo bastante atípico para un caso de supuesto fraude con tarjetas de crédito) en años venideros. Si Vreeland permanece en prisión toda su vida —nunca se sabe— y se publican más datos acerca de lo que sabía sobre el atentado antes de producirse, la información sería muy valiosa para descubrir la verdad sobre el incidente de las Torres Gemelas. Como Canadá no está guerra, las leyes y los medios no se han silenciado tanto...

*Si Oliver Stone rodara una película sobre la conspiración del 11-S, el taimado agente encubierto Vreeland sería —junto a John O'Neill, el perseguidor de Bin Laden que tuvo una trágica muerte en el World Trade Center— un personaje de lo más interesan-*

*te. Vreeland fue excarcelado unas semanas más tarde y en la actualidad lucha contra la orden de extradición de Estados Unidos.*

11-02-2002
## LA VERDAD PROHIBIDA

El libro que citamos en relación con la trágica muerte del perseguidor de Bin Laden, John O'Neill, *La vérité interdite*[203] («La verdad prohibida») de los autores franceses Charles Brisard y Guillaume Dasquié se ha publicado ahora en alemán. En Suiza, uno de los hermanos de Osama bin Laden, Yeslam bin Laden, que vive allí y ha obtenido la residencia, ha interpuesto una demanda para intentar impedir que continúe distribuyéndose.

«Todas las respuestas, todas las claves para desmantelar la organización de Osama bin Laden se encuentran en Arabia Saudí», afirmó el jefe de antiterrorismo del FBI O'Neill en la entrevista que concedió a los autores franceses en julio de 2001. En esa misma entrevista, además, citó la razón por la que abandonaba el cargo de investigador del FBI y «cazaterroristas»: «Los principales obstáculos para investigar el terrorismo islámico eran los intereses de las empresas petroleras de Estados Unidos y el papel que desempeña Arabia Saudí.» En la primera parte del libro, los dos expertos en inteligencia y finanzas recurren a documentos de los servicios secretos, declaraciones de testigos y fuentes diplomáticas para contar cómo dichos intereses llevaron a la instalación de un régimen favorable a la construcción del oleoducto en Afganistán y a una serie de negociaciones secretas con los talibanes sobre dicho oleoducto, que se prolongaron hasta agosto de 2001. Se explica con especial claridad cómo las conversaciones multilaterales con el Gobierno afgano, dirigidas por Naciones Unidas, avanzaron de manera satisfactoria hasta finales de 2000 y, a partir de ahí, cuando Bush hijo entró en la Casa Blanca, comenzaron a torcerse. A finales de 2000, el viceministro de Exteriores de los talibanes pronunció un discurso en Washington prometiendo concesiones en materia de derechos humanos y en el problema de Bin Laden, lo cual se interpretó en términos generales como un acercamiento en las relaciones. Parecía que tenían a su alcance la deseada estabilización del país. Sin embargo, el tono y las normas del juego cambiaron cuando Bush llegó al poder. Aparte de las conversaciones multilaterales «6+2» (los países vecinos de Afganistán más Estados Unidos y Rusia), Washington retomó las discusiones bilaterales directas con los talibanes. «Según parece, para no perder práctica», apuntan con ironía Brisard y Dasquié. Luego, unos meses más tarde, en una última reunión celebrada en Berlín en julio de 2001, el representante de Estados Unidos amenazó a los talibanes con emprender acciones militares.

En la segunda parte del libro, los autores dibujan un trasfondo de importancia capital no sólo para explicar lo que ocurrió el 11-S, sino también para frenar el terrorismo en el futuro: las redes saudíes del fundamentalismo islámico. Al margen del imperio multimillonario de la familia real y sus cuatro mil príncipes, las fuentes financieras de ese «reino de peligros» se alimentan mediante la red financiera y de inversiones de dos familias: los Bin Laden y los Bin Mahfouz, cada una en posesión de miles de millones de dólares. El jefe del clan Khalid bin Mahfouz (nacido en 1928) no sólo está emparentado con Osama bin Laden —una de sus hijas está casada con él—, sino que, además, mantiene con él una relación comercial a través de las diversas empresas con sede en Inglaterra, Sudán y Arabia Saudí. Asimismo, incluso tras el cierre del BCCI, Mahfouz es, como rey de las finanzas, la figura central del entramado de cooperación —existente ahora y antes— que en su día fundó el banco con el objetivo de crear un contrapeso islámico al banco de inversión de Wall Street (igual que los estafadores de Enron querían establecer un contrapeso tejano a los malabaristas de las finanzas de la costa Este). Khalid bin Mahfouz tiene su lujosa segunda residencia, desde 1981, en Houston (Texas), y desde hacía mucho, antes aún de comenzar a hacer negocios con Osama, la familia Bush se contaba ya entre sus clientes bancarios. Asimismo, Bin Mahfouz gestionaba las cuentas privadas del general Noriega, uno de los mejores amigos canallas de Bush padre.

El grupo saudí Bin Laden Group —*holding* familiar del que

Osama fue oficialmente desheredado— está vinculado al imperio de Mahfouz mediante un gran número de negocios e intereses empresariales, entre los que se incluye la llamada Saudi Investment Company (SICO) con sede en Ginebra y dirigida por Yeslam, el mismo hermano de Osama que presentó una denuncia para detener la distribución de *La vérité interdite*. El libro continúa estando disponible en alemán y, según la editorial, pronto enviarán nuevas remesas a Suiza. Los autores documentan con exactitud todas las fuentes del libro y se abstienen de hacer conjeturas. Desde el punto de vista jurídico, los autores han querido ser tan impecables que la precisión en los listados de nombres, direcciones, intereses y sociedades cruzadas puede llegar a confundir al lector. Sin embargo, estas conexiones podrían ser de gran interés para investigadores y criminólogos, si algún día tuvieran la oportunidad de hacer lo que no le dejaron hacer a John O'Neill: echar un buen rapapolvo a la monarquía petrolera del golfo y a sus jeques fundamentalistas.

Grupos terroristas convencionales como la Fracción del Ejército Rojo alemana en la década de los setenta, que tenía que recaudar fondos robando bancos, parecen casi Robin Hood comparados con esta gigantesca red financiera alimentada por el petróleo. Los clanes como el clan Bin Mahfouz o el Bin Laden se encuentran entre las familias más ricas del mundo. En un capítulo, Brisard y Dasquié despachan de un plumazo ese cuento de hadas de que Osama era un rebelde descarriado, la oveja negra de la familia y el hijo perdido de dos dinastías. El hecho de que esa etiqueta de «rebelde» no encaja con Osama bin Laden lo demuestra la fecha en que se dio la primera orden de arresto internacional contra él, un terrorista supuestamente activo desde comienzos de los años noventa, que no se emitió hasta 1998. Y no la emitieron Washington, Londres ni Berlín, sino Trípoli. Los oficiales de Gadafi acusaban, entre otros, a Bin Laden y a los colaboradores de Al Muqatila, un grupo radical suní, del asesinato en 1994 de dos empleados de la Oficina Federal de Protección de la Constitución alemana, Silvan Becker y su esposa.

El trasfondo de esta historia revela que Occidente está complicado con su presunto enemigo: British Petroleum no sólo fue expulsado de los yacimientos de petróleo por la revolución libia, sino que, además, el coronel Gadafi tomó partido por un islam liberal y progresista; eso condujo a una coalición de intereses entre los fundamentalistas islámicos y la inteligencia británica, que planearon el asesinato de Gadafi en 1996 con la ayuda de combatientes de Al Muqatila, según informan Brisard y Dasquié. Desde los años ochenta, cuando Bin Laden lideraba el contingente saudí de guerreros santos contra los soviéticos en Afganistán, Occidente ha colaborado de manera estrecha con Osama y lo ha utilizado, si bien no como agente directo, sí como instrumento para la consecución violenta de sus objetivos en materia de política exterior.

Brisard y Dasquié consideran un error etiquetar a Bin Laden como una «criatura de la CIA»:

El apoyo que Estados Unidos ha prestado a Bin Laden fue, en gran medida, una consecuencia involuntaria de sus propias ambiciones en la región. El apoyo de Arabia Saudí, por el contrario, constituía una política calculada, clara y sin ambigüedades, destinada al fortalecimiento mundial del islam. A la luz de esas revelaciones, Osama bin Laden parece ser, ante todo, producto del wahabismo y un instrumento del reino saudí.[204]

Y mientras ese apoyo del terrorismo por parte del reino no pueda tocarse sin perjudicar el suministro petrolero de Estados Unidos, y el historial de décadas de relaciones comerciales entre la Administración —impregnada en crudo— Bush y la dictadura saudí continúe siendo tabú, será más que difícil vencer en la guerra contra el terrorismo islámico. Al menos ahora, con la publicación el libro de Brisard y Dasquié, que ya es el *best seller* número uno en ventas en Francia, se ha roto el tabú. En cuanto a la versión alemana, según el editor, sólo en las dos primeras semanas se vendieron más de veinte mil ejemplares. En Estados Unidos, curiosamente, todavía no se ha encontrado editorial, pero a juzgar por la expectación que ha despertado en Europa, no tardará en aparecer la primera interesada. Queda aún por ver si los argumentos convencen no sólo a los lectores, sino a quienes toman las decisiones en la comunidad internacional. Hace ya mucho tiempo que urge instar a Estados Unidos a que desmantele no sólo los refugios de terroristas que casualmente se encuentran en los enclaves más estratégicos del ajedrez geopolítico, sino también aquellos que proporcionan apoyo material e ideológico al brazo más peligroso del terrorismo.

*Lo que demuestra el informe bien documentado de los dos autores franceses es que el pozo del que se nutre el terrorismo de Al Qaeda sólo puede desecarse en Arabia Saudí, tal como intentó hacer John O'Neill, aunque se lo impidieron. Los avances en ese sentido han sido nulos. Tras expulsar del poder a los talibanes, el régimen islámico más retrógrado del mundo es la monarquía saudí —hasta el fundamentalismo de Irán es un poco más democrático—, aunque continúa gozando de grandes apoyos, gracias a la protección de Estados Unidos. Las profundas y antiguas relaciones comerciales de la familia Bush y la industria petrolífera estadounidense con la región garantizan la pertenencia vitalicia al «eje del bien» del antidemocrático Estado canalla de Arabia Saudí y las demás dinastías petrolíferas feudalistas de los alrededores.*

*No obstante, yo dudo bastante de que Estados Unidos haya transformado a Osama bin Laden, de manera accidental, en el disidente que es hoy —como sostienen Brisard y Dasquié— y de que en el fondo sea un instrumento de Arabia Saudí.*

*En Suiza, Yeslam bin Laden no se ha dado por vencido. Ha conseguido que se prohíba la distribución de la versión alemana del libro de Brisard y Dasquié a través de los juzgados. La editorial Pendo ha recurrido el caso ante el Tribunal Federal.*

18-02-2002
LEYENDAS PROPAGANDÍSTICAS CONTADAS DESDE EL BÚNKER DEL FÜHRER

Veinticinco años atrás, Bob Woodward se convirtió en un héroe del periodismo de investigación al destapar el escándalo Watergate en el *Washington Post*, pero el relato que ha ofrecido sobre el 11-S revela que el héroe de ayer se ha entregado al aplauso, siempre complaciente, de la prensa palaciega.

La suspicacia que despertaron en mí las explicaciones oficiales del 11-S no era tanto fruto de un ataque de clarividencia intelectual como de un sentimiento subjetivo de incomodidad que me invadió desde el primer instante. Había algo que no encajaba, aunque no sabía muy bien qué. La perspectiva de los acontecimientos desde el punto de vista de la teoría de la conspiración nació más de esta necesidad que de la intención de demostrar algún tipo de conspiración. Eran más bien palos de ciego para encontrar a tientas el camino en la niebla, que un intento planificado y deliberado de arrojar luz sobre este asunto. Así que ni era mi deseo ni entraba en mis planes que este comentario se extendiera hasta constituir una historia casi interminable, pero hay una razón muy sencilla para que ocurriera de este modo: las incoherencias de la versión oficial crecían con el paso del tiempo, y la perspectiva de la teoría de la conspiración, que en teoría era una «chaladura», resultó ser más realista y cercana a la «verdad» que la perspectiva «sobria» y supuestamente objetiva de los medios mayoritarios.

Con el tiempo he llegado a la conclusión de que los verdaderos teóricos de la conspiración del 11-S no surgieron de *telepolis* ni de páginas de Internet, sino de la CNN, la agencia AP, canales de televisión como ARD, ZDF, RTL o publicaciones como *Spiegel*, *FAZ* o *Bild*, entre otros. Hasta el día de hoy, la explicación que nos han ofrecido sobre los atentados contra las Torres Gemelas y el Pentágono no ha sido sino la de una conspiración mundial alqaédico-binládica de la que, cinco meses después de los atentados, no existe prueba ninguna que pudiera presentarse ante un tribunal. En medio de todo esto, el «enemigo público número uno» del mundo ha desaparecido de las noticias sin hacer el menor ruido y ahora ya no importa si está «vivo o muerto». El cabeza de turco que ha sido condenado estando ausente ha desempeñado su función de hombre del saco del Mal. Al Qaeda, la «red mundial» formada por peligrosos kamikazes y «células durmientes» —¿A qué se dedican en realidad? ¿A quién están esperando? ¿Por qué no se despiertan? ¿Es que no tienen despertador?—, la lista de invitados con treinta mil nombres de la casa de huéspedes de Bin Laden en Peshawar, está convirtiéndose en un asunto cada vez más insignificante y va dejando paso a una amenaza «terrorista» completamente abstracta y al concepto del llamado «eje del mal».

Supongo que al día siguiente, el 12 de septiembre, cuando intenté imaginar lo «inimaginable» como una «catástrofe coreografiada», formé parte de una minoría radical. Con el tiempo, sin embargo, las cosas han cambiado bastante y las acciones de Estados Unidos lo están poniendo de manifiesto: no se trata de resolver el caso y atrapar a los culpables, sino de realizar una serie de movimientos militares en el tablero geopolítico. Las preguntas clave sobre el 11 de septiembre han quedado enterradas por el silencio, sepultadas bajo los tambores de guerra, las armas, las estrellas y las barras.

La tremenda impavidez del presidente cuando su asistente le comunicó al oído lo sucedido en la escuela ha quedado finalmente explicada: Bush estaba ya al corriente de los sucesos de Nueva York antes de su visita a la escuela. Pero evidentemente no era un asunto urgente. Y tampoco era un asunto urgente para el cargo militar más alto del país, el general Richard Myers, que se encontraba desayunando con un senador en Washington. La pareja continuó charlando mientras se producía el ataque contra las dos Torres Gemelas y un avión secuestrado se dirigía al Pentágono. La única razón posible para no informar al presidente de la Junta de Jefes del Estado Mayor, el mando más alto del Ejército de Estados Unidos, es que no estimara necesario intervenir con urgencia.[205] La única persona que parecía tener prisa esa mañana, al enterarse por teléfono de lo que estaba sucediendo, fue el secretario de Estado Colin Powell. Éste canceló el desayuno que había planificado con Alejandro Toledo, el nuevo presidente de Perú, y tomó un vuelo de regreso a Estados Unidos. Y mientras tanto, el vicepresidente Dick Cheney era conducido por agentes de los servicios secretos al búnker de la Casa Blanca.

En el seguimiento informativo que ha realizado desde dentro Bob Woodward, corifeo del Watergate en el *Washington Post*, el periodista resume las actividades de los altos cargos del Gobierno entre los días 11 y 20 de septiembre, basándose en entre-vistas directas y notas de los participantes. Cheney recibió una llamada telefónica en el búnker del presidente Bush, que estaba en el *Air Force One*: «Vamos a averiguar quién ha hecho esto y se va a enterar.» Aparte de alguna que otra joya rescatada como éesta, lo cierto es que el extenso reportaje de Woodward no con-tribuye demasiado a la resolución del caso. Es más, casi se podría decir que da la impresión de que, de la misma manera que la in-formación cayó en sus manos cuando era un periodista joven y destapó la «unidad de fontaneros» de Nixon, hoy en día, co-mo periodista estrella, recibe la información directamente de los círculos de inteligencia, contribuyendo así a la ofuscación y la creación de leyendas en torno al gabinete de guerra de Bush.

Una de las preguntas que claman al cielo sobre el drama del 11-S —¿Por qué la defensa aérea permitió que el avión del Pen-tágono pasara casi una hora dando vueltas alrededor del objeti-vo sin que nadie lo detuviera, después de que dos aviones secues-trados se hubieran estrellado contra las Torres Gemelas?— se aborda en el meticuloso informe de Woodward de la siguiente manera:

En el búnker de la Casa Blanca, un furriel se acercó al vi-cepresidente.

—Hay un avión a ciento treinta kilómetros de aquí —anun-ció—. Tenemos un avión de combate en la zona. ¿Cree que de-bemos intervenir?

—Sí —respondió Cheney sin dudar.

Alrededor del vicepresidente nos encontrábamos (Con-dolezza) Rice, el jefe de personal de la Casa Blanca, Joshua Bolten, y yo. Lewis *Scooter* Libby, el jefe de personal de Che-ney, se puso tenso cuando el furriel repitió la pregunta, en esa ocasión con mayor urgencia. El avión se hallaba ya a cien ki-lómetros.

—¿Debemos intervenir? —preguntó a Cheney.

—Sí —volvió a responder.

Cuando el avión se aproximó más aún, el furriel repitió la pregunta.

—¿La orden sigue en vigor?

—Por supuesto que sí —espetó Cheney.

El vicepresidente declaró tiempo más tarde que la decisión resultó «dolorosa, pero no cabía duda de que era lo que había que hacer, así que no le di muchas vueltas».

Era «sin lugar a dudas, una acción significativa», afirmó Cheney en una entrevista. «Estás pidiéndoles a pilotos estadounidenses que disparen contra un avión comercial lleno de civiles. Por otro lado, estaba viendo con mis propios ojos lo que había ocurrido en el World Trade Center, y tenía plena conciencia de que, una vez secuestrado, el avión era un arma.»[206]

Ahí está. Sorprendentemente tampoco cundió el pánico en el búnker. El avión secuestrado se aproxima a Washington, el furriel pregunta una, dos y hasta tres veces, recibe una respuesta clara en todas las ocasiones, pero no sucede nada. En lugar de resolver esta kafkiana situación y abordar el tema de la no aparición de los bomberos (véase «04-01-2002: ¿Dónde estaban los bomberos?»), Woodward permite a Cheney que recapitule su drama interno, como en una mala película de Hollywood. Y funde a negro. Y de ahí el artículo pasa de repente al siniestro del avión de Pennsylvania.

La reunión que tuvo lugar la noche del 11-S a las 21.30 en el búnker y que congregó a Bush, Cheney, Powell, Rumsfeld, Rice y Tenet, el director de la CIA, proporciona a Woodward un punto de partida para la reconstrucción minuto a minuto que publicó con el título «America's chaotic road to war» («La caótica andadura de Estados Unidos hacia la guerra»). «Para entonces los servicios de inteligencia estaban ya prácticamente seguros de que Osama bin Laden y su red Al Qaeda, con base en Afganistán, eran los responsables de los atentados.» No se menciona en ningún momento de dónde salió esa conclusión; ni siquiera en la tercera parte de la serie sobre el día siguiente, en la que «para Tenet (el director de la CIA), las pruebas sobre Bin Laden eran irrefutables: fue juego, set y partido». La única «razón» esgrimida es que en el caso de tres de los secuestradores supuestamente se halló una conexión con Afganistán. Eso es todo. Por lo demás, parece que el tema de las pruebas que inculpen a los supuestos responsables que en teoría provocaron el desencadenamiento de la guerra carece de importancia para Bob Woodward, que en su día fue un héroe del periodismo de investigación. Un cuarto de siglo después del Watergate, parece que Woodward ha tomado partido por los «fontaneros» y ahora, nutriéndose de entrevistas exclusivas con los altos mandatarios, se dedica a coleccionar las leyendas propagandísticas que se crearon desde el búnker del Führer.

El gabinete de guerra tenía preguntas, y Rumsfeld el que más. ¿Cuáles son los objetivos? ¿Cuántas pruebas necesitamos para inculpar a Al Qaeda? Si bien actuar deprisa era importante, dijo Rumsfeld, prepararse para grandes actuaciones militares podía llevar hasta dos meses. Y, preguntó, ¿hay objetivos prohibidos? ¿Incluimos a los aliados de Estados Unidos en las acciones militares?

Rumsfeld advirtió que una respuesta eficaz exigiría una guerra más amplia, una guerra que fuera más allá del uso de la fuerza militar. Estados Unidos, dijo, debe emplear todos los instrumentos que tenga a su disposición: militares, jueces, financieros, diplomáticos y personal de inteligencia.

El presidente se mostró entusiasta. Pero Tenet aportó una idea que daba que pensar. Aunque Al Qaeda tuviera su base en Afganistán, la organización terrorista actuaba en casi todo el mundo, afirmó. La CIA lleva años intentando resolver el problema de Bin Laden. Tenemos un problema que abarca sesenta países, le dijo al grupo.

Acabaremos con ellos de uno en uno, respondió Bush.

El presidente y sus asesores emprendieron la andadura hacia la guerra esa misma noche. Y sin mapa.

El objetivo, la guerra; el objetivo, una gran guerra; el objetivo, un presidente «entusiasta» que quiere «acabar con todos ellos». Si no fuera por la aterradora realidad, uno podría creer que se ha quedado dormido y ha despertado en el clásico de Chaplin de *El gran dictador*. A este respecto, incluso habría que darle las gracias a Bob Woodward, convertido ahora en un reportero sin espíritu crítico, por su crudo retrato. Encaja perfectamente con el trasfondo que se oculta detrás.

Die Welt *reprodujo la farsa propagandística de Woodward en tres entregas —la primera salió a la luz el 2 de diciembre— encabezadas por la siguiente introducción: «La serie pone de manifiesto hasta qué punto Estados Unidos se vio sorprendido por los ataques de Al Qaeda. Asimismo, también insiste en dejar claro que quienquiera que piense que la campaña militar en Afganistán será la única respuesta al 11-S, se equivoca. Por supuesto, el artículo no se pregunta cómo es posible que alguien a quien sorprenden tan desprevenido tenga a punto tantas respuestas.» Poco después de los atentados, la editorial de prensa Springer introdujo una cláusula en el contrato de todos sus periodistas especificando que se obligaba a apoyar las políticas de la OTAN y Estados Unidos en todos los textos. La última persona a quien puede atribuirse la imposición de semejante obediencia al gremio de escribientes en el Zeitungsviertel berlinés (el barrio de los periódicos) es un tal Goebbels.*

24-02-2002
## EL MAYOR GOBIERNO DE LA HEROÍNA DE TODOS LOS TIEMPOS

La transformación de la empresa británica East India Company en el grupo financiero del imperio de mayor expansión mundial en los siglos XVIII y XIX se debió principalmente a la introducción del comercio ilegal del opio en China (véase «10-10-2001: La mierda del Tío Sam»), cuya continuidad quedó garantizada por las fuerzas militares en dos guerras del opio. La honorable sociedad mercantil de Londres mostraba especial indignación ante el degradante comercio del opio cada vez que estaban a punto de declararle de nuevo la guerra a China para asegurar y expandir allí su monopolio del opio. George W. Bush perpetúa esta clásica tradición, al anunciar ahora una nueva ofensiva en la «guerra contra las drogas».

Una de las principales razones por las que los acontecimientos del 11 de septiembre siguen suspendidos en ese limbo donde nada se investiga es que las causas de fondo conducen a una zona tabú en la que no se quieren divulgar ciertos intereses creados. Uno de esos tabúes es la financiación directa e indirecta de la política exterior de Estados Unidos mediante el tráfico ilegal de drogas. De ahí que la «heroinización» de Pakistán tras 1979 no sólo fuera vista como un daño colateral inevitable de la lucha contra el comunismo, sino que, además, se considerase una manera útil de que, al terminar la guerra fría, Pakistán pudiera pagar las compras de armas y las deudas contraídas con el FMI. A finales de la década de los noventa, los ingresos provenientes del negocio clandestino de la heroína en Pakistán superaban el presupuesto gubernamental en un 30 %.[207]

En octubre ya pronosticamos que una invasión de Estados Unidos no perjudicaría al negocio floreciente de la heroína en Afganistán, controlado por el servicio secreto de Pakistán (ISI) y la CIA, el socio más importante de la región. Ésa será la función del general y barón de las drogas Rachid Dostum en el gabinete afgano, con quien, según afirma Adam Porter en el *Guerrilla News Network* (GNN), «se cimentará el mayor gobierno de la heroína de todos los tiempos».[208] Fuera del gobierno, además, los señores de la guerra y los camellos «han vuelto a ponerse manos a la obra».[209] La Alianza del Norte, que a diferencia de los talibanes nunca dio ningún paso para limitar el cultivo de opio, ahora controla amplios sectores del país. Pakistán ha excarcelado a uno de los grandes reyes del narcotráfico en la región del paso Khyber, y en Kabul, el departamento de control de drogas que habían creado los talibanes ha sido desmantelado por el nuevo Gobierno, que, además, les ha confiscado todos los coches y teléfonos. «No nos han dejado ni una bicicleta», se queja el director de la agencia, que tuvo que refugiarse en un despacho del Ministerio de Exteriores.[210] Entretanto, las agencias de prensa informan de que fuerzas especiales de Estados Unidos visitan con regularidad[211] las tiendas y los bazares de la calle del opio de Kandahar, y aconsejan a los responsables «cambiar de negocio». De modo que, en teoría y ante el escaparate de las páginas a todo color de la prensa, se está luchando contra el tráfico de opio. En la práctica, lo cierto es que, si se interrumpiera el tráfico de opio y heroína, las economías de Afganistán y Pakistán se colapsarían.

Para garantizar que eso no suceda jamás, George W. Bush está haciendo todo cuanto está en sus manos en el frente doméstico. Su anuncio de una escalada en la «guerra contra el narcotráfico»[212] y un jugoso aumento en el presupuesto particular de defensa es un bálsamo para el precio del opio y la heroína, que cayó en picado tras el inicio de la guerra: «Vamos a hacernos ricos», aseguró un joven camello[213] al *New York Times*. Y es que si en agosto el kilo de opio se pagaba a trescientos dólares, hoy se vende a ciento cincuenta.

«Luchando contra las drogas, estamos luchando también contra el terrorismo», anunció Bush —consumidor habitual de alcohol y cocaína— en el marco de la «National Drugs Control Strategy» («Estrategia nacional de control de drogas»), y convirtió ese farragoso mensaje en el anuncio publicitario más caro[214] emitido jamás por televisión por el Gobierno de Estados Unidos. Durante las finales de fútbol americano de la Superbowl, dos anuncios de treinta segundos de duración cada uno costaron a los contribuyentes 3,2 millones de dólares, y establecieron una conexión prácticamente directa entre el consumo de droga y Osama bin Laden.

Quien prefiera no creer que la CIA y otras agencias de inteligencia de Estados Unidos están implicadas en el narcotráfico sólo tiene que leer el informe[215] de esa misma institución sobre el asunto, donde se puede vislumbrar como mínimo la punta del iceberg. Noam Chomsky ha comentado recientemente también esta cuestión en una entrevista.[216] Dan Russell explica la lógica de esta situación en su libro *Drugwar: Covert Money, Power & Policy*, publicado en 1999:[217]

Los centros del poder responsables del tráfico de drogas son los mismos centros del poder que siembran la histeria artificial necesaria para su constante criminalización. De ese modo, el precio del consumo multiplica por cien su valor natural y el contrabando queda en manos de lo que llaman el «músculo». Y el músculo no son sino los servicios de inteligencia militar [...]

El poder clandestino ejercido por el sector militar e industrial equivale a guerras de poder corruptas y a un gobierno en manos de los traficantes. Cuando las sustancias naturales tóxicas se prohibieron en todo el mundo, se volvieron tan valiosas como los metales preciosos porque, además, podían plantarse y cultivarse. Las drogas ilegales, sólo por el valor artificial que les ha conferido su prohibición, se han convertido en la base del poder militar allí donde pueden cultivarse y distribuirse en grandes cantidades. Hasta el día de hoy, los fabricantes de armas estadounidenses son en realidad los mayores blanqueadores de dinero procedente del narcotráfico.[218]

No es de extrañar, por tanto, que Estados Unidos oponga tanta resistencia a la creación de un Tribunal Penal Internacional y bloquee cualquier intento de reformar la política relativa al control de drogas aferrándose a sus máximas de prohibición y represión. ¿Cómo, si no, iba a ser capaz de mantener este negocio secreto, seguro y lucrativo en manos del «músculo»? En un estudio de la ONUDD (la Oficina de Naciones Unidas contra la Droga y el Delito) se ha investigado el volumen de tráfico de drogas en diferentes países con diferentes sustancias, y la influencia de la prohibición. Las conclusiones revelan que la represión favorece la venta de las drogas duras:

> Así, en Estados Unidos, el 78 % de los consumidores de drogas consumen marihuana (1995/1996) y, sin embargo, el mercado de la marihuana sólo representa el 12 % del tráfico de drogas ilegales [...] Los Países Bajos son uno de los pocos países desarrollados donde el mercado de la marihuana (quinientos mil millones de dólares en 1995) supera claramente al tráfico de heroína y cocaína (doscientos sesenta mil millones de dólares).[219]

Según la ONUDD, la proporción de ventas de drogas duras y blandas es de 7 a 1 en Estados Unidos, y sólo de 2 a 3 en los Países Bajos. Estos datos de la ONUDD demuestran que las políticas pragmáticas de reducción del daño de los holandeses resultan mucho más eficaces que las políticas represivas de los estadounidenses al agotar las fuentes de financiación del terrorismo. Dado que el dinero procedente del tráfico de drogas es la fuente más importante de financiación del terrorismo, una tregua en la «guerra contra las drogas» y un pragmatismo nuevo en las políticas de narcóticos constituirían un paso importante en la lucha contra el terrorismo. Estamos hablando de que todos los años se gastan quinientos mil millones de dólares o más en productos derivados de las plantas de la amapola, la coca y la marihuana, el mercado negro más grande de todos ellos. Si el objetivo realmente fuese detener ese mercado, podría conseguirse fácilmente mediante la producción legal y la dispensación regulada de estas sustancias.

Pero, entonces, ¿quién iba a financiar la política exterior no oficial de Estados Unidos? ¿La Contra de Nicaragua, los campamentos de la yihad en Afganistán, los escuadrones de la muerte en El Salvador y Colombia o el Ejército de Liberación de Kosovo? ¿Quién iba a respaldar a aliados indispensables como los regímenes de la heroína de Kabul e Islamabad? ¿Cómo se iba a financiar la desestabilización islamista de Asia central y Rusia? La mafia, los dictadores militares y los terroristas son adictos al dinero procedente del narcotráfico, pero la geopolítica de Estados Unidos depende también de estos fondos de reptiles. Gracias a la ofensiva de Bush en la «guerra contra el narcotráfico», el dinero volverá a fluir alegremente de nuevo...

*Uno de los mayores tabúes de la política internacional es el hecho de que el tráfico de drogas constituye uno de los pilares financieros de la política exterior no oficial de Estados Unidos. Romper la baraja en este asunto sólo contribuiría a alarmar a la población. El «presidente» llama a la «guerra contra el narcotráfico» en casa al mismo tiempo que instaura un gobierno títere de narcotraficantes en Afganistán, y su aliado más importante no es sino el mayor productor de heroína del mundo, Pakistán. Esto son hechos. Sin embargo, cualquiera que los divulgue será automáti-*

*camente tachado de «antiestadounidense» y no gozará de la oportunidad de publicar en nuestros vendidos medios. Si la verdad aflorase y se supiera que la «guerra contra el narcotráfico» es un truco propagandístico que a la postre causa mucho más sufrimiento del que evita, la pregunta no se haría esperar: ¿no será la «guerra contra el terrorismo» una quimera similar?*

### 03-03-2002
### LA CONSPIRACIÓN KOSHER

Después de que, a principios de febrero, la revista política de izquierdas *The New Statesman*[220] publicara bajo el titular «La conspiración Kosher» un artículo sobre el apoyo sistemático y carente de criterio a las políticas de Ariel Sharon, la publicación sufrió un aluvión de acusaciones de antisemitismo. Aunque uno de los autores, el renombrado periodista australiano John Pilger, se ha distinguido en diversas ocasiones a lo largo de su carrera por la denuncia y la investigación periodística de violaciones de derechos humanos como el genocidio de Timor oriental, eso no lo salvó de los golpes del Club del Holocausto, que actualmente apalea a cualquiera que critique públicamente a Israel o a quienes lo apoyan. Pero detalles como los veinte mil manifestantes judíos que salieron a la calle la semana pasada en Nueva York para mostrar su rechazo hacia las políticas terroristas de Sharon... apenas aparecen en los medios de comunicación de masas.

*Cui bono?* «¿Quién se beneficia?» Medio año después de los atentados, cuando uno pregunta qué países y gobiernos se han visto beneficiados, no tarda en hacer la lista: Estados Unidos, George W. Bush, Israel y Ariel Sharon. Probablemente acusarlos de cómplices porque son los principales beneficiarios sería una conclusión precipitada, pero si el móvil es un criterio clave para cualquier criminólogo a la hora de elaborar el perfil de un culpable, Bush y Sharon deberían estar entre los primeros de la lista de sospechosos.

En las historias policíacas, cuando se asesina a alguien y todo el mundo sospecha del jardinero inocente sólo porque la víctima lo nombró principal heredero en su testamento, el jardinero es el primer interesado en que se lleve a cabo una investigación minuciosa para descubrir al verdadero culpable. ¿Qué pensaría el lector si el jardinero le pidiera a la policía que abandonase la investigación y se concentrara en evitar que hubiera más asesinatos? Eso es precisamente lo que hicieron el presidente Bush y su vicepresidente Cheney a finales de enero: pidieron al líder demócrata Tom Daschle que no iniciara más investigaciones sobre los sucesos del 11-S porque, según Cheney, eso les obligaba a desviar recursos y personal de la «guerra contra el terrorismo». De forma que ahora ya es oficial: el Gobierno de Estados Unidos está ocultando y encubriendo las causas profundas que hay tras el 11-S. Y para completar del todo la cortina de humo, ha creado la «oficina para el conocimiento de la información» o, en inglés, Information Awareness Office, que es una agencia de desinformación y propaganda, cuya principal labor de inteligencia consiste en intervenir todos los correos electrónicos y llamadas telefónicas de Estados Unidos en busca de comunicaciones entre terroristas.[221] «Si quieren saber a qué se dedica este organismo, piensen en el "Gran hermano" —apunta el columnista británico del *Guardian*, y agrega—: ¿Quieren probarlo? Pues no tienen más que escribir un correo electrónico a algún amigo que tengan en Estados Unidos donde ponga: "Bmb ok, Allah great."»[222] Y lo que es mejor aún: a la cabeza de este nuevo organismo cotilla y fisgón, Bush hijo ha colocado ni más ni menos que a un perro viejo como el almirante John M. Poindexter, que fue asesor de seguridad de Reagan y posteriormente ingresó en prisión por su participación en el escándalo Irán-Contra.

## Preferiría que no investigaran

El elegido en varias ocasiones presidente del Senado, Tom Daschle [...] y otros demócratas querrían esclarecer mediante una investigación cómo se manejaron las advertencias llegadas antes del 11-S, que hablaban de un posible atentado terrorista. Tanto Cheney como el propio

Bush se han mostrado en estos últimos días contrarios a dicha investigación y han propuesto como alternativa que los comités de inteligencia del Congreso continúen con la investigación en curso.

Daschle, demócrata de Dakota del Sur, aseguró que Cheney lo llamó el 24 de enero para pedirle que no se iniciara una investigación sobre el 11-S, y que Bush le había hecho una petición similar en un desayuno de trabajo celebrado el 28 en la Casa Blanca. [...] «Recuerdo las palabras exactas. Se trataba de evitar que la población no cejara en el empeño de intentar ganar la guerra contra el terrorismo. Les preocupaba la dispersión de los recursos y, en especial, de recursos humanos, y ésa fue la razón que me dieron tanto el presidente como el vicepresidente», declaró Daschle.

La semana pasada Cheney negó [...] haber llamado a Daschle para disuadirlo de que apoyara la investigación sobre el 11-S. El vicepresidente aclaró: «Tom se equivoca. Es probable que, digámoslo así, me malinterpretase. Yo lo único que [...] le dije fue que nosotros preferíamos colaborar con los comités de inteligencia.»

SUSAN CORNWALL, 27-05-2002
http://www.rense.com/general25/ggg.htm

Con un espíritu de equipo tan ofensivo en los sectores de vigilancia y propaganda, el explosivo caso de espionaje se ha convertido en una patata caliente para los medios estadounidenses, que bien puede acabar también debajo de la alfombra, a pesar de que probablemente se trate del mayor escándalo de escuchas de la historia de Estados Unidos. Tras el 11-S, unas cien personas fueron arrestadas en Estados Unidos por ser sospechosas de espionaje. Haciéndose pasar por «estudiantes de arte», habían logrado acceder a varias agencias estatales y en algunos casos habían establecido contacto con la sucursal estadounidense de una empresa israelí que suministra equipamiento para las escuchas a la policía y los servicios de inteligencia estadounidenses. Esta bomba de relojería se ha ignorado por dos razones: en primer lugar, porque a los sospechosos encarcelados se los relaciona con los sucesos del 11-S y, en segundo, porque son israelíes.[223] La cadena de televisión pro Bush Fox News —que es propiedad de Murdoch y se promociona con el ya conocido eslogan «Nosotros informamos, usted decide»— se hizo eco de esta noticia a finales de diciembre, pero el texto de la serie en cuatro entregas[224] no tardó en desaparecer de su página web:[225]

Parece ser que Israel ha tenido potencialmente intervenidos todos los teléfonos de Estados Unidos durante años y que, además, disponía de la opción de controlar y registrar a quién estaba llamando la persona en cuestión, estuviera en el lugar de Estados Unidos que estuviese; una información de enorme valor aunque no se escuchen las llamadas. La empresa Amdocs, Inc., que subcontrata los servicios de facturación y conexión de las compañías telefónicas de medio mundo y entre ellas el 90 % de las empresas de telefonía de Estados Unidos, es israelí. Pero es que existe la sospecha de que otra empresa israelí llamada Comverse Infosys (que suministra todo el equipamiento para las escuchas a los organismos y servicios secretos estadounidenses) haya podido instalar una puerta trasera en los aparatos de interceptación, que les permite intervenir cualquier llamada que se realice dentro de Estados Unidos.[226]

## Conferencia de prensa del señor Ari Fleischer, portavoz de la Casa Blanca, concedida el 25 de febrero de 2002

PERIODISTA: Ari, ¿por qué ha elegido esta Administración a un hombre como el almirante Poindexter, al que se asocia con el lado oscuro del escándalo Irán-Contra, para luchar contra el terrorismo?

ARI FLEISCHER: ¿Podría ser más específico respecto a eso de la lucha contra el terrorismo?

PERIODISTA: Está en el Pentágono, lo han nombrado jefe de la Agencia de Investigación de Proyectos Avanzados de Defensa, que es la oficina que lucha contra el terrorismo, elabora planes y analiza información.

ARI FLEISCHER: No tengo constancia de ningún nombramiento.

PERIODISTA: Todavía no.

ARI FLEISCHER: Permítame que le diga, respecto al almirante Poindexter, que esta administración lo considera un estadounidense noble y un ciudadano ilustre que ha desempeñado una gran labor por nuestro país en su servicio al Ejército.

PERIODISTA: ¿Cómo puede decir eso cuando fue él quien le dijo al coronel North que mintiera?

ARI FLEISCHER: Hefen, creo que su opinión sobre el Irán-Contra es bien conocida, pero el presidente está convencido de que el almirante Poindexter sirvió...

PERIODISTA: No es mi opinión, es la del Fiscal de Estados Unidos.

ARI FLEISCHER: Ya entiendo. El presidente cree que el almirante Poindexter ha prestado un gran servicio a nuestra nación.

PERIODISTA: ¿De veras?

ARI FLEISCHER: Así lo cree el presidente.

PERIODISTA: ¿Usted conoce su historial?

ARI FLEISCHER: Estoy seguro de que usted me pondrá al corriente.

PERIODISTA: No es necesario, sólo tiene que echarle un vistazo.

http://www.whitehouse.gov/news/releases/
2002/02/20020225-16.html

El periodista de la Fox Carl Cameron supo por fuentes del FBI que algunos de los sospechosos arrestados eran empleados de esa empresa de telefonía que, por supuesto, niegan haber cometido algún delito.[227] El artículo de Cameron prosigue así:

> Los investigadores sospechan que es posible que los israelíes dispusieran de información privilegiada sobre los atentados y no la compartiesen. Un alto cargo de la investigación declaró que había «conexiones». Pero, cuando se le preguntó por los detalles, se negó en redondo a profundizar en la cuestión alegando: «Las pruebas que vinculan a estos israelíes con el 11-S están clasificadas. No puedo hablarle de las pruebas que se han recopilado. Es información reservada.»

No es ningún secreto que existen estrechos vínculos entre los especialistas en escuchas de la empresa Comverse Infosys, el Gobierno israelí y la agencia de inteligencia del Mossad, que puede que lleve años gozando de acceso a todos los teléfonos de Estados Unidos, incluido el del Despacho Oval de la Casa Blanca.[228] Durante las vistas del «Monicagate» de Clinton, la señorita Lewinsky mencionó que en cierto momento el presidente comentó que algún «servicio extranjero» podría estar escuchando sus conversaciones. Curiosamente, después de que su aventura con la becaria de la Casa Blanca saliera a la luz, Clinton puso punto final a la búsqueda de micrófonos ocultos en la Casa Blanca. La advertencia fue más que suficiente; no cuesta imaginar la cantidad de aventuras bochornosas que podría sacar a relucir un «servicio extranjero» después de años espiando las estancias de la Casa Blanca. Con semejante arsenal de material para hacer chantaje, lo de menos es hacer la vista gorda ante la inconveniencia de las historias, incluso ante un escándalo de espionaje de dimensiones enronianas.

En este panorama, cobra sentido la famosa réplica de Ariel Sharon cuando el ministro de Exteriores Peres criticó sus agresivas políticas a comienzos de octubre: «Cada vez que hacemos algo, me dices que los estadounidenses harán esto o lo otro. Quiero que te quede algo muy claro: no te preocupes por la presión de Estados Unidos sobre Israel. Nosotros, el pueblo judío, controlamos a Estados Unidos. Y ellos lo saben.»

El comentario de Sharon surgió el 3 de octubre en un debate que tuvo lugar en la emisora de radio Kol Yisrael,[229] de forma que, aunque su portavoz no confirmó las palabras de Sharon, encajaban como anillo al dedo en la línea de la «Conspiración mundial judía» y los *Protocolos de los sabios de Sión*, una pieza propagandística de popularidad eterna entre los musulmanes y la derecha radical de Occidente. Si nos remontamos a la afirmación de Hannah Arendt, que sostenía que Hitler acabó convirtiéndose en «seguidor» de la teoría de la conspiración que él mismo divulgó como instrumento de propaganda (véase «Los sabios de Sión»), podemos observar que Sharon lleva a cabo también sus políticas siguiendo el modelo hitleriano.[230] Cuando a finales de septiembre el presidente Bush instó a Sharon a detener la ofensiva contra los palestinos, Sharon lo comparó con Neville Chamberlain,[231] que había presenciado sin pestañear la anexión de Checoslovaquia llevada a cabo por Hitler, como si Israel, que dispone de la tecnología armamentística más puntera, fuera a ser invadido por los manifestantes palestinos armados con piedras y cócteles Molotov. De hecho, Sharon tiene la misma perspectiva de los Acuerdos de Oslo que Hitler del Tratado de Versalles: los documentos de deshonor sólo pueden eliminarse del mundo mediante la guerra.

Que un político así debería haber sido acusado hace mucho tiempo ante un tribunal de crímenes de guerra[232] —hace diecinueve años, ni más ni menos, por la masacre de Sabra y Chatila—[233] constituye una reivindicación más que comprensible, y relativamente fácil de llevar a cabo si fuese natural de Afganistán, Yugoslavia, Irak o un lugar de ese tipo. Pero resulta que es natural de Israel, así que sólo le hace falta sacarse de la manga el «comodín» del antisemitismo para que lo dejen en paz. En el apartado sobre el pasado de «camisas pardas» de la familia presidencial (véase «26-09-2001: Skulls, Bones & Bush»), yo atribuía a la tradición antijudía del clan Bush el hecho de que Sharon hiciera oídos sordos a todas las enérgicas recomendaciones de paz procedentes de Washington. Sin embargo, el escándalo de las escuchas que se está cociendo podría explicar no sólo el hecho de que poseyeran información privilegiada sobre los atentados —y la posible relación con las especulaciones bursátiles que se produjeron en torno a esos días, un asunto que se escondió bajo la alfombra sin someterlo a ninguna clase de investigación—, sino también el origen de la agresiva *chutzpah* («desfachatez» o «insolencia» en hebreo) de Sharon. Es evidente que está en sus manos apretar las tuercas que haga falta en cada momento para poner a tono al Gran hermano.

¿No debería uno guardarse esta clase de reflexiones para sí, dado que ayudan al enemigo, al islam neofascista y fundamentalista, que emplea la teoría de la conspiración judía mundial como un poderoso instrumento de propaganda? En mi opinión, lo cierto es lo contrario. Cuando se hace la vista gorda y se silencian conspiraciones como el escándalo de las escuchas, eso aumenta la sospecha de la existencia de una «conspiración Kosher» en lugar de eliminarla, dado que callándose no se sofocan los rumores. Estamos de acuerdo en que esperar un debate acerca de esta cuestión sería pedir demasiado. Cualquiera que haga alusión a las tendencias fascistas actuales de Estados Unidos es acusado de «antiestadounidense» y a cualquiera que critique las violaciones de los derechos humanos internacionales por parte de Israel se le enseña la tarjeta roja y queda expulsado del partido. Mientras rijan estas reglas de juego al estilo nazi —«¡Lo que es antialemán lo decidimos nosotros!»— (y aparezcan oficinas como las recién creadas para la propaganda y el conocimiento de la información que empeoran la situación en lugar de mejorarla), principios como la «libertad de opinión», los «medios democráticos» o el «consenso político» seguirán degenerando en pura y triste retórica.

*En Estados Unidos continúa encubriéndose el caso de la red de espionaje israelí.*[234] *Ya en abril, George W. Bush llamó a Sharon «hombre de paz» y apenas dos meses después, en una conversación intranscendente catalogada de «histórica» para alcanzar un acuerdo de paz en Oriente Próximo, le mostró su apoyo incondicional o, lo que es lo mismo, miró para otro lado. La negativa de Irak a permitir de nuevo el acceso de los inspectores de armas se ha convertido en un escándalo de magnitud mundial y, sin em-*

*bargo, Israel puede negarse a permitir la entrada de la Cruz Roja Internacional en los territorios recién ocupados sin miedo a la menor sanción.*

*Mi comparación de las políticas de Sharon con el nazismo suscitó una serie de protestas por carta, a cuyos remitentes remití a una entrevista que publicó el autor Amos Oz el 17 de diciembre de 1982 en el diario israelí Davar. Eso fue tras la masacre de Sabra y Chatila, por la que Sharon tendrá que responder ante un tribunal penal cuando pierda la inmunidad como jefe de Estado. Esta entrevista circuló por Internet como una conversación con Sharon, aunque en realidad Amos Oz había mantenido esas discusiones con altos cargos militares de la invasión del Líbano con la condición de su anonimato y, por tanto, no aparecieron sus nombres. El pasaje que citamos a continuación se atribuye a «C», de quien sólo se dice que es un soldado con «determinado pasado». A pesar de ello, muchos comentaristas han vinculado esas declaraciones a Sharon. Entre ellos Holger Jensen,[235] un antiguo corresponsal del Newsweek, que en abril utilizó citas extraídas de la entrevista con «Sharon» en un artículo en el Rocky Mountain News. Tras las protestas de los círculos judíos, Jensen preguntó directamente por «C» a Amos Oz, que no reveló la identidad pero sí aclaró que no era Ariel Sharon. Jensen entonó el mea culpa,[236] y renunció a su puesto como redactor jefe «por mutuo acuerdo».*

*Aunque el siguiente punto de vista no puede atribuirse a la persona de Sharon, a mi entender los comentarios de su compañero de armas representan a la perfección el espíritu, el contexto ideológico y la filosofía del actual presidente israelí:*

> Puede llamarme lo que usted quiera. Llámeme monstruo o asesino [...] Llame a Israel lo que quiera, llámelo un Estado judeonazi, como lo llama Yeshayahou Leibowitz [el filósofo, científico y escritor político]. ¿Por qué no? Mejor vivir en un Estado judeonazi que ser un santo muerto. A mí me da igual si soy como Gadafi. No necesito la admiración de los gentiles. No necesito su amor. Y tampoco necesito el amor de judíos como usted.[237]

*Para mí es un caso claro del mecanismo psicológico denominado «identificación con el agresor»: las personas que sufren violencia en la infancia se convierten en adultos violentos; y, como es lógico, con los pueblos y las naciones sucede lo mismo. Por analogía, el Estado de Israel, nacido bajo la dureza de Hitler, que es el paradigma de padre violento, se ha convertido ahora, desde el punto de vista psicohistórico, en una especie de* hooligan *violento que ya no sabe comportarse de otra manera. ¿Cómo podemos convencer a Sharon y a sus seguidores matones de que hay formas de sobrevivir diferentes a las que han heredado de ese «padre» tan brutal que han tenido? Desde luego no con terroristas suicidas, porque ellos sólo los incitan a convertirse en «mejores nazis».*

*En cuanto al antisemitismo, el compañero de batalla de Sharon en la campaña del Líbano no deja lugar a dudas en esta entrevista de que es un objetivo estratégico para instigar el odio a los judíos, difundido por todo el mundo mediante masacres invasoras y violentas.*

Permítame decirle qué es lo más importante, cuál es el fruto más dulce de la guerra del Líbano. Lo importante es que ahora ya no sólo odian a Israel. Gracias a nosotros, ahora odian también a todos esos judíos finos de París, Londres, Nueva York, Fráncfort y Montreal, que viven en sus guaridas. Por fin odian a todos esos judíos que son, digamos, diferentes a nosotros, que no son brutos matones israelíes, sino judíos distintos, limpios y decentes […] Pronto se verán sus palacios pintarrajeados con el eslogan: «¡Judíos, iros a Palestina!» ¿Y sabe qué? ¡Se irán a Palestina porque no les quedará otro remedio! Todo esto es un extra que hemos recibido gracias a la guerra del Líbano. Dígame, ¿acaso no ha merecido la pena? Pronto vendrán tiempos mejores. Empezarán a llegar judíos, los israelíes dejarán de emigrar y los que tuvieron que emigrar podrán regresar.

*Pero los tiempos mejores nunca llegaron, y ésa debe de ser la razón por la que el general Sharon y los suyos tienen que provocar nuevas guerras y masacres. Según esta lógica conspirativa, los neonazis y otros grupos racistas que pintarrajean sinagogas y enarbolan eslóganes antisemitas son quienes más contribuyen a construir la «tierra sin pueblo» de Sharon.*

*Y quienes les siguen son aquellos que participan en debates fantasmas como el abierto en torno a Möllemann y Walser en un suplemento cultural alemán: con la hermana Guido y el mulá Mölli como contrincantes en el ring, el tertuliano omnipresente Michel Friedman como árbitro, y Henryk Broder, la voz de los grandes eventos deportivos, como comentarista de lujo de la antisemifinal.*[238] *Si no fuera el Partido de la Libertad de Alemania (FPD), con su fantástica estrategia publicitaria, el que llama puerta a puerta a los ochocientos mil musulmanes que tienen derecho a voto, si se tratara de un verdadero debate sobre el papel y la función del antisemitismo, el centro de dicho debate debería ser esa lógica perversa de los asentamientos políticos israelíes. Precisamente en Alemania, que a causa de su sangrienta historia se siente especialmente responsable de la seguridad de Israel. «No me gustaría vivir en un país donde el antisemitismo se celebra en los salones de la política con una copa de champán en la mano», declaró la número uno de los Verdes, Claudia Roth, que denunció en junio a Möllemann por instigar al pueblo a la violencia. Una maniobra, también ésta, un tanto electoralista. De ahí que este antisemitismo de salón sea al fin y al cabo «el fruto más dulce» que Sharon espera elevar a categoría internacional con su política de bulldozer. En esa misma línea va también la absurda y exagerada manifestación del representante del Consejo Central Paul Spiegel en el periódico Die Welt, donde asegura que las declaraciones de Möllemann son «la mayor ofensa desde el Holocausto». Cuanto más malvados pintemos a los enemigos de los judíos en el extranjero, mejor marchará la actual política de los asentamientos de Israel.*

## 12-03-2002
## EL MISTERIO DEL PENTÁGONO

Poco a poco, se va viendo que los medios mayoritarios ya no pueden seguir omitiendo los hechos ocultos y las noticias insólitas. La semana pasada, *Der Spiegel* mencionó de pasada en un artículo de primera plana al grupo empresarial de la industria armamentista Carlyle Group y su representante, George Bush padre. En octubre, el *Spiegel Online* había censurado un artículo de la autora india Arundhati Roy (véase: «02-11-2001: Una guerra más que planificada») al suprimir las alusiones a la inversión de las familias Bush y Bin Laden en el Carlyle Group.

De forma que tal vez exista la posibilidad, en un futuro próximo, de poner sobre el tapete las preguntas que surgieron a raíz de la petición al Senado de Estados Unidos de investigar las incongruencias que hay en torno al 11-S (véase «10-01-2002: The American Way of War»), así como la entrevista a Osama bin Laden que publicó el diario pakistaní *Ummat* el 28 de septiembre,[239] donde niega cualquier relación con los atentados. Como prueba, se diría que esta entrevista es, como mínimo, tan auténtica como los vídeos retocados con su supuesta confesión.

Seis meses después del ataque, y todavía no ha despertado ninguna «célula durmiente», ni ningún terrorista suicida de la red de Al Qaeda ha atacado al mundo occidental. Esto podría considerarse un éxito en la «guerra contra el terrorismo», o simplemente un signo de que las «células durmientes» no eran más que ficción; es decir, una invención para sembrar el pánico general. Sin la insinuación de que existe una amenaza constante, la caza policial de los culpables no podría haberse sustituido por la acción militar y, en cuestión de días, por la guerra. Sin inflar la efigie de una peligrosa red de asesinos retorcidos y psicóticos que amenaza a la civilización occidental y a todos los hogares y a sus familias, habría sido imposible arrastrar a la población a este frenesí bélico.

Para comprender cuál es el programa que se esconde tras esta propaganda —cuyo objetivo no es explicar las circunstancias en que se produjeron los atentados ni capturar a los culpables y a sus cómplices, algo que después de seis meses debería estar claro— recomiendo la lectura de los libros de Brzezinski (*El gran tablero mundial: la supremacía estadounidense y sus imperativos geoestratégicos*) y Huntington (*El choque de civilizaciones y la reconfiguración del orden mundial*), donde se definen con absoluta claridad los objetivos geoestratégicos de Estados Unidos, así como los enemigos que se necesitan para alcanzarlos. Esas oscuras consideraciones políticas ya las pronosticó en su día Carl Schmitt, estadista y jurista de la corona durante el Tercer Reich, en cuyo libro *El concepto de lo político*, de 1932, hay muchos pasajes que parecen haber sido escritos después del 11 de septiembre de 2001:

Un imperialismo basado en el poder económico pretende, naturalmente, introducir una condición mundial en la cual pueda prosperar mediante un uso ilimitado de su arsenal económico, lo cual supone recortes de crédito, embargos de materias primas, depreciación de las monedas extranjeras, etcétera. Cualquier intento de una población de escapar al alcance de sus métodos «pacíficos» se considerará «violencia antieconómica». También aplicará medidas más tajantes, aunque de carácter «económico» y, por tanto, «apolítico», medios de coacción eminentemente pacíficos tales como [...] prohibir el aprovisionamiento de alimentos a la población, provocar hambruna a través de un bloqueo. Finalmente, posee también tecnología para producir muertes físicas con violencia, armas modernas técnicamente perfectas, cuya riqueza de capital y conocimientos prácticos las dota de una eficacia sin precedentes, en caso de que exista necesidad de utilizarlas. Para la aplicación de este arsenal, se ha desarrollado un vocabulario nuevo y esencialmente pacifista donde no comparece la guerra y sólo se emplean términos como «sanciones», «expediciones punitivas», «policía internacional» y «misiones para el mantenimiento de la paz». Al adversario ya no se le llama «enemigo», sino «violador» o «perturbador de la paz», y está «totalmente desprovisto de humanidad». Una guerra declarada para defender o fortalecer la posición de poder económico debería convertirse, con el consiguiente despliegue propagandístico, en una «cruzada» y en la «última guerra de la humanidad».[240]

La ovacionada declaración de guerra en la que Bush exclamó «o con nosotros o con los terroristas», recuerda exactamente al «concepto de lo político» de Schmitt en cuanto a la distinción entre amigo y enemigo, y a las tácticas antiterroristas puestas en práctica con «armas de una eficacia sin precedentes» definidas también como una «cruzada» y un «choque de civilizaciones». El *shock* psicológico provocado por acontecimientos insólitos y el lanzamiento inmediato de la campaña publicitaria a todo color de Bin Laden, una amenaza para la humanidad, hicieron posible la movilización casi instantánea. Cualquiera que osara preguntar primero y disparar después, o que exigiera alguna prueba de culpabilidad, era automáticamente acusado de tener una «visión cobarde» y un «comportamiento poco patriótico». Todo aquel que manifestara alguna duda sobre la versión oficial de los hechos, corría el riesgo de que le colgaran la etiqueta de «teórico de la conspiración». Daniel Pearl, que se atrevió a escarbar en algunos detalles sobre el terreno como los vínculos entre el cultivo del opio, la agencia de inteligencia pakistaní (ISI) y su socia, la CIA, fue secuestrado y asesinado. Y da la casualidad de que su verdugo fue ni más ni menos que Omar Sheikh,[241] un ciudadano británico, ex alumno de la prestigiosa escuela London School of Economics que trabajaba como superagente a las órdenes del director del ISI Mahmud Ahmed, que fue señalado por los servicios secretos indios y estadounidenses como el patrocinador del «piloto terrorista» Mohamed Atta, a quien supuestamente hizo una transferencia de cien mil dólares el pasado verano.

¿Acaso el cártel mediático del silencio, creado evidentemente bajo presión, no sólo tiene escondidas debajo de la alfombra unas cuantas docenas de incongruencias grandes y pequeñas, sino también el Boeing 757 entero que se estrelló contra el Pentágono? Ya entonces, cuando vi las noticias el 11-S, me di cuenta de que no había imágenes del avión que impactó contra el Ministerio de Defensa de Estados Unidos. En los días siguientes, la búsqueda de «imágenes avión siniestrado Pentágono» me llevó hasta imágenes del edificio en llamas, pero en ninguna se veía el avión. A finales de febrero, di por casualidad con una página web francesa llamada Hunt the Boeing[242] («A la caza del Boeing»), que provocó un debate en internet que duró varios días. La tesis consistía en que un Boeing de cien toneladas habría causado más daños y una mayor cantidad de escombros de los que se veían en las fotos oficiales de la escena del siniestro. Las críticas a la supuesta «broma francesa»[243] fueron refutadas de inmediato,[244] y el encendido debate que suscitó por ese entonces condujo a que el 8 de marzo se publicase, tanto en los periódicos como en la red, una serie de imágenes supuestamente nuevas del siniestro. Lo más curioso, sin embargo, es que ni siquiera en las pruebas gráficas[245] fabricadas a posteriori hay ningún avión; lo único que se ve es una explosión. Y las fotos están fechadas el 12 de septiembre ¡a las 17.37 horas! ¿Es posible que los relojes y las cámaras de seguridad del Pentágono —que al fin y al cabo no es un edificio cualquiera— se rijan por la hora lunar? ¿O es que todo en torno al atentado contra el Pentágono, como creen algunos comentaristas internautas,[246] es sólo una cortina de humo, una pista falsa creada para distraer la atención de la red de espionaje israelí y su relación con el 11-S?

## Conocimiento del terreno

El Pentágono no es un edificio especialmente alto. Para que un piloto pueda dirigirse directamente al Pentágono de esa manera y estrellar un avión tiene que haber volado mucho por esa zona, tiene que conocer los obstáculos con los que podría toparse si quiere volar tan bajo con un avión comercial grande y estrellarlo contra un lugar específico del Pentágono.

Alguien ha estudiado la zona con detenimiento y ha volado con frecuencia por esa zona.

HOSNI MUBARAK, presidente de Egipto
y experimentado piloto de aviación
http://www.ahram.org.eg/weekly/2001/557/intrvw.htm

Sea como sea, comparadas con las fotos de los atentados contra el World Trade Center, que se repitieron cientos de veces, las pruebas gráficas del atentado contra el Pentágono fueron escasas y tiempo más tarde continuaban adoleciendo de cierta ambigüedad. Si no hubieran tenido lugar los insólitos atentados de Nueva York en primer lugar, las extrañezas del último ataque habrían llamado la atención de inmediato. No se han hecho públicos los datos de la caja negra ni de la radio del control aéreo de este vuelo, a pesar de que el jefe de bomberos al mando aseguró el 12 de septiembre en una conferencia de prensa que no tardarían en encontrar la caja negra del Boeing de American Airlines 757. Tanto secretismo provoca suspicacia y prepara el terreno para toda clase de desinformación capaz de distraer la atención de las verdaderas causas. El verdadero misterio del Pentágono no es el Boeing gigantesco en sí mismo ni la preocupación por las dudosas pruebas gráficas, sino la pregunta: ¿cómo es posible que un avión se introdujera con total impunidad en la zona de «exclusión aérea» más restringida de Estados Unidos?

*Todas las rarezas que hay en torno al atentado contra el Pentágono llevaron tiempo más tarde a una amplia discusión, que se aceleró con la publicación, en abril de 2002, del libro del autor francés Thierry Meyssan* L'Effroyable Imposture *(«La gran impostura»). Según la estridente teoría del autor, lo que impactó contra el Pentágono no fue un Boeing, sino un misil. Dónde fue a parar el avión en cuestión es algo que evidentemente Meyssan no puede explicar.*

*La sensación que yo tenía de que eso distraería la atención hacia un segundo plano del asunto era acertada. Numerosos artículos han utilizado la teoría de Meyssan como una excusa perfecta para ridiculizar todas las investigaciones críticas sobre el 11-S y tacharlas de teorías de la conspiración.*

# WTC: World Trade Conspiracy

¿Sabe para qué sirve el Banco Mundial?[247] ¿O el Fondo Monetario Internacional?[248] Esas dos instituciones sostienen que apoyan las economías y las monedas de los países en desarrollo mediante créditos a largo plazo para luchar contra la pobreza en el Tercer Mundo. Sin embargo, lo que hacen en realidad es bien distinto. Utilizan esos créditos para ejercer control sobre esos países, y apoyan a cualquier gobierno que les ayude a conseguirlo, por muy corrupto, dictatorial o incompetente que éste sea.

Esa crítica generalista a tan «ilustres» instituciones es tan conocida como estéril. No obstante, Greg Palast,[249] uno de los pocos periodistas que no ha caído en las garras de la maquinaria propagandística tras el 11-S, dispone de pruebas documentales que demuestran no sólo dichas acusaciones genéricas, sino los métodos criminales que están empleando el Fondo Monetario Internacional y el Banco Mundial, por ejemplo, en el actual desastre de Argentina. Como las oportunidades de empleo para los periodistas independientes son más bien escasas en Estados Unidos, en la actualidad Palast trabaja principalmente para la BBC y periódicos británicos. Sin embargo, cuando se trata de documentos explosivos relativos a Estados Unidos, parece que tiene mejores contactos que nunca.

Así, por ejemplo, consiguió una copia del documento «W1991», mediante el cual la Administración Bush interrumpió el pasado verano la investigación del FBI sobre Al Qaeda y a continuación el cazaterroristas John O'Neill tiró la toalla y dimitió (véase «24-11-2001: A la memoria de John O'Neill...»). El documento tendrá relevancia también en el pleito interpuesto por un agente del FBI anónimo contra el Gobierno de Estados Unidos con el apoyo de la organización anticorrupción Judicial Watch[250] por obstaculizar la investigación de Bin Laden.[251] Al leer la entrevista con Palast sobre las investigaciones y los documentos relativos al Fondo Monetario Internacional y el Banco Mundial,[252] da la impresión de que el documento «W1991» todavía traerá cola. El director del Banco Mundial Wolfensohn rechazó una invitación de la CNN para mantener un debate en directo con Palast, tras lo cual ya no volvió a cuestionarse más la autenticidad del documento interno («que quede entre nosotros»).

Según Palast, los documentos son copias de acuerdos secretos que países como Argentina tienen que firmar para poder obtener créditos del Fondo Monetario Internacional o el Banco Mundial. Una de las condiciones es la «privatización» de los servicios públicos —agua y electricidad, transportes, redes de telecomunicaciones y oleoductos y gasoductos— mediante empresas multinacionales, y el «procesamiento» de los políticos responsables, que Palast explica con el ejemplo de un senador argentino:

> Yo llegué a hablar con un senador de Argentina hace dos semanas. Lo tenía frente a la cámara. Lo dijo después de que George W. Bush en 1988 —sí, el que hoy es nuestro presidente— exigiera traspasar el gasoducto de Argentina a Enron. Me dijo que lo que le pareció más rastrero fue que Enron iba a pagarles el gas a una quinta parte de su precio en el mundo, y que él preguntó: «¿Cómo se atreven a hacernos una oferta así?» Y entonces, no George W. Bush, sino otro de los participantes en las negociaciones, respondió: «Bueno, aunque sólo paguemos una quinta parte, queda todavía un margen que puede meter en su cuenta bancaria de Suiza. Así funciona esto.»[253]

A Joe Stiglitz, un economista de la dirección del Banco Mundial galardonado con el Premio Nobel, lo despidieron tras enterarse de que, durante los viajes que realizaba para el banco, había comenzado a formular preguntas incómodas. Palast habló largo y tendido con él y le explicó en qué consistían los métodos utilizados para usurpar a los países y poner bajo control del Fondo Monetario Internacional y del Banco Mundial las empresas estatales:

> Me dijo que había viajado a países donde estaban planteándose privatizar y vender esos activos. Y que en realidad sabían, que lo tenían clarísimo, porque se daba por sentado, aunque hacían la vista gorda, que los dirigentes y los minis-

tros de esos países se embolsaban cientos de millones de dólares [...] Por lo general, se lo pasan a compinches como Citibank, que era muy poderoso y se quedó con la mitad de los bancos argentinos. Hay otros casos como el de British Petroleum, que se quedó con los oleoductos de Ecuador. Enron, como ya he mencionado, se quedó con la infraestructura del agua de varios lugares. Y el problema es que, además, la están destruyendo. En Buenos Aires ni siquiera se puede beber agua del grifo. Y no sólo se trata de lo que están robando. Es que no se puede abrir el grifo. No es sólo que estén haciéndose ricos a costa del gasto público, es más grave [...]

El Fondo Monetario Internacional y el Banco Mundial son propiedad, en un 51 %, del Departamento del Tesoro de Estados Unidos. Así que la pregunta es la siguiente: ¿qué recibimos a cambio del dinero que ponemos ahí? Y todo apunta a que lo que hacemos es poner patas arriba varios países. Indonesia está en la ruina. Lo que me estaba diciendo Stiglitz, que era economista jefe, es que empezó a cuestionar lo que estaba pasando. Es que allí donde iban, en todos los países donde intervenimos, destruimos la economía y el país en cuestión acaba en la ruina. Y me estaba diciendo que lo había cuestionado y que lo despidieron por hacerlo. Pero también vino a decir que prácticamente contaban con las revueltas. Que sabían que, cuando se exprime un país y se destruye la economía, se producen revueltas en las calles. Y que dicen: «mira, las revueltas del FMI». En otras palabras, si se sufren revueltas, se pierde. Todo el capital huye del país y eso da la oportunidad al FMI de añadir más condiciones aún [...]

Después de sufrir los atentados del 11-S, Bush salió de inmediato y dijo «tenemos que invertir entre cincuenta mil y cien mil millones de dólares para salvar nuestra economía». No se reduce el presupuesto, sino que se intenta salvar la economía. Sin embargo, a esos países les dicen que tienen que recortar, recortar y recortar. ¿Y por qué?, porque según los documentos internos, ésa es la única manera de poder hacer frente a los pagos a los bancos extranjeros, que cobran entre un 21 % y un 71 % de interés. Eso es usura. De hecho, el asunto llegó al punto de que Argentina se vio obligada a derogar las leyes contra la usura porque, según éstas, se podía acusar de usura a cualquiera de los bancos.[254]

A continuación resumimos los movimientos principales que se dan en este gran juego:

Paso 1: Vincular la concesión de créditos del Fondo Monetario Internacional y del Banco Mundial a la «privatización» máxima de la propiedad pública, sobornar a los mandatarios responsables y conseguir el control de las industrias clave.

Paso 2: Ordenar recortes presupuestarios, medidas de austeridad y el desmantelamiento del sistema social como «medidas de consolidación» para mantener el ritmo de pago de las deudas. La caída drástica del PIB, las revueltas populares y la fuga de capital también forman parte del plan.

Paso 3: Cuando la economía ya ha quedado en gran parte destruida y el país no es capaz de cubrir sus propias necesidades, se bajan todas las barreras arancelarias a los productos extranjeros y se imponen precios y tasas de interés desorbitados para todos los bienes de primera necesidad como las medicinas.

Paso 4: Se instala un gobierno corporativo militarizado, que orienta los negocios de la «colonia» hacia el beneficio puro y duro y corta de raíz cualquier rebelión de los esclavos.

El término «conspiración» para esta forma de dominación del comercio mundial es más que merecido. Este régimen de globalización se desarrolla a plena luz del día, a la vista de todos, exceptuando algún que otro «acuerdo de entendimiento» conspirativo como el que llegó a manos de Greg Palast. Las negociaciones sobre el oleoducto que se llevaron a cabo con el mulá Omar y los talibanes se extendieron hasta agosto de 2001. La aceptación de las condiciones que pretendía imponer Estados Unidos les habría permitido caminar sobre «alfombras de oro» (o dicho de otro modo, más créditos del Fondo Monetario Internacional/Banco Mundial), pero su negativa y su evidente desinterés por un jugoso soborno en una discreta cuenta de Suiza provocó que desplegaran a sus pies la «alfombra de bombas» con la que el negociador estadounidense les había amenazado. Y desde entonces, con un presidente que en su día fue consultor de Unocal, nosotros también tenemos un «gobierno corporativo» o, como lo define Palast en el título de su último libro, tenemos «la mejor democracia que se puede comprar con dinero».[255]

Y a aquel que no se deje comprar para esta clase de «democracia» habrá que convencerlo con un insistente bombardeo. Gracias al 11-S y a la nueva «guerra contra el terrorismo», ya ni siquiera hay que pedir disculpas. En ese sentido, es posible que la farsa de Osama bin Laden sea la más fantástica y reciente de las conspiraciones del imperio bushista, lo que le ha permitido avanzar a su antojo a golpe de talonario sin que nadie se interponga en su camino.

Tercera parte

# PREGÚNTATE QUIÉN LO HIZO, PERO, POR TODOS LOS SANTOS, PREGÚNTATE TAMBIÉN POR QUÉ

Al ritmo que vamos, en los próximos años los Illuminati habrán sometido al pueblo estadounidense a una vigilancia mucho más estricta de la que conoció la Alemania de Hitler. Y lo más hermoso de todo es que la mayoría de los estadounidenses estarán tan aterrorizados por los incidentes terroristas apoyados por los Illuminati, que suplicarán que los controlen igual que un masoquista suplica que lo hostiguen con el látigo.

ROBERT SHEA y ROBERT A. WILSON,
*The Eye in the Pyramid*, 1975

## La historia interminable

La tragedia del 11 de septiembre de 2001 es una historia interminable que sólo las generaciones futuras podrán contar de principio a fin. La verdad que se oculta tras los atentados del 11 de septiembre sólo podrán desenterrarla los historiadores del futuro, de la misma manera que tuvo que pasar más de medio siglo, antes de que los expedientes del Gobierno se desclasificaran y permitieran establecer, más allá de toda duda, que el «ataque sorpresa» a Pearl Harbor no fue tal. Después del asesinato de John F. Kennedy han tenido que pasar décadas para que pudieran discernirse con mayor precisión las repercusiones de ese intento de golpe de Estado frustrado.[1] Bush hijo no sólo ha extraído del Archivo Nacional expedientes presidenciales de la Administración de su padre, sino que, además, ha clasificado los expedientes de presidentes sucesivos y los de su propio gobierno, lo que significa que no se podrán utilizar como base de investigaciones tras los veinte años habituales que establece la Ley de la Libertad de Información. Así que pasará mucho tiempo antes de que toda la «verdad», o lo que pueda reconstruirse de ella, salga a la luz.

Pero lo que es más importante es que, como testigo de los medios de comunicación y contemporáneo de este acontecimiento histórico, quiero dejar constancia, en este diario de conspiraciones, de todas aquellas cosas de la versión oficial de los hechos que se me antojan incoherentes y extrañas. Mi propósito no consiste en concebir una nueva teoría de la conspiración, sino en demostrar que esa teoría que todos los canales de comunicación proclaman a los cuatro vientos, la teoría de Bin Laden/Al Qaeda, es una teoría de la conspiración. Han transcurrido ocho meses desde la catástrofe y todavía no existen pruebas que presentar ante un tribunal para demostrar la culpabilidad de Bin Laden. En medio año, la operación policial de mayor magnitud de todos los tiempos no ha sido capaz de encontrar ni a uno solo de los cómplices, cerebros o sospechosos reales de los atentados. Desde el punto de vista criminalista, el 11-S es un caso de récord Guiness: es el más importante caso de asesinatos sin resolver de la historia.

Robert A. Wilson ha señalado que las teorías de la conspiración tienen un mecanismo inherente de autodefensa que las inmuniza acusando de participar en la conspiración a cualquiera que muestre una actitud crítica.[2] Cualquier argumento contra la teoría de la conspiración se convierte en un argumento a favor, y aumenta el alcance y la amenaza de la supuesta conspiración. Aquellos que se han mostrado críticos con la versión oficial de los atentados en Nueva York y Washington han vivido una experiencia similar. Todo aquel que osó formular preguntas fue tildado de «conspiracionista» y «antiestadounidense», y acusado de apoyar al terrorismo. He aquí la estrecha correlación entre la teoría de la conspiración y su homólogo teológico: la demonología. Todo aquel que niegue la existencia del demonio es que está poseído por él. Y también aquí se aprecia con absoluta claridad lo poco que se diferencian nuestros medios «ilustrados» de las gentes de tiempos irracionales y supersticiosos de la Edad Media. Casi de la noche a la mañana «Osama» fue convertido en la reencarnación de Satán, en el nuevo Anticristo, cuyos ubicuos demonios repartidos por todo el mundo («las células durmientes») amenazan al mundo y sólo podrán ser vencidos en una «cruzada» mundial. La conjura ritual colectiva que tuvo lugar en todos los grandes medios durante los días posteriores a los «ataques» hizo que fuera prácticamente imposible escapar a ese lavado de cerebro. Aquellos que querían saber en lugar de creer, aquellos que querían entender en lugar de repetir como loros, aquellos que exigían pruebas en lugar de conjuras, fueron arrastrados por la fuerte corriente de los medios que inundó el mundo entero con la teoría «Bin Laden».

¿El mundo entero? No. Una aldea virtual pero global resistió ante la uniformidad mediática: Internet. Y aquellos que gozamos del privilegio de acceder a esa pequeña «aldea gala», ingerimos la infopoción mágica que cocinaron los druidas electrónicos de www.google.com, es decir, información alternativa que inmuniza contra la propaganda simplificadora y alienante del imperio.

En una ocasión describí Internet como un entorno y un biótopo ideal para la cría de teorías de la conspiración. Nunca antes se habían dado unas condiciones tan favorables para la propagación de las conjeturas y los rumores como se dan en la red de redes. Si bien la mayor parte de los periódicos, canales de televisión y emisoras de radio se ven obligadas, sobre todo por la legislación de prensa, a documentar las noticias y la información contenida en los artículos, y tienen que demostrar su autenticidad en caso de duda, en Internet no se aplica ese tipo de disciplina. Tras el 11 de septiembre, por supuesto, prácticamente todos los medios pisotearon alegremente el código deontológico que vela por la independencia, la imparcialidad y la objetividad de la información, ofrecieron de manera voluntaria sus servicios para fines propagandísticos y vendieron la teoría de la conspiración de «Bin Laden» como realidad objetiva. Sin embargo, Internet, esa red que constituye un hábitat perfecto para las conspiraciones, se convirtió en el último oasis donde buscar la verdad. Las preguntas que los periodistas de los principales medios dejaron de plantear sobre el transcurso de los acontecimientos, el fallo de la defensa aérea, etcétera, encontraron un sitio ahí: la historia de Osama bin Laden como agente doble e instrumento de la inteligencia estadounidense; los vínculos empresariales entre las familias Bin Laden y Bush; los planes para la construcción de un oleoducto y las geoestrategias de las empresas petrolíferas angloestadounidenses; las negociaciones secretas que se mantuvieron con los talibanes hasta agosto de 2001; la reunión celebrada en julio de 2001 en el hospital estadounidense de Dubái, donde el representante de la CIA visitó a Osama bin Laden; el tráfico de drogas como pilar financiero de la política exterior oficial de Estados Unidos. Toda esa información tabú, que apenas es compatible —por no decir del todo incompatible— con la teoría de la conspiración oficial, podía encontrarse en Internet con ayuda del motor de búsqueda Google. Introduciendo dos o tres nombres o conceptos, cualquiera que hubiese perdido la confianza en la información procedente de las televisiones y la prensa podía componer su propio boletín de noticias y hacer oídos sordos a todos los anuncios que provenían del «Ministerio de la Verdad». En el futuro, seguro que científicos e investigadores del comportamiento estudiarán con enorme interés la interacción de los medios, la manipulación y la psicología de masas en este ejemplo de la que probablemente constituya la mayor operación de lavado de cerebro de la historia. Y probablemente también pondrán de relieve la siguiente paradoja: si bien para que una campaña de propaganda tan persuasiva alcance su máximo efecto «en vivo y en directo» es necesario que la sociedad esté mediatizada y telecomunicada, Internet, la última innovación tecnológica de las telecomunicaciones, ha sido precisamente la que ha proporcionado la única vía de escape de la maquinaria de manipulación.

Como periodista, a lo largo de las dos últimas décadas, he aprendido a apreciar la tecnología de los ordenadores en red. En 1981, me incorporé a la plantilla de la redacción del periódico berlinés *taz*, que se fundó en respuesta a la uniformidad y el conformismo sumiso de los medios durante la busca y captura de los terroristas de la Facción del Ejército Rojo (RAF) del «otoño alemán» de 1977, y fue también el primer periódico que empezó a editar su versión digital. A pesar de que como redactor del *taz* no se ganaba mucho dinero, trabajar allí tenía dos ventajas impagables: colaborar con un medio totalmente independiente, y con lo último en tecnología informática. Mucho antes de que Internet se convirtiera en una realidad, los periodistas del *taz* solíamos montar un follón tremendo en las conferencias de prensa con nuestras Olivetti M10, la legendaria precursora del *notebook* actual, desde las que enviábamos los datos a la sede de la redacción a través del enorme auricular de un acoplador acústico. A partir de ahí, desde que instalé el primer módem en mi casa a mediados de los años ochenta y Wau Holland, el «papa de los hackers», celebró el encuentro fundacional del Chaos Computer Club en la sede del *taz*, tuve claro que la revolución informática no era la del ordenador personal, sino la del ordenador interpersonal, la de la creación de redes de ordenadores y bancos de datos. A pesar de que la velocidad de transmisión de 1,2 kilobytes de entonces se asemejaba más al ritmo de un tambor africano que al del actual DSL, no sólo no he dejado de utilizar esa tecnología para recopilar información en ningún momento, sino que cada vez la utilizo más. Sin embargo, jamás me había resultado tan necesaria para la supervivencia, tan absolutamente imprescindible para mi salud y mi autonomía, como a partir del 11-S. Sin Internet, habría sido inevitable que me sorbieran el cerebro como a los cientos de millones de personas que sólo consumen televisión. La red ofrece páginas como GNN —Guerrilla News Network— al tiempo que ofrece la CNN. El periódico que uno hojea al levantarse por la mañana puede ser de la India, de Pakistán o del mundo árabe, todo «recién sacado del horno». Más allá de la reducida variedad de puntos de vista del Ejército de Estados Unidos y la CIA, uno disponía de acceso a las opiniones de quienes se mostraban críticos o escépticos con la versión oficial. En resumen, gracias a Internet, existe una vía de escape del túnel de la realidad cimentado en la propaganda y el clamor de la guerra.

A lo largo de las cuarenta y ocho horas posteriores a los atentados, los principales grupos mediáticos simplificaron los inconcebibles y complejos acontecimientos del 11-S y los redujeron a tres hechos:

- Osama bin Laden y su red Al Qaeda perpetraron los atentados.
- Su base se encuentra en Afganistán y debe eliminarse mediante una guerra.
- La guerra debe ampliarse a otros países que «dan cobijo a terroristas».

Estos tres principios han determinado la política de Estados Unidos desde el 12 de septiembre y, desde entonces, desde su primera comparecencia ante el Congreso, el presidente Bush los ha convertido en máximas incuestionables: «O estás con nosotros, o estás con los terroristas.» En ese momento, no era necesario adoptar un discurso tan amenazador para recabar apoyos, dado que una oleada de compasión y solidaridad con los habitantes de Nueva York y el pueblo estadounidense recorrió el planeta de punta a punta. Pero, por lo visto, los asesores de Bush que redactaron la frase eran bien conscientes de la fragilidad de las bases que sustentaban su teoría de la conspiración alqaédico-binládica. Era necesario despejar cualquier asomo de duda antes siquiera de que surgiese; y así se hizo, con un enérgico golpe sobre la mesa.

Por el comportamiento de los primates y otros mamíferos que viven en grupos o rebaños sabemos que, cuando se sienten amenazados por un peligro, siguen a cualquier macho alfa que ofrezca una salida, una solución. La solución que el presidente de Estados Unidos ofreció a los millones de primates domesticados que se sentían consternados y desorientados por los insólitos acontecimientos ocurridos no podía haber sido más sencilla. «¡Ha sido Osama!», y Osama vive en el complejo de cuevas de Tora Bora, y por eso lo vamos a destruir, y si no está ahí lo perseguiremos sin descanso hasta que demos con él. Nada ha sido capaz de empañar el éxito de la teoría «Ha sido Osama», ni siquiera la falta de pruebas que demuestren su culpabilidad, ni el hecho de que él mismo negase haber participado en los atentados en un vídeo (cuya autenticidad fue demostrada) y en una entrevista concedida el 28 de septiembre a la revista pakistaní *Ummat*,[3] ni el hecho de que las «pruebas» recopiladas durante los días y semanas posteriores a los atentados para demostrar la culpabilidad de Bin Laden y su relación con los supuestos secuestradores no serían aceptadas por ningún tribunal. En Estados Unidos, los medios machacaron el mensaje repitiéndolo una y otra vez y, de ese modo, bloquearon de manera sistemática cualquier duda o pregunta. Cualquier manifestación de escepticismo suponía la excomunión, y la «teoría de la conspiración» era sinónimo de maldición. El presidente Bush lanzó la condena el 10 de noviembre ante la Asamblea General de Naciones Unidas: «Tenemos que contar la verdad sobre el terrorismo. No debemos tolerar disparatadas teorías de la conspiración sobre los atentados del 11 de septiembre, mentiras perversas con las que sólo se pretende desviar la responsabilidad de los terroristas, de los culpables.»[4]

Así, cualquier punto de vista alternativo de los hechos quedó eliminado por la vía rápida por considerarse «disparatado»: sacrílego, abominable, criminal. Con ese golpe maestro se conquistó la victoria de la teoría de la conspiración alqaédico-binládica. Y no porque las visiones más escépticas o dudosas anduvieran faltas de fundamento —en comparación con la fragilidad de las pruebas de la versión oficial, las pruebas de algunas incongruencias parecerían muy sólidas—, sino porque, por una parte, desde el comienzo fueron tachadas de «teorías de la conspiración» del eje del mal y, por la otra, los principales medios de comunicación siguieron ese dictado con los ojos cerrados.


EL MITO DE LA INDEPENDENCIA
DE LOS MEDIOS

Existe el mito de que en los Estados democráticos, la «libertad de prensa» hace las veces de cuarto poder y funciona como mecanismo compensador. Ahora bien, creo que nada había logrado destruirlo con la ferocidad que lo ha hecho la cobertura informativa del 11-S. La noble insignia de la «independencia», la «imparcialidad», la «justicia» y la «objetividad» con que los medios se halagan entre sí de manera patética cayeron definitivamente en la miseria cuando el World Trade Center quedó en ruinas. Naturalmente habría sido ingenuo esperar algo distinto. La ciencia de la comunicación reconoció hace mucho tiempo que los principios de la prensa se echan por la borda en escándalos de menor repercusión. Tal como demuestra el profesor de publicidad Mathias Kepplinger con algunos ejemplos de escándalos ocurridos recientemente en Alemania —la enfermedad de las vacas locas, los ataques de neonazis y el escándalo de financiación del partido alemán CDU—, cuando los hechos no están claros, los medios tienden a exagerar y a dramatizar los sucesos. Kepplinger atribuye esto a «la manera en que nos comunicamos en las situaciones de mucha incertidumbre». El proceso de búsqueda del consenso respecto al esclarecimiento de la verdad en esos momentos se basa más en las dinámicas de grupo que en la racionalidad: «Si varias personas de un grupo explican sus observaciones una detrás de otra, al poco tiempo sus juicios comienzan a parecerse porque se establece una norma de grupo, un punto de vista que goza de la aceptación general del grupo.»[5]

## La falta de patriotismo se lleva al cuello

El periodista de informativos y moderador estadounidense Dan Rather es el paradigma de la seriedad periodística. Rather, que en la actualidad tiene setenta años, lleva veinte presentando el informativo más importante de la cadena de televisión estadounidense CBS […] En el programa *Newsnight*, de la cadena BBC, Rather advirtió que, desde los atentados del 11-S, un «patriotismo enloquecido» amenaza el periodismo en Estados Unidos y está impidiendo que los representantes de los medios formulen preguntas críticas al Gobierno. Además, reconoció que él mismo se había abstenido de lanzar preguntas comprometedoras al Gobierno por miedo a que lo acusaran de antipatriota.

El periodista cree que la situación en Estados Unidos después de los atentados en Manhattan y Washington es similar a la situación de Suráfrica en los años ochenta […] «Hubo una época en Suráfrica en que a quien disentía se le ponía un neumático ardiendo en el cuello.» Y ese miedo, el miedo a que te pongan un neumático en el cuello por falta de patriotismo, es la razón que está impidiendo que él y sus colegas de profesión planteen preguntas más comprometedoras sobre la «guerra contra el terror».

Rather afirmó que el mayor problema de los periodistas es la autocensura. «Comienza cuando uno mismo se siente patriota.» Llega un momento, en el que piensas: «Sé cuál es la pregunta que tengo que hacer, pero quizá no sea el momento más oportuno.»

*Frankfurter Rundschau*, 18-02-2002
http://www.fr-aktuell.de/fr/spezial/terror/2042/t2042014.htm

Ese instinto gregario, que en un estado de excepción (entendido tal como lo define Carl Schmitt) exige una distinción meridiana entre amigo y enemigo, y no una valoración racional y crítica de los hechos, es el que ha provocado la escandalosa uniformidad y conformismo en los medios tras los atentados. Esa uniformidad, que en alemán podríamos llamar *Gleichschaltung*, no debe remitirnos automáticamente al concepto orwelliano o goebbeliano de la «verdad» y el aparato propagandístico. Aunque esta clase de censura existe, sin lugar a dudas, desde el 11-S, eso no explica por qué los medios llevan ahora ya más de medio año mostrando una adhesión total a la versión oficial de los hechos. La «mántrica» repetición de la teoría de la conspiración «Bin Laden» y la ausencia de voces discordantes que la pongan en duda no puede atribuirse a que haya legiones de burócratas censores sentados a una mesa filtrando las noticias, sino más bien al hecho de que todavía no hemos superado las respuestas rudimentarias de los primates, por mucho que vivamos en una sociedad ultratecnológica y comunicada mediante redes. Ese esquema se cumple tanto en pequeños grupos —como reporteros, redactores y locutores— como en las masas.

La capacidad de los medios para vender como hecho una teoría de la conspiración durante tanto tiempo, sin que obre en su poder prueba alguna que lo demuestre, no sólo se explica por el gran poder de divulgación e impregnación en la sociedad, sino porque su mensaje ha suscitado una reacción positiva. Si los reporteros y periodistas —un grupo siempre bien informado y acostumbrado a la diversidad de puntos de vista— se dejaron arrastrar por el eslogan «Ha sido Osama», al verse inmersos en la confusión de los insólitos sucesos, no es de extrañar que los consumidores de los medios acogieran el mensaje con gusto.

A este respecto, para mí fue una experiencia clave la reacción de dos mujeres mayores —mi madre y mi tía—, con quienes vi un reportaje en la televisión sobre «La guerra contra el terrorismo internacional» las pasadas navidades. Cuando apareció Osama bin Laden, yo comenté que, según informaciones procedentes de Francia, Bin Laden se había reunido con un agente de la CIA por última vez en julio de 2001. Luego hablaron de los servicios secretos pakistaníes como «socios de la CIA», y yo mencioné que posiblemente la inteligencia pakistaní había financiado al piloto terrorista Mohamed Atta. Y así, poco a poco, seguí apuntando cosas de vez en cuando sobre lo que contaban en el reportaje. En un momento dado, mi madre me miró con escepticismo y me preguntó: «¿Me estás diciendo que todo eso que cuentas es verdad?» Yo le respondí: «Creo que es, por lo menos, tan cierto como lo que cuentan por la tele.» Y entonces ella replicó: «Déjalo estar, no insistas, es demasiado complicado para mí. Prefiero quedarme con lo que cuentan por la tele […] Además, ese jovencito de Bush lo está haciendo bastante bien.» En mi opinión, se podría decir que ésta es la reacción habitual, no de las mujeres mayores, sino de la inmensa mayoría de la población.

La conmoción psicológica; el número de víctimas, que en un principio se estimó en unas cincuenta mil; el peregrino acontecimiento babilónico-apocalíptico repetido una y mil veces a cámara lenta por las televisiones; el mundo desquiciado y el «ya nada volverá a ser como antes»; la enorme confusión general desatada por el caos... El mundo reclamaba a gritos una explicación, una evaluación rápida de la situación: un plan. Y eso es lo que George W. Bush proporcionó. Proporcionó la explicación perfecta, porque era una explicación simple. Presentó un culpable y les declaró la guerra a él y a todos sus seguidores. La extática euforia con tintes de exaltación neonazi que manifestó el presidente durante su discurso ante el Congreso no fue una coincidencia. De hecho, el momento le brindó la oportunidad de oro para mostrarse como líder y salvador dispuesto a levantar el ánimo de las masas paralizadas por el miedo. El efecto catártico no quedó en modo alguno debilitado por el hecho de estar vendiendo una teoría de la conspiración demasiado simplista, como pretexto para declarar una guerra. Todos sabemos que Hitler tampoco tenía mucho más que ofrecer.

Tal vez como primates domesticados tengamos implantado en nuestros genes el reflejo del chivo expiatorio, que en tiempos de catástrofe y caos nos proporciona una vía emocional para dar salida a nuestro miedo y nos garantiza, a la vez, la cohesión del grupo ante un «enemigo» común. Me da la impresión de que el éxito de la política de Bush sólo puede explicarse según dicho instinto reflejo, a una reacción más basada en el instinto gregario que en la razón individual. Cuanto más dramático es un acontecimiento y más confusa es la situación, mayor es la presión a la hora de darle salida. Si Osama y sus cuarenta ladrones no hubieran existido, habría sido necesario inventarse sobre la marcha un enemigo similar para seguir las dinámicas del grupo.

¿Cuáles habrían sido las características de una respuesta más inteligente y menos primitiva? El factor decisivo que funciona como motor del fenómeno es el horror y el miedo que desata. Quienquiera que planease los atentados, basó todos sus cálculos en el miedo y el horror que sembrarían en la población. Sin embargo, la sola idea de que los cerebros de los atentados proyectaran una reacción de pánico es síntoma de un razonamiento más sofisticado, de una mayor elaboración. No sólo se percibe el horror real, sino que también se tiene en cuenta quién lo está causando y con qué intención. Esa conciencia, esa percepción conspirativa, escéptica y paranoide abre paso a la posibilidad de una gran variedad de respuestas al horror, más allá del pánico. En los días posteriores a los atentados, el calificativo más aplicado a George W. Bush fue el de «prudente», sencillamente porque no se puso a lanzar bombas atómicas a diestro y siniestro, lo cual demuestra por sí solo que en situaciones de pánico colectivo el grupo pide que se actúe como sea, aunque se haga a ciegas.

La Nueva Inquisición, que ostenta el monopolio de la «verdad sobre el terror» y llama a la lucha contra las «disparatadas teorías de la conspiración», se proclamó a mediados de noviembre, y no porque sí. En días previos, los medios de comunicación franceses anunciaron que la última reunión entre Bin Laden y la CIA había tenido lugar en julio de 2001 en el hospital estadounidense de Dubái (véase «04-11-2001: ¡Osama conoce a la CIA!». Esa noticia amenazaba con echar por tierra el mito de que la cooperación con los terroristas islámicos había terminado mucho tiempo atrás. Según un informe del corresponsal de la CBS Barry Petersen,[6] es probable que la inteligencia estadounidense conociera el paradero de Bin Laden en septiembre de 2001; la n oche antes del 11-S, fue trasladado a un hospital militar en Rawalpindi para someterse a un tratamiento de diálisis. De manera que el cerebro del atentado terrorista más intrépido de la historia se encuentra enchufado a un gotero militar pakistaní para evitar que sufra un fallo renal durante la cuenta atrás. Esperemos que pronto, cuando alguien ruede una astracanada de terror titulada *Agárralo como puedas 23,5*, incluya esa fantástica escena.

«Bueno, entonces, ¿usted en realidad qué cree?» Quienes hacían esa pregunta en los seminarios del profesor de «cibernética» Heinz von Foerster tenían que pagar un dólar al fondo común de la clase; si el término empleado era «verdad», la multa ascendía a dos dólares. «El término "verdad" significa "guerra" [...] Crea la mentira, divide a las personas entre quienes se hallan en posesión de la razón y quienes no. La verdad, ya lo dije en una ocasión, es invención de un mentiroso.»[7]

Estoy convencido, también en relación con los sucesos del 11-S, de que las observaciones no pueden separarse del observador. Yo mismo, al cuestionarme este asunto, me encuentro en ocasiones en la misma situación que el físico cuántico atormentado por la paradoja de la partícula/onda. Cuanto mayor es el detenimiento con el que observas un aspecto del sistema, más perspectiva pierdes de los demás aspectos. Pero ¿acaso no son el gato de Schrödinger y el ratón de Einstein irrelevantes en un estado de excepción? ¿Acaso en esas circunstancias no se trata de abrir la caja y sentar unas cuantas certezas para poder pasar a la acción? Si eso es así y es cierto que el rebaño asustado pide a gritos que se actúe, si la manada de primates llama a la venganza, si se trata de establecer una clara dicotomía entre amigo y enemigo y sentar esas atroces «verdades» que significan guerra, entonces sólo queda una estrategia para contraatacar: promocionar y dar publicidad al «desafuero», a las «mentiras maliciosas» y a la distracción de los «verdaderos culpables».

## CUI BONO?

Si verdad significa guerra, ¿qué han hecho por nosotros hasta la fecha (julio de 2002) la «conspiración Bin Laden» maquillada de «verdad» y la declaración de guerra basada en ella? ¿Acaso la «guerra contra el terrorismo internacional» que lleva librándose desde hace más de medio año ha hecho del mundo un lugar más seguro? ¿Se ha encerrado a terroristas peligrosos para proteger a la población? ¿Tenía algún «sentido» sacrificar la vida de miles de civiles que en Afganistán se tomaron como «daños colaterales» y peaje de sangre por los atentados del 11-S? Sin duda, es un síntoma de progreso que la población de Kabul pueda escuchar música de nuevo, que las niñas puedan asistir a la escuela y que los hombres se afeiten. Sin embargo, es más que discutible que eso justifique los meses de bombardeos, especialmente desde que el régimen talibán introdujo su retrógrado fundamentalismo con la bendición y el apoyo de las mismas personas que ahora han enviado al ejército para derrocarlo. En julio de 2001, durante las últimas negociaciones secretas sobre el oleoducto celebradas en Berlín con Estados Unidos, el mulá Omar recibió carta blanca para perpetuar su teocracia medieval siempre y cuando los talibanes apoyasen el proyecto (y aceptasen la parte de los beneficios que se les había asignado). Recordemos que las alternativas que ofreció Estados Unidos eran una «alfombra de oro» o una «alfombra de bombas». Al final, Afganistán quedó sepultado bajo esta última.

¿Es esta cadena de acontecimientos —los intereses geoestratégicos de Estados Unidos en la región y los planes que emprendieron desde principios de los años noventa Unocal y otras empresas petrolíferas para la construcción de un oleoducto, junto con los atentados del 11-S y la posterior guerra de Afganistán—

una conclusión precipitada porque estamos dando por hecho que existen una causa y un efecto directos que en realidad no podemos demostrar con pruebas? Es más que posible, y el ejemplo demuestra por qué la pregunta «¿Quién sale beneficiado?» es una de las favoritas de los teóricos de la conspiración. Constituye una de las trampas clásicas del pensamiento conspirativo, porque pretende disimular la falta de pruebas tangibles poniendo el énfasis en la motivación del acto en sí. El que salga más beneficiado debe de haberlo hecho.

Los servicios de inteligencia de Estados Unidos y el complejo militar e industrial consiguieron enormes aumentos presupuestarios y beneficios tras los atentados, de modo que ¡algo tendrán que ver con ellos!

Refugiado bajo el paraguas de la «guerra contra el terrorismo», Israel pudo emprender de nuevo una campaña de conquista con total impunidad, así que ¡detrás de eso tiene que estar el Mossad!

George W. Bush corría el peligro de salir por la puerta de atrás como un estafador electoral, y la quiebra inminente de su mayor financiador —Enron— amenazaba con provocar un crac bursátil, así que había que declarar una guerra para disimular esa crisis económica y de política interior.

A fin de asegurarse el dominio mundial en el siglo XXI, para Estados Unidos es imprescindible hacerse con el control geopolítico de las reservas de petróleo de Asia central. El gobierno escenificó el 11-S como un «ataque sorpresa» para conducir a un país reacio hacia una guerra que podría convertirse en la «misión de una generación» (por utilizar la expresión del secretario de Defensa Rumsfeld).

Osama bin Laden odia a Estados Unidos porque tiene presencia militar en Arabia Saudí, y perpetró los atentados para llamar a todos los musulmanes del mundo a la lucha contra los infieles.

Cinco motivos, y todos ellos poseen cierta lógica. Por supuesto, podríamos citar otros muchos, pero no existe ni una sola prueba tangible que apunte al cerebro que urdió el plan de los atentados, por mucho que los medios se empeñen en hablar como si Bin Laden hubiera sido juzgado y declarado culpable. La cuestión del móvil ayuda a los investigadores criminólogos a centrar su investigación. Los crímenes sin móvil son raros, de manera que suelen estudiarse las circunstancias de la víctima para encontrar cualquier indicio que pudiera constituir un móvil. Pero los móviles, por sí solos, como todos sabemos por la novela policíaca, no constituyen pruebas tangibles. No son suficientes para declarar a alguien culpable.

## ESPÍA CONTRA ESPÍA

«Espía contra espía» es el título de una famosa tira cómica que se publicaba en la revista estadounidense *Mad*, y si uno hace caso al historiador R. J. Blackburn (véase «No es oro todo lo que reluce»), ese tira y afloja, en mayor o menor medida, tiene lugar en el centro de todos los Estados y potencias que se sienten permanentemente amenazados por potenciales enemigos tanto desde el interior como desde el exterior, y por eso los servicios secretos, las conspiraciones y las intrigas son su verdadero elixir de la vida.

«El que no esté paranoico en Washington es que está loco.» Esta sentencia se atribuye a Henry Kissinger, cuyas actividades como secretario de Estado y asesor en materia de seguridad nacional han acarreado una serie de consecuencias personales para él. Ahora no puede ni plantearse salir del país sin que alguien le ponga ante los ojos una orden de arresto por crímenes de guerra acusándolo de ser el responsable de los atentados terroristas del 11 de septiembre de 1973 que echaron del Gobierno a patadas al presidente chileno Allende. Un extraño caso de numerología mágica ($9+11+1+9+7+3=1\ 1\ 1\ 1$), que ejemplifica, sin embargo, cómo la política fundamentalmente paranoide y secretista de los Estados da lugar a una política exterior secreta y clandestina con tendencias terroristas.

Echamos al Gobierno de Guatemala cuando su orientación izquierdista nos disgustó; intentamos instigar una guerra civil contra Sukarno en Indonesia; intervinimos para volver a colocar al sah de Irán en el trono, después de que Mossadegh (el primer ministro electo) rompiera el monopolio de British Petroleum sobre el petróleo iraní; intentamos iniciar una contrarrevolución en Bahía de Cochinos en Cuba; incluso llegamos a librar una guerra secreta en Laos y a pagar a miembros de la tribu Meo y a mercenarios tailandeses que combatieron allí por nosotros. Todas esas operaciones se pusieron en marcha sin el conocimiento ni el consentimiento del Congreso. Ningún país era demasiado pequeño y ningún dirigente demasiado insignificante para escapar a nuestra atención. Enviamos veneno al Congo con la intención de infectar a Lumumba con una enfermedad mortal; armamos a los disidentes de la República Dominicana, aunque sabíamos que planeaban matar a Trujillo (el jefe del Estado); participamos en un golpe de Estado militar en Vietnam del Sur derrotando al mismo Gobierno que habíamos prometido defender [...]; intentamos durante años asesinar a Fidel Castro y a otros líderes cubanos. Los diversos ataques tuvieron lugar con administraciones diferentes y en todos los casos hubo una estrecha colaboración entre la CIA y la mafia.[8]

Este catálogo de pecados no es obra de un iracundo teórico de la conspiración antiestadounidense, sino que fue elaborado por el presidente del Comité Selecto sobre «Supuestas tramas de asesinato de dirigentes extranjeros», el senador estadounidense Frank Church. El listado aparece en la introducción de un informe de investigación de trescientas cincuenta páginas en el que dedicó algunas palabras al «caos de la política exterior de Estados Unidos».

Eso sucedió en 1976 y, a la vista de las atrocidades narradas en el informe del Senado, el presidente Ford decretó inmediatamente la prohibición de esa clase de asesinatos, lo cual no significa que a partir de entonces —en Nicaragua, Granada, El Salvador, Panamá, Irak y Afganistán— todo haya sido transparente. Sin embargo, la lista pone de manifiesto que, cuando la posición de un Estado es la de la paranoia crónica, éste acaba sintiéndose amenazado por repúblicas bananeras y se siente impulsado a emplear, si fuese necesario, la fuerza y el terror para eliminar esa «amenaza». Aquellos que ven conspiraciones del «enemigo» por todas partes —de «la izquierda», «los liberales», «los comunistas», «los terroristas»— no pueden imaginar una respuesta que no sea el contraataque con métodos y conspiraciones igualmente secretas. Sin embargo, esa tendencia a combatir las conspiraciones reales o imaginarias no conduce a la contención del comportamiento conspirativo, sino que lo alimenta y lo promueve.

## «DIOS NO ES NEUTRAL»

Por lo tanto, en cuanto al 11-S, tenemos una serie de motivos y también una serie de posibles sospechosos. Es la misma historia que en cualquier novela policíaca, y no se puede acusar de ser el culpable a cualquiera que tenga un pasado un poco turbio. Cabe esperar que Bin Laden y su organización encajen en el perfil del sospechoso por su pasado terrorista, pero hay que decir que los servicios secretos como la CIA y el Mossad encajan también a la perfección, sobre todo por su trayectoria en la escenificación de «ataques sorpresa». Eso fue lo que hicieron en 1954 en el escándalo Lavon, en el que agentes israelíes atentaron contra instalaciones británicas y estadounidenses en Egipto y consiguieron echarles la culpa a los fundamentalistas islámicos, lo cual condujo después, tal como querían, a que las tropas británicas y francesas atacaran Egipto en la crisis de Suez de 1956. Ese tipo de farsa terrorista es bastante común. Debido a su tradición, así como a su actitud básica marcada por la paranoia y por su propensión a la violencia, es muy poco lo que distingue a los servicios secretos de las organizaciones terroristas, aunque a ellos se les coloque la etiqueta de «eje del bien» y se suponga que actúan de acuerdo con la ley y la Constitución.

Pero la postura paranoide y «conspiranoide» genera casi automáticamente un mecanismo que pasa por alto sin escrúpulos la ética y la moral, y funciona de la siguiente manera: el enemigo de mi enemigo es mi amigo. En la batalla contra un archienemigo imaginario (o real), carece de importancia que ese «amigo» sea también un delincuente de los pies a la cabeza, un «canalla» o un «Estado canalla». Y así se explica que Estados Unidos apoyase la construcción de escuelas coránicas y campamentos terroristas en Pakistán y Afganistán. Las hornadas de «guerreros santos», fabricados como churros a toda velocidad en cursos intensivos, tenían que arrastrar al archienemigo de la URSS a una invasión preventiva de su «propio Vietnam» (según palabras del entonces asesor de seguridad Brzezinski). Y a partir de mediados de los años ochenta, Israel ayudó al movimiento islamista radical de Hamás a echar raíces en Palestina en un intento por destruir al archienemigo Arafat y su OLP. En ese juego «espía contra espía» son bien acogidos como instrumentos y socios de coalición hasta los canallas más mezquinos. Cualquier medio se acepta por una causa sagrada, o contra la amenaza que constituye una supuesta gran conspiración.

## Israel y Hamás

El apoyo de Israel al establecimiento de los islamistas de Hamás desde finales de la década de los setenta es un secreto a voces que conoce todo el que haya profundizado en la política de Oriente Próximo. El Gobierno israelí ha otorgado a Hamás cientos de licencias para la construcción y la gestión de instituciones «religiosas», escuelas, servicios sanitarios, etcétera, a sabiendas de que esa hermandad islámica tiene un historial fundamentalista y terrorista. Las noticias sobre este tema sólo se encuentran en medios independientes como el periódico alternativo *New York Press* o en los artículos de periodistas independientes como Robert Fisk, el veterano corresponsal del diario británico *The Independent*:

«En la década de los ochenta, cuando el señor Arafat era todavía considerado el "superterrorista" y Hamás una pequeña e inofensiva organización benéfica implacablemente musulmana que se oponía a Israel, los miembros israelíes animaron a la entidad a construir mezquitas en la franja de Gaza. Alguna mente brillante del Ejército israelí llegó a la conclusión de que la mejor forma de torpedear las aspiraciones nacionalistas de la OLP en los territorios ocupados era promover el islam. Incluso tras el Acuerdo de Oslo, algunos altos mandos israelíes declararon durante un enfrentamiento verbal con Arafat que a menudo mantenían conversaciones con representantes de Hamás. Y cuando, en 1992, Israel deportó ilegalmente a centenares de miembros de Hamás al Líbano, uno de los líderes de la organización, al oírme decir que quería viajar a Israel, buscó en la agenda el número de teléfono privado de Simon Peres y me lo dio.»

El propio Yasir Arafat, en una entrevista concedida al diario italiano *L'Espresso* el 19 de diciembre de 2001, declaró:

«Hamás se constituyó con el apoyo de Israel. El objetivo consistía en crear una organización que opusiera resistencia a la OLP (Organización para la Liberación de Palestina). Hamás recibía de Israel recursos para su financiación y ayuda para la formación de sus miembros. Han seguido beneficiándose de licencias y permisos mientras que nosotros no hemos obtenido licencia ni para construir una fábrica de tomate. El propio Rabin lo ha calificado como un gran error.»

http://www.nypress.com/15/17/taki/2.cfm,
http://www.thirdworldtraveler.com/Fisk_Robert/
MiddleEast_AccordingFisk.html

Merecería la pena investigar a fondo por qué causas «sagradas» como éstas son, en apariencia, tan esenciales para formar una sociedad, y prácticamente imprescindibles para que dicha sociedad se movilice; por qué suelen ser puras teorías de la conspiración que parten de la presunción de que existe un creador invisible y todopoderoso que mueve todos los hilos y al que se suele denominar con el nombre en clave de «Dios».

Aquí es donde hay que aplicar la conspirología crítica como

ciencia de la percepción escéptica y dejar claro que el hecho de que nos lancemos al cuello y nos matemos entre nosotros por una teoría de la conspiración no demostrada (ni demostrable) constituye un acto de extrema locura. Sin embargo, parece que desde hace siglos, los humanos no tenemos nada mejor que hacer que pelearnos entre nosotros por la «verdad» de esta teoría de la conspiración. Si no fuese por el gran poder simplificador de la «teoría de la conspiración», que permite fantasear con la alucinación de una «verdad», una causa «sagrada», probablemente no sería tan sencillo inducir al *Homo sapiens* a asesinar en masa. Pero una vez que se ha tomado la píldora de la simplificación, es capaz de hacer cualquier cosa.

¿Acaso DIOS, como se nos obliga a llamar al único conspirador central desde que los teóricos monoteístas de la conspiración reformaron el caos de los dioses, tiene que representarse como una verdad incuestionable porque es una teoría de la conspiración para la cual no existen pruebas al alcance de todos?

Si alguien se está preguntando qué tiene que ver esto con los misterios del 11-S, por favor, recuerden no sólo el comentario de George W. Bush de que «Dios no es neutral», sino también la maldición que mencionamos anteriormente contra las «disparatadas teorías de la conspiración» y la definición de la «guerra contra el terrorismo» como una «cruzada» en el contexto de la operación «Justicia infinita». No se puede ser más arcaico. Bush II se metió en la guerra invocando una «verdad» incuestionable, sagrada y divina con el fin de prevenir el horror del terrorismo. Y en cuestión de días pasó de ser el hazmerreír presidencial a convertirse en un sensato y sabio adalid del mundo occidental.

## ¿UN RETORNO AL PERIODISMO «LIMPIO» POR MEDIO DE UNA TEORÍA DEL CONOCIMIENTO «TURBIA»?

Mientras escribo esto, se han abierto paso hasta el Congreso de Estados Unidos las «disparatadas teorías de la conspiración», a pesar de que Bush manifestara públicamente su desprecio hacia ellas. A comienzos de abril, la congresista Cynthia McKinney solicitó una investigación ante la posibilidad de que Bush dispusiera de información acerca de los atentados antes de que éstos se produjeran y sobre los vínculos entre el Gobierno y empresas del sector de la industria armamentista como el Carlyle Group. La señora McKinney no sólo es mujer; es una mujer negra y demócrata, es decir, se encuentra en el polo opuesto del actual presidente Bush y sus hombres del petróleo, de los cuales casi la totalidad pertenece a la élite WASP (protestantes blancos anglosajones). Y si tenemos en cuenta que los congresistas de su propio Partido la abuchearon tras su intervención, la probabilidad de que sus exigencias lleguen a buen puerto es más que escasa. Sin embargo, debería dejarse constancia en los libros de historia de que la desconfianza que despertó la versión oficial de los hechos acontecidos el 11 de septiembre no sólo se extendió por los extremos derecho e izquierdo del espectro social, sino que también hizo mella entre las clases medias, y dejar también constancia de que ni siquiera la estigmatización y demonización de dicha desconfianza como «teoría de la conspiración» pudo detener la expresión de las sospechas ni las exigencias de que se abriera una investigación oficial.

La óptica «teórico-conspirativa», o eso parece indicar hasta ahora la breve historia de las reacciones ante los atentados contra las Torres Gemelas, se ha vuelto aceptable a pesar de todas las suspicacias; y el desprecio vertido contra los «dementes», «obsesos» y «conspiranoicos» parece que ha constituido la última línea de la polémica defensa. Años atrás, podría haber bastado con taparles la boca a los «chiflados» para convencer e imponer la versión oficial de unos hechos polémicos a fuerza de propaganda (como en el incendio del Reichstag o el asesinato de Kennedy), pero en la era de Internet, donde hay millones de «chiflados» que pueden colgar en la red noticias que no encajan, eso resulta prácticamente imposible.

## Intervención de la congresista Cynthia McKinney

Es obvio que los acontecimientos que tuvieron lugar el 11 de septiembre deben ser investigados con la misma urgencia que la debacle de Enron. No cabe la menor duda de que, si los ciudadanos estadounidenses merecemos respuestas sobre qué falló en el caso de Enron y por qué, y nos las merecemos, también merecemos saber qué falló el 11 de septiembre y por qué [...]

Éste no es momento para celebrar reuniones a puerta cerrada ni para secretismos. La credibilidad de Estados Unidos, ante el mundo y ante sus propios ciudadanos, depende de nuestra capacidad para dar respuestas creíbles a estas preguntas. El mundo se tambalea entre conflictos y, sin embargo, nuestro Gobierno aplica políticas vagas, indecisas y turbias. Han salido y continúan saliendo a la luz grandes conflictos de intereses en los que se ven implicados el presidente, el fiscal general, el vicepresidente y otros miembros de la Administración.

Lo que necesitamos en estos momentos son personas cuya capacidad de liderazgo y juicio no se vea comprometida ni enturbiada por nada. Es un momento para la transparencia y la investigación a fondo.

http://globalresearch.ca/articles/MCK204B.html

Por supuesto, en Internet se generan cantidades ingentes de información no fiable que ha dado a la incontrolable red de redes fama de ser un bazar de rumores en el que no se puede confiar. Pero el 11-S ha limpiado esa imagen al demostrar a todos esos observadores, que han logrado mantenerse en su sano juicio, que en tiempos de crisis, los medios «respetables» no son sino un dudoso bazar de rumores donde se urden teorías de la conspiración y se difunden fábulas y leyendas propagandísticas con desenfreno, y sin tomar una mínima distancia crítica. Por eso, desde ese día, ya no se puede recurrir a los medios de comunicación para formarse una imagen precisa de la realidad sin tener presente la perspectiva de la conspiración. El pensamiento teórico-conspirativo ha pasado de ser el patito feo de la teoría del conocimiento y ocupar un lugar marginal, a situarse en el centro del análisis político más cuerdo.

Si los medios se hubieran esforzado por desempeñar la labor que les corresponde y se hubiesen equipado con los instrumentos de la conspirología crítica o incluso de la percepción «escéptico-paranoide», se habría podido evitar la ausencia casi total de un periodismo de investigación que trabaje con objetividad. Y precisamente porque el pensamiento teórico-conspirativo es tabú, todos los canales emiten una propaganda idéntica que no se cuestiona. Aunque me atrevo a aventurar que, después de la experiencia del tratamiento del 11-S, esto pueda cambiar, y la «turbia» teoría del conocimiento del pensamiento conspirativo acabe convirtiéndose en un instrumento indispensable del periodismo «limpio».

A mediados de abril, tras la iniciativa de Cynthia McKinney, un periódico llamado *Atlanta Journal Constitution* realizó una encuesta en su edición digital: preguntaron a los lectores si creían que la Administración Bush tenía información sobre los atentados antes de que se produjeran, y si pensaban que ese asunto debía investigarse. De las veintitrés mil personas que participaron en la encuesta, sólo un 2 % abogaba por interrumpir todas las investigaciones, un 46 % manifestó su convencimiento de que el Gobierno sabía de antemano que iba a producirse el atentado, y un 52 % creía que el Gobierno no tenía ni idea. El periódico descolgó la encuesta pasado medio día antes de que el porcentaje de los confiados cayera por debajo del 50 %. Por lo visto, no esperaban que el viento en contra soplara con tanta fuerza.[9]

Robert Fisk —que es corresponsal en Oriente Próximo del diario británico *Independent* y, junto a Ahmed Rashid, una de las últimas autoridades periodísticas de Oriente Próximo que no ha sometido su sentido común a la maquinaria de la opinión única— tuvo una experiencia similar en un ciclo de conferencias que dio por Estados Unidos.

Y por primera vez, después de más de una década dando charlas en Estados Unidos, aquello me asombró. No me asombró la pasividad de los estadounidenses —esa postura patriótica y crédula de «el presidente sabe lo que hace»—, ni su ensimismamiento tras el 11-S, ni siquiera el miedo constante a criticar a Israel. Lo que me asombró fue la extraordinaria y nueva resistencia que surgió entre los estadounidenses a aceptar la versión oficial, la creciente conciencia y la indignación al sentirse engañados y estafados. En algunas de mis charlas, un 60 % de la audiencia pasaba de los cuarenta años, de los cuales, cerca del 80 % eran estadounidenses sin raíces étnicas ni religiosas en Oriente Próximo, «estadounidenses estadounidenses», como los califiqué cruelmente en una ocasión, o «estadounidenses blancos», como los llamó un estudiante palestino con mayor crudeza aún. Por primera vez no se mostraban contrarios a mi discurso, sino al de su presidente...[10]

En mi opinión, las reacciones que describe Fisk confirman la tesis de que el subconsciente conspirativo está creciendo y que, a la larga, las masas no dejarán que les tomen el pelo con teorías de la conspiración baratas, al menos no tan fácilmente como era posible antes de la revolución de Internet. Tal vez peque de ser optimista y excesivamente ingenuo, pero albergo la esperanza de que los millones de detectives privados, investigadores y curiosos de todo el mundo que están investigando por su cuenta las incoherencias que existen en torno al 11-S porque desconfían de las proclamaciones oficiales, se conviertan de verdad un día en una «inteligencia internáutica» descentralizada que derrote a la «Agencia Central de Inteligencia». Está claro que los servicios secretos oficiales están labrando también ese mismo campo de batalla y creando confusión a fuerza de tanta desinformación. Está claro que elaboran historias tapadera, historias alternativas que distraigan la atención de quienes no se creen la versión oficial de la conspiración real. Está claro que los hombres de gabardina y sombrero de la oficina central de la CIA de Langley utilizan el presupuesto de treinta mil millones de dólares no sólo para echar a sus detestables presidentes, sobornar a los generales golpistas y aprovecharse del tráfico de armas y de drogas; también contratan a periodistas, escritores y personas de los medios que nieguen el hecho. Pero el número de observadores críticos y la masa de escépticos aseguran también una nueva calidad que impide que los neoorwellianos Ministerios de la Verdad impongan sus mensajes propagandísticos tan fácilmente. Durante el Tercer Reich, la radio se convirtió en el medio más eficaz para la instauración de una dictadura porque servía para retransmitir un único mensaje: el del Führer. Hoy en día, Internet nos permite acceder a las «emisiones enemigas» en cualquier parte del mundo e incorporar sus datos a nuestra percepción de la realidad. Así que puede que no tardemos medio siglo en descubrir la trama del 11-S. La investigación criminal del caso, que fue interrumpida por la Administración Bush a finales de enero, continuará en Internet, y seguirán apareciendo también pruebas concluyentes sobre las mentiras oficiales y los intentos de encubrirlas que ya han comenzado a tomar cuerpo. Eso hará que aumente la presión, y tarde o temprano, esa presión popular procedente de Internet obligará a los medios de comunicación mayoritarios a despertar.

«La única lógica —dijo en una ocasión el gran físico James C. Maxwell— es la probabilidad.» Así que en lugar de fingir que se trata de la «verdad» ante los hechos sin resolver, hay que lidiar con la falta de claridad asociada a las probabilidades. Eso es exactamente lo que hacen las teorías de la conspiración, y por eso acto seguido desarrollan inmunidad contra los denunciantes y los desenmascaradores. «¿Es Bush o son los extraterrestres quienes están detrás de todo esto?», rezaba uno de esos típicos titulares en esa fase.[11] El grado de escepticismo de la población frente al dogma dominante, que ya es demasiado elevado como para seguir ignorándolo, queda reflejado en las páginas de humor de periódicos y revistas como una suerte de entretenimiento de la conspiración. Ver estos «hechos» metidos en el mismo saco que los cuentos de E. T. puede parecer ofensivo a quienes creen que «sin lugar a dudas» Bush está detrás de todo esto, pero no hace ningún daño a una teoría de la conspiración transparente que funciona con probabilidades. En una escala de probabilidad de 0 a 23, la probabilidad de que los «extraterrestres» estén detrás de esto puede que sea de 0,5, mientras que, según los últimos datos, la probabilidad de que sea el clan Bush se situaría en 15. Un nuevo descubrimiento como la noticia que publicó Reuters[12] el 9 de febrero, de que el líder militar pakistaní Musharraf y el presidente afgano Karzai han acordado retomar el proyecto del oleoducto (noticia que, una vez más, la prensa alemana no recogió) supondría otro medio punto más para Bush, porque eso introduce en el panorama el ingrediente de los intereses petrolíferos.

## «PERMITID UNO, IMPEDID EL RESTO»

Regresemos de nuevo al extraño caso del sospechoso agente encubierto Delmart *Mike* Vreeland que fue arrestado en Canadá en diciembre de 2000 y entregó una nota a los guardias de la prisión en agosto de 2001 advirtiendo que iba a producirse un gran atentado contra objetivos de Estados Unidos (véase «04-11-2001: ¡Osama conoce a la CIA!» y «02-02-2002: Del territorio de Al Capone a Oleoductistán»). Un tribunal de Toronto ha concedido al joven Vreeland, de treinta y cinco años, la libertad bajo fianza mientras sus abogados continúan luchando en los tribunales para evitar su extradición a Estados Unidos, donde temen que no sobreviviría más de unas horas. Vreeland ha escrito una carta abierta[13] a David Corn, del periódico *The Nation*, que lo tildó de «tarado conspiranoico», y ha respondido a treinta y cinco preguntas en una extensa entrevista[14] con Mike Ruppert. Según esta última, Vreeland fue arrestado en Toronto al llegar de Moscú. Había sabido de los planes del atentado a principios de diciembre de 2000. La información le llegó a través de unos documentos en posesión de un agente estadounidense a quien el presidente de Rusia Vladímir Putin había informado, tras ser supuestamente advertido por un hijo de Sadam Hussein.

En agosto, cuando las autoridades canadienses denegaron a Vreeland el permiso para hablar con la inteligencia militar, éste escribió una nota aciaga y atropellada, que los guardias guardaron con sus pertenencias en un sobre cerrado y no abrieron hasta el 14 de septiembre. Además de una lista de edificios —World Trade Center, la torre Sears, la Casa Blanca, el Pentágono—, la nota contiene la misteriosa frase: «Permitid uno, impedid el resto.» La frase podría ser la consigna recibida por un grupo de agentes encubiertos después de haber informado de sus planes a la oficina central. A la pregunta de Mike Ruppert sobre si esa afirmación implicaba que la CIA o alguna otra agencia de inteligencia había conseguido infiltrarse en las células terroristas, Vreeland respondió:

—Eso por descontado. En ocasiones, determinados gobiernos diseñan, crean redes como Al Qaeda, que en realidad ejercía de Gobierno en Afganistán. Esas entidades crean problemas específicos al establecer ciertas directrices gubernamentales.
—¿Usted sabe quién consiguió introducirse?
—De eso no puedo hablar.
—¿Es posible que se estuvieran «dirigiendo» células terroristas sin saber de quiénes se trataba?
—Desde luego.

A mí la historia de este agente de bajo rango me ha parecido plausible desde el primer momento: un tipo con aspiraciones a James Bond, que utilizó su tarjeta de crédito financiada por la Marina para comprar un cargamento de cajas de champán y un yate. También resulta creíble que, en sus viajes como espía a Moscú, oyera hablar a sus colegas de los atentados. Asimismo, encaja que intentase utilizar esos datos para salvar el pellejo justo cuando sus superiores decidieron arremeter contra él y sus excesos con el dinero. Los servicios secretos utilizan acusaciones inventadas y otros trucos similares cuando necesitan detener la circulación de alguna noticia comprometida y negar cualquier tipo de vinculación con ella.

Supongamos por un momento que en realidad Vreeland no es más que un delincuente común y un timador que realiza estafas con tarjetas de crédito. En ese caso, ¿en qué le beneficiaría inventarse una historia tan rocambolesca sobre los servicios secretos como la que contó a las autoridades canadienses? Si en verdad se inventa una identidad como agente, ¿no sería más lógico que lo internaran en un psiquiátrico en lugar de dejarlo en libertad? No, ese agente encubierto de baja categoría y semidelincuente lleva trabajando como colaborador independiente para la inteligencia de la Marina estadounidense desde que lo expulsaron del cuerpo. La Marina le ha pagado 4.260 dólares por realizar turbios encargos, se llama Delmart *Mike* Vreeland y es real. Pero ¿qué lo impulsó en agosto de 2001 a advertir a los guardias de prisión que se produciría un atentado y a garabatear los nombres de los edificios señalados en una hoja de papel? Es comprensible que no responda a las preguntas cruciales en esta entrevista, ya que como «delator» tiene razones para temer por su vida. Pero gracias a su caso podemos añadir una variante más al escenario de posibles datos previos sobre los atentados.[15]

Un grupo terrorista —pongamos, para no perder la costumbre, que se llama Al Qaeda— planea una serie de atentados terroristas con aviones comerciales contra edificios de Estados Unidos. La planificación y preparación trascienden. En junio de 2000, según Vreeland, los servicios secretos iraquíes se enteran, y en noviembre del mismo año trasladan la información a Rusia, un país amigo. En ese momento, la información llega también a los servicios secretos estadounidenses, pero en lugar de tomar medidas, pronuncian el eslogan «Permitid uno, impedid el resto». Eso es lo que el agente estadounidense Vreeland, arrestado en diciembre de 2000, escribe en agosto de 2001 en una nota que permanece guardada junto con sus pertenencias hasta el 14 de septiembre. Y cualquiera que se disponga a interpretar esa frase verá que seguramente se trataba de una consigna.

La pregunta es ¿a través de qué canales lograron infiltrar en Al Qaeda a esos falsos colaboradores? Ahí es cuando entran en juego los servicios secretos pakistaníes (ISI) como grandes aliados de la CIA en la región, que, entre otras cosas, realizaron una transferencia de cien mil dólares a Mohamed Atta en julio, según publicó *Times of India*[16] en un artículo donde citaban a fuentes indias y al FBI. ¿Se infiltraron colaboradores no oficiales en Al

Qaeda de la misma manera que se infiltraron agentes de inteligencia en la junta del partido alemán de extrema derecha NPD? ¿Acaso como agente doble por excelencia y tras haber desempeñado la función de cabeza de turco le prometieron a Osama una jubilación tranquila en algún oasis saudí o en algún lugar de Florida con pasaporte nuevo y sin barba? Ahora en serio: no sería la primera vez que la inteligencia de un gobierno se infiltra en un grupo terrorista e introduce informadores o un agente provocador. Podemos hablar de las Brigadas Rojas o de la Fracción del Ejército Rojo, de la yihad o de Hamás; hablemos del tipo de terrorismo que hablemos, los servicios de inteligencia del Estado han acabado involucrándose, antes o después, de manera directa o indirecta. En el caso de Bin Laden, cuyos muyahidines fueron reclutados con ayuda de la CIA para luchar contra los soviéticos, probablemente no fuera muy distinto. Y cuando leí sobre el asunto de la nota de Vreeland («Permitid uno, impedid el resto»), algo en mi cabeza hizo «clic»: probablemente este caso tampoco era distinto. Eso explicaría el secretismo —incomprensible por lo demás— de la Administración Bush, explicaría la reticencia a reaccionar ante las múltiples advertencias, explicaría la resistencia a dar respuesta a las preguntas aún sin responder sobre lo ocurrido el 11-S, la resistencia a abrir determinadas líneas de investigación, las restricciones con las que se toparon los investigadores respecto a Arabia Saudí y a la familia Bin Laden, y la ausencia de pruebas concluyentes sobre los cerebros de los atentados o sobre su vínculo con Al Qaeda. Estamos trabajando con probabilidades y lo que es más que probable es que en Al Qaeda hubiera agentes dobles infiltrados, que Al Qaeda fuera y siga siendo un instrumento de la política exterior oculta de Estados Unidos, y que Al Qaeda estuviera y siga estando financiada por fuentes saudíes.

En este punto, resulta casi imposible reconstruir acontecimientos tan complejos como los ocurridos el 11-S para hallar «el» motivo o «el» cerebro de la operación a menos que se haga con la intención de responder a la teoría de la conspiración oficial «Bin Laden», con la teoría de la conspiración no oficial llamada «Bush». La hipótesis de que estas dos teorías que parecen mutuamente excluyentes formen parte en realidad de lo mismo resulta bastante convincente. Los servicios secretos de Estados Unidos (o parte de ellos) conocían los planes de Al Qaeda y la manera en que iban a prepararse y a ejecutarse los atentados; no reaccionaron ante las repetidas advertencias del presidente Putin y de otros países porque disponían de información mucho más precisa y directa sobre los planes; y por eso, el 11 de septiembre, se dejó abierta una «ventana» en la zona de exclusión área de máxima seguridad de Estados Unidos, y también por eso, un día después del supuesto ataque sorpresa ya se hallaban en disposición de ofrecer la lista de los diecinueve culpables.

## EL EJE DE LOS SOSPECHOSOS

Casi todos los observadores y expertos coinciden en que una operación tan compleja como la de los ataques del 11-S difícilmente puede llevarse a cabo sin ayuda de los servicios secretos y el Ejército. El argumento de que el atentado fue planificado y dirigido desde una cueva de Afganistán por una banda autónoma ya no se lo cree nadie, ni siquiera los más crédulos, y menos aún después de ver lo infructuoso que ha resultado el proceso de búsqueda y captura de los responsables. De forma que, si los terroristas recibieron como mínimo apoyo indirecto de entidades estatales, ¿a qué Estados pertenecían? ¿A esos que Bush hijo bautizó como el «eje del mal» y, en particular, a Afganistán, que entretanto ha sido «liberado»? Me extrañaría, porque apoyar los atentados habría supuesto tirar piedras en su propio tejado. Sus gobiernos habrían corrido el riesgo de que los expulsaran por la fuerza como a los talibanes, sobre todo en el caso de Sadam Hussein en Irak. Si buscamos gobiernos que hayan salido beneficiados del 11-S, sólo encajan en el perfil Bush en Estados Unidos y Sharon en Israel, y hasta cierto punto también el dictador militar Musharraf, cuya influencia ha aumentado considerablemente desde el inicio de la guerra. A pesar de que no puede afirmarse que Arabia Saudí sea un beneficiario directo, hay que destacar el sorprendente hecho de que haya conseguido mantenerse siempre fuera de la línea de fuego, sobre todo si tenemos en cuenta que la mayoría de los supuestos terroristas, al igual que Osama, procedían y recibían apoyo financiero de ese país.

## Una guerra que sólo desea el Gobierno estadounidense

Durante los diecisiete meses que lleva la Administración Bush, al Gobierno de Estados Unidos le ha salido mal prácticamente todo lo que se refiere a mentalizar a la población para la campaña militar en Irak. Tampoco le ha ido mucho mejor en la tarea de convencer a gobiernos amigos y aliados. Los actos terroristas contra instalaciones estadounidenses en el extranjero y la amenaza del carbunco no han podido vincularse a Irak. No han podido presentarse pruebas de la supuesta colaboración entre Al Qaeda e Irak [...]

Al mismo tiempo, las autoridades han ido intensificando la campaña de desinformación e información errónea, probablemente la mayor campaña de estas características puesta en marcha jamás. A diario se seda a la población de Estados Unidos y del resto del mundo con dosis cada vez más grandes de propaganda sobre la amenaza que Irak representa para el mundo en el año 2002. Al frente de la cerrada defensa de la guerra contra Irak se encuentra el subsecretario de Defensa, Paul Wolfowitz, que ve la intervención militar como única solución posible. El 14 de julio declaró en Estambul: «El presidente Bush ha dejado claro el peligro que representa el actual régimen iraquí para Estados Unidos; se trata de un peligro con el que no podemos vivir de manera indefinida.» Hacer declaraciones como ésas sin pruebas que las avalen constituye un acto de grave irresponsabilidad. Contribuye a fomentar la histeria colectiva que siembra el Gobierno estadounidense y pretende provocar el aumento de los apoyos a la intervención militar [...]

El Ministerio de Defensa de Estados Unidos y la CIA son perfectamente conscientes de que Irak no representa ninguna amenaza para la región, y mucho menos para Estados Unidos. Y quien sostenga lo contrario miente. Saben, por ejemplo, que Al Dora, un antiguo centro de producción de vacunas contra la fiebre aftosa situado a las afueras de Bagdad, y Al Fallujah, una fábrica de pesticidas y herbicidas situada en el desierto occidental, hoy en día se encuentran destruidas y sin posibilidades de ser reparadas [...]

No hace falta ser especialista en armas de destrucción masiva para deducir que esas instalaciones eran inofensivas cuando se crearon y así se mantuvieron. Lo verdaderamente preocupante es que el Ministerio de Defensa disponga de todos esos datos. ¿Se puede saber entonces por qué se empeña la Administración Bush en incluir a Irak en la lucha contra el terrorismo? [...]

¿Qué fue lo que dijo Paul Wolfowitz en el ala oeste del Capitolio de Estados Unidos el 15 de abril? «Que Dios bendiga a toda la gente de paz del mundo.» Todavía está a tiempo de unirse a ella.

Hans von Sponeck, ex coordinador de ayuda humanitaria de Naciones Unidas para Irak, *Frankfurter Rundschau*, 30-07-2002. http://www.fr-aktuell.de/

De manera que podríamos yuxtaponer el «eje del mal», que no estuvo involucrado en los ataques, con el «eje de los sospechosos», que son naciones que facilitaron este acto de terrorismo, no hicieron nada por impedirlo o se han beneficiado de él.

A diferencia de lo que sucede en *La cortina de humo*, la película donde el presidente de Estados Unidos escenifica un ataque falso contra «los albaneses» para distraer la atención de los escándalos nacionales, se retiró de la programación de la televisión alemana a mediados de septiembre por cuestiones diplomáticas y se emitió al cabo de sólo tres meses. El experto en servicios de inteligencia y escritor James Bramford (*The Puzzle Palace: Inside the NSA*)[17] no tuvo tanta consideración por los tiempos y dejó boquiabierta a la población estadounidense a principios de 2002 con detalles de la llamada «Operación Northwoods».[18] Éste fue un plan urdido por el Ejército estadounidense a comienzos de la década de los sesenta para declarar la guerra contra Cuba y consistía en simular una serie de ataques terroristas y atribuirle la responsabilidad al país caribeño. El plan incluía atentados contra ciudades estadounidenses y el hundimiento de un barco con pasajeros, pero fue abortado por el recién elegido presidente Kennedy y su secretario de Defensa McNamara para gran desilusión de algunos halcones y «matacomunistas». Los documentos desclasificados muestran que en la operación se asumía conscientemente un número de víctimas civiles, y que no se trataba de un juego de simulacro que se plantease únicamente en el plano teórico, sino un plan tangible y concreto que iban a llevar a cabo los equipos de operaciones del Ejército.

El momento que Bramford escogió para hacer esas revelaciones fue un jarro de agua fría para muchos contemporáneos ingenuos que no podían creer que un país democrático y amante de las libertades como Estados Unidos fuese capaz de urdir un plan criminal de esa naturaleza. Pero cuando están en juego el poder, la influencia geopolítica y la estructura imperial de una potencia mundial se da por hecho que habrá algunas víctimas inocentes. Y si echamos un vistazo a la lista de guerras oficiales y no oficiales que Estados Unidos ha iniciado en la segunda mitad del siglo XX, podemos decir que Noam Chomsky tiene razón cuando dice Estados Unidos es el «mayor Estado terrorista». No obstante, tenemos que reconocer que es precisamente esa estrategia la que permitió a Estados Unidos pasar del irrelevante papel que ocupaba en el plano de la política global hace un siglo a hacerse con el puesto de primera superpotencia mundial. Y es que a la CIA —que se fundó en 1945 siguiendo las directrices de Gehlen, uno de los mayores especialistas alemanes y número uno de la inteligencia hitleriana— también le han ido las cosas bien en sus ya más de cincuenta años de complicidad con dictadores, traficantes de drogas, contrabandistas de armas y otros canallas.

Así que ni éste ni otros servicios de inteligencia militar tienen razones para abandonar métodos que les han dado resultados eficaces. Quien desee construir un imperio tiene que pensar a escala imperial y por tanto debe subordinar los escrúpulos morales al objetivo que quiere alcanzar a largo plazo. ¿Son el presidente Roosevelt, su secretario de Guerra Stimson y la cuadrilla de fieles espías que provocaron y permitieron el ataque de Pearl Harbor culpables de un crimen de guerra y de alentar el asesinato que acabó con la vida de dos mil compatriotas suyos, o por el contrario cumplieron honradamente con su deber al hacer lo que estimaban que era mejor para su país y emplear ese truco para conducirlo a una guerra que resultó ser muy fructífera? Desde el punto de vista de la moralidad convencional o los ideales democráticos, no existe ningún fin que justifique en modo alguno el asesinato como medio de alcanzarlo. Pero en el terreno de la política realista se emplea esa clase de medios, y por eso Estados Unidos figura en los primeros puestos de la lista de mi «eje de sospechosos» particular, seguido de los gobiernos saudí y pakistaní, que son sus vasallos más importantes en la trama. En la década de los años ochenta, miles de millones de dólares procedentes de los feudos del petróleo saudí prendieron la mecha de la «Guerra Santa» y crearon al líder mercenario Osama bin Laden. Pakistán proporcionó el arsenal ideológico y de lucha a los muyahidines en cientos de escuelas coránicas y campos de entrenamiento financiados por el floreciente negocio de la heroína. Se reclutaron jóvenes musulmanes en todo el mundo para llevar a cabo un programa de guerreros santos a quienes se lavaba el cerebro bajo la supervisión de Estados Unidos, que a la vez reclutó también a guerreros santos en las numerosas oficinas de reclutamiento estadounidenses e incluso entrenó a algunos de ellos en campos del Ejército estadounidense.[19]

Con Estados Unidos como supervisor, Arabia Saudí como fuente de apoyo y financiación y el servicio secreto pakistaní como organizador local, tendríamos reunidos los principales «refugios del terrorismo» que dieron lugar a la catástrofe del 11-S. El servicio de inteligencia israelí del Mossad debió de enterarse de que se estaban planeando los atentados (y de que los servicios secretos de Estados Unidos lo sabían) —o eso parece indicar el silencio impuesto al escándalo de escuchas y espionaje de la supuesta red de espionaje israelí en Estados Unidos—, pero se guardó esa información aunque dio aviso oficial a Estados Unidos. Sin embargo, tras el 11-S parece que el Mossad informó en secreto a sus colegas de la CIA en Virginia y la Casa Blanca de que poseían esa bomba informativa, y de esa manera Israel logró una enorme influencia sobre el país y consiguió su apoyo para la nueva campaña de ocupación. En mi opinión, esta clase de influencia secreta es la única forma posible de explicar el apoyo ilimitado de Estados Unidos al terrorismo de Estado de Sharon, que ha llegado al extremo de impedir la entrada de la Cruz Roja y las misiones humanitarias de Naciones Unidas para impedir que salieran a la luz las masacres de Yenín y otros lugares.

Si Sadam Hussein deniega el acceso a los inspectores de armas de Naciones Unidas, es razón suficiente para declarar una guerra; si Ariel Sharon le hace un corte de mangas a la Cruz Roja, George W. Bush lo llama «hombre de paz». No cabe la menor duda de que, por las buenas o por las malas, esto debería someterse a la investigación de un tribunal independiente que analice los sucesos del 11-S y sus consecuencias. Además de los principales protagonistas —Estados Unidos, Arabia Saudí y Pakistán— el «eje de los sospechosos» debería incluir también a Israel, al menos en calidad de beneficiario y rapiñador.


## BIENVENIDOS A BRAINWASHINGTON D. C.

Es posible que esté metiendo la pata con todas estas especulaciones, pero, dada la escasez de hechos, especulaciones es lo único que hay, incluso para los vendedores de la versión oficial. El 1 de mayo de 2002, la BBC informó:

> Agentes de inteligencia de Estados Unidos han admitido que no lograron encontrar ninguna pista que condujera a los autores de los atentados del 11-S. En el informe más detallado sobre la investigación, el jefe del FBI aseguró que, después

de siete meses trabajando sin descanso, Estados Unidos no había hallado pruebas concluyentes relacionadas con los atentados en Nueva York y Washington.[20]

La breve noticia no causó sensación ni saltó a las portadas de la prensa internacional. «La mayor operación policial de la historia fracasa», «Siete meses de investigaciones a gran escala: sin pistas», «Los servicios secretos, la Policía y el 11-S: el sueño profundo se une a la incompetencia», algo así deberían haber rezado los titulares. Porque adivinen cuál es la razón que aduce el director del FBI Robert S. Mueller para explicar el estrepitoso fracaso de la investigación: «Los secuestradores no tenían [...] ordenadores portátiles, no tenían ningún soporte para almacenar la información. Vestían y actuaban como estadounidenses.»[21]

¡Guau! ¡Qué terroristas tan listos! No iban por ahí con turbantes, barbas y pinta de siniestros fundamentalistas. Se afeitaban, sonreían y su perspicacia alcanzaba cotas tan increíbles que no grabaron una copia de los planes en el disco duro de un ordenador ni dejaron anotaciones escritas por ahí. Por supuesto, nadie estaba preparado para reaccionar ante mentes tan retorcidas y sofisticadas, y probablemente por eso en las conferencias de prensa nadie pregunta si en algún momento los directores del FBI, la CIA o la NSA (Agencia de Seguridad Nacional) se han planteado la posibilidad de dimitir a la vista de su incapacidad para impedir que se produjeran los atentados en su día y para resolver el caso después.

Tampoco nadie se pregunta cómo hicieron las autoridades para llegar a la conclusión de que el señor Mohamed Atta y otros dieciocho autores eran los responsables. Como sabemos, esas personas no figuran en las listas de pasajeros publicadas por las compañías aéreas. Pero si uno no figura en la lista de pasajeros[22] y no presenta un documento de identidad al embarcar, no le permiten acceder al avión.

Y desde luego nadie se pregunta tampoco por la identidad de los diecinueve supuestos autores, de los cuales al menos siete utilizaron documentos de identidad de personas que no participaron. ¿Quiénes son en realidad, y qué sabemos de los demás? ¿Presentaron documentación real? Además, parece que ya no interesa a nadie cuál era en verdad el vínculo entre esos diecinueve terroristas fantasmas, Osama bin Laden y sus tropas del terror de Al Qaeda.

«Los planes —según el director del FBI— se desarrollaron y se financiaron en el extranjero, y todo comenzó hace cinco años.» De nuevo nadie pregunta cómo es posible que Robert S. Mueller tenga datos sobre la antelación con que se planificó el atentado y al cabo de siete meses de investigación no se hayan encontrado «pruebas concluyentes».

La investigación resultó de gran utilidad para establecer en quién y en qué centrarnos y así evitar que vuelva a suceder. Nos permitió ver los agujeros de seguridad que debemos tapar. Y nos proporcionó pruebas claras y definitivas de que Al Qaeda estaba detrás de los atentados.

El cinismo hay que paladearlo mientras se derrite en la boca. El mayor caso de asesinato de la historia sigue sin resolver después de casi medio año de investigaciones. No se ha identificado a ninguno de los cerebros de la operación y, por supuesto, tampoco ha habido detenciones; no se ha tirado del hilo de las especulaciones bursátiles y, por supuesto, tampoco se han denunciado; no se ha nombrado ni a quienes poseían información privilegiada ni a quienes se han beneficiado; por no hablar de la falta absoluta de «pruebas claras y definitivas». Y el jefe de la Policía sale a hablar y pretende hacernos creer que esta debacle ha resultado de «gran utilidad» para prevenir otros atentados en el futuro. Pese a todo, nadie pone el grito en el cielo, nadie le arroja bombas fétidas en nombre de las víctimas ni le hace preguntas. En cualquier caso, no serviría de mucho, y así lo insinuó *Los Angeles Times* en abril.[23] «La investigación global no ha dado prácticamente ningún fruto en cuanto a pruebas concluyentes sobre la planificación de los terroristas, y las autoridades afirmaron el lunes que cada vez ven con mayor claridad que tal vez nunca lleguen a conocerse muchos de los detalles clave.»

¡Bienvenidos a Brainwashington D. C.! ¡Bienvenidos al mayor espectáculo de propaganda de todos los tiempos! ¡Bienvenidos a la máquina del consenso! Por favor, deje su cerebro en el guardarropa, entre y dedíquese a disfrutar. Les rogamos mantengan sus preguntas y maletas de incongruencias controladas en todo momento. Si identifica alguna mochila de aspecto sospechoso, informe de inmediato a las autoridades pertinentes. No olvide abrocharse el cinturón de seguridad: la Tercera Guerra Mundial no es una plácida excursión de domingo. Para los periodistas y colaboradores de los medios que viajen con nosotros, el departamento de prensa ha preparado un folleto especial elaborado por el gran gurú de la prensa estadounidense y ex redactor jefe del *New York Times*, John Swinton.

En Estados Unidos, a estas alturas de la historia universal, no existe lo que se llama prensa independiente. Vosotros lo sabéis y yo lo sé. No hay ni uno solo entre vosotros que se atreva a expresar por escrito su opinión sincera; y si lo hiciera, sabéis perfectamente que vuestro escrito no se publicaría jamás. Me pagan religiosamente todas las semanas para que no publique mi honrada opinión en el periódico para el que trabajo. Muchos de vosotros recibís salarios parecidos por un trabajo similar y, si alguno cometiera la locura de escribir su opinión sincera, acabaría de patitas en la calle buscando trabajo. Si yo publicase mi opinión sincera en la edición un solo día, me despedirían en menos de veinticuatro horas. La labor del periodista consiste en destruir la verdad, en mentir abiertamente, en pervertir, envilecer, arrojarse a los pies de Mammón, vender a su propia raza y a su patria para asegurarse el pan de cada día. Vosotros lo sabéis y yo lo sé; así pues, ¿a qué viene esa locura de brindar a la salud de una prensa independiente? Somos los instrumentos y los lacayos de hombres ricos que permanecen a la sombra. Somos como títeres; ellos tiran de los hilos y nosotros bailamos al son que nos tocan. Nuestros talentos, nuestras posibilidades y nuestras vidas son propiedad de otros hombres. Practicamos la prostitución intelectual.[24]

Swinton no pronunció su discurso ante el club exclusivo de la prensa neoyorquina después del 11 de septiembre. El discurso data de 1880, aunque probablemente nunca ha estado tan de actualidad como ahora.

Yo, de todos modos, no soy pesimista. Aunque nos dirijamos a la Tercera Guerra Mundial; aunque Estados Unidos camine con paso firme hacia un patriótico Cuarto Reich y estén destruyendo libertades civiles constitucionales por «razones de seguridad»; aunque la dolarización de la economía mundial y los asaltos del FMI y el Banco Mundial sean puro imperialismo llamado por otro nombre; aunque el 11-S haya desencadenado la puesta en marcha de la mayor operación de lavado de cerebro de todos los tiempos y se alimente a las masas con la realidad simulada de la teoría de la conspiración alqaédico-binládica; aunque parezca imposible salir de la matriz construida por Washington, Wall Street y los ministerios de la verdad de los medios globales y la estupidez de los primates domesticados pueda calificarse matemáticamente de «infinita»; pese a todo esto y a que el trance mediático esté arrastrándonos hacia lo que el escritor satírico austríaco describió como «el ocaso del mundo por magia negra», no, no soy pesimista. Y es que toda la magia de los medios y el poder de la tinta impresa, las imágenes a color y el sonido envolvente no son nada si no están abiertas las puertas de la percepción individual. Y nunca en mi vida he conocido a tantas personas que desconfiasen de las noticias y los titulares como después del 11-S; y eran personas de todas las edades y tendencias políticas. Nunca antes, en los veinte años que llevo trabajando como periodista de prensa y radio, y autor de más de quinientos artículos, he obtenido una respuesta como la que he conseguido con los artículos se la serie WTC, a pesar de que sólo salen publicados en Internet. ¿«A pesar»? Me da la impresión de que el motivo de que hayan alcanzado ese grado de respuesta y credibilidad es precisamente «porque» sólo se encuentran en la revista digital *telepolis*, y al poco de publicarse en miles de páginas web y foros. Quienes me respondían eran todos aquellos que rechazaron con incredulidad y escepticismo las fábulas de cuento y los tambores de guerra de la matriz de los medios, y recurrieron a Internet para buscar información adicional y datos contextuales; aquellos que querían saber quién estaba detrás de las flagrantes contradicciones e incongruencias, que no se dejaron embaucar ni asustar por una torpe teoría de la conspiración y un relato de los acontecimientos propagandístico y simplista.

Por supuesto, las personas que confían en su propio criterio en momentos de confusión y caos en lugar de agarrarse a eslóganes y conjeturas simplistas, aunque hacerlo represente una confusión aún mayor, son una minoría en comparación con las hordas de esclavos de la televisión dispuestos a someterse al programa de lavado delicado de la propaganda. Sin embargo, aunque los escépticos que piensan por sí mismos sean una minoría, conviene matizar una cosa. A pesar de la inferioridad numérica, poseen un tremendo poder para cambiar las cosas si logran atraer la atención hacia esa nueva cualidad, y eso es precisamente lo que Internet ha favorecido de manera asombrosa. La red no sólo ofrece a cada usuario de Google la posibilidad de pensar por sí mismo, la oportunidad de investigar como si fuera un agente de inteligencia, sino que, además, pone a su alcance los medios para difundir los resultados. La presión que ejercen estos servicios secretos descentralizados y organizados por ellos mismos no decaerá a pesar de que se restrinjan —sobre todo por eso— las libertades civiles en nombre de la seguridad, y cualquier forma de crítica, protesta o manifestación en contra de la versión oficial se etiquete como «respaldo al terrorismo». En la era de Internet no se puede combatir el descreimiento con una inquisición, en la era de la comunicación no se puede eliminar la información quemando libros ni prohibiendo publicaciones, ni se puede recurrir a la censura o a la prohibición de las asambleas para impedir la libre comunicación.

Cada vez son más las personas que no están dispuestas a permitir que las engañen con teorías de la conspiración y propaganda para desviar su atención y exigen que se esclarezca el mayor asesinato de la historia en nombre de las víctimas y de la paz mundial, para la cual «la guerra contra el terrorismo» supone un peligro mucho mayor que el propio terrorismo; al menos en cuanto a pérdida de vidas humanas. Sólo en las seis primeras semanas de la guerra de Afganistán han muerto más personas inocentes que en los atentados en Estados Unidos, y hasta la fecha no se conoce el paradero de Bin Laden, el supuesto cerebro de la operación, ni de su banda, ni se ha logrado que el mundo sea más seguro. En cambio, Kabul está gobernado por fanáticos religiosos y fundamentalistas que se han convertido en señores de la guerra corruptos y en narcotraficantes, y el negocio del opio y la heroína sube como la espuma.

## El nuevo orden mundial

El día 1 de octubre de 2002, se repartió el mundo: se repartió entre los comandos militares de Estados Unidos. Por primera vez en la historia, no existe un solo lugar del mundo que no se halle bajo el control de uno de los comandos regionales de Estados Unidos; ni siquiera en la Antártida. Ese hecho refleja por sí solo un cambio en el concepto que tiene Washington de sí mismo como única superpotencia que queda tras la guerra fría. Pero también refleja un cambio en la percepción de las amenazas y los peligros. Los peligros que amenazan a la superpotencia pueden surgir en cualquier lugar [...] Washington está organizando una central integrada de comandos para ataques estratégicos —y preventivos—, represalias estratégicas y defensa estratégica. Este comando se encargaría de planificar y llevar a cabo operaciones estratégicas convencionales y nucleares, lo cual simboliza una nueva era muy diferente y una nueva manera de entender la disuasión [...]

La nueva y fundamental experiencia del 11-S no podría tener una expresión militar más clara. El sueño de la invulnerabilidad —un viejo sueño americano— ha terminado. Deben tomarse precauciones en todos los niveles contra la vulnerabilidad de la sociedad industrial ante las amenazas y los riesgos desproporcionados. La iniciativa militar se ha complementado, en el ámbito civil, con la creación de una Oficina de Seguridad Nacional y un Consejo de Seguridad Nacional en la Casa Blanca, así como el establecimiento —un proyecto que ya está en marcha, a falta de su aprobación en el Congreso— de un Departamento de Seguridad Nacional que comenzará su actividad el día 1 de enero de 2003 [...]

Desde el punto de vista del Pentágono, ya no es necesario el Mando Aliado para el Atlántico o ACLANT (Allied Command Atlantic) de la OTAN. Pero el ACLANT no es un mando cualquiera. Es, junto con el Mando Aliado en Europa de la OTAN, una de las mayores autoridades de mando de la alianza. El ACLANT es el puente militar más importante de la OTAN en el continente americano. Tiene responsabilidades fundamentales [...] Por tanto, si el Mando Aliado para el Atlántico se suprime o se restringe su importancia, las consecuencias para la OTAN serían graves [...]

Dicho en pocas palabras: Washington quiere estar en disposición de golpear antes de que lo ataquen. La Administración de George W. Bush ha acuñado recientemente la expresión «intervención defensiva» para referirse a ese tipo de ataque. Eso apunta a que en el futuro Estados Unidos interpretará libremente el derecho a la autodefensa amparado por el derecho internacional y transferirá de Naciones Unidas, en Nueva York, a Washington gran parte de las decisiones relativas a qué constituye una guerra justa. A comienzos del otoño se espera que todo esto quede plasmado en un documento público del gobierno llamado «Estrategia de seguridad nacional».

El hecho más preocupante es que no se descartan de manera explícita los ataques nucleares preventivos. El argumento es que muchos objetivos potenciales —búnkeres localizados a grandes profundidades o en montañas, por ejemplo— no pueden destruirse con seguridad utilizando armas convencionales. Las armas nucleares, probablemente también armas nucleares nuevas de fabricación especial, son el único medio adecuado. Como los terroristas no tienen Estado, para destruir esos objetivos podrían lanzarse ataques nucleares contra Estados no nucleares. Una vez más, se vulneraría la ley internacional [...]

El Washington político está cada vez más convencido de que Europa no tiene interés en ser un socio político ni militar serio en la conformación del orden mundial; de que Europa quiere eludir cualquier responsabilidad global. La pasividad de los Estados europeos es más exagerada aún desde que la política de la Administración Bush es contraria al principio de integración europea —la legalización cada vez mayor de las relaciones internacionales— e ignora de forma cada vez más contundente los intereses básicos de la política exterior y de seguridad europea, el multilateralismo y la multipolaridad.

OTFRIED NASSAUER, «Un nuevo reparto militar del mundo»,
*Frankfurter Rundschau*, 15-07-2002
http://www.fr-aktuell.de/

Esta guerra sólo ha procurado más seguridad al gigante del petróleo Unocal, la compañía de servicios petroleros Halliburton (cuyo ex director es el vicepresidente Cheney) y unas cuantas empresas más. Por fin van a poder construir el oleoducto que querían a través de Afganistán. Apenas se ha disipado el humo de la pólvora y ya se ha anunciado el proyecto de dos mil millones de dólares. Quien piense que es una teoría de la conspiración, es que es tonto...

El gallo canta, está despuntando el alba y este libro también está pronto para terminar. Quedan muchas preguntas por responder, pero puede que contribuya a que en el futuro se formulen las preguntas adecuadas con mayor claridad respecto a los secretos del 11-S, y respecto a las conspiraciones y las teorías de la conspiración en general. Debemos aceptar las conspiraciones como el lado oscuro de la globalización —además de desarrollar teorías y métodos adecuados para reconocerlas, evaluarlas y dirigirlas— si queremos defender la libertad, la justicia y la democracia, si queremos asegurar que nuestro planeta continúe siendo habitable para las siete mil personas que en breve viviremos en él. En la historia de la humanidad nunca ha habido tanto poder concentrado en manos de tan poca gente como en los tiempos de dominación corporativa global que nos ha tocado vivir. Nunca antes el poder e influencia de los oligarcas había sido tan grande, ni el peligro de que el foro democrático y la voluntad del pueblo queden reducidos a conceptos vacíos y las decisiones fundamentales se tomen en secreto y queden en manos de la política conspirativa del poder. Sin embargo, nunca antes se nos había brindado una mejor oportunidad para reconocer estos hechos, comunicarlos y expresarlos en público y así ejercer presión.

Y como colofón, como si lo hubiera previsto para poner una elegante guinda a este trabajo, un día después de dar por concluido este libro aparece la siguiente noticia en el teletipo: «El FBI advirtió del riesgo de que Al Qaeda atacase con aviones. ¿Estaba informado Bush?» En julio de 2001, cuando el director adjunto del FBI y jefe de la lucha contra el terrorismo, John O'Neill, dimitió de su cargo ante las trabas constantes de la Administración Bush en todas las investigaciones abiertas sobre Bin Laden, la oficina del FBI en Phoenix, Arizona, presentó un informe alertando de la sospechosa presencia de estudiantes de vuelo procedentes de países árabes, y advirtiendo que estaban planeándose atentados con aviones comerciales contra edificios como el World Trade Center. ¿Se ignoraron estos avisos en la sede de la CIA y el Pentágono, como se ignoraron las advertencias sobre Pearl Harbor, enviadas por telegrama desde Japón? Sin duda, el presidente «estaba al corriente de los detalles antes de los atentados» y, sin duda, «él no podría haber hecho nada para evitarlos» porque lo que comunicó el FBI no era más que una sospecha, etcétera, etcétera..., han alegado en sus titubeantes declaraciones los portavoces presidenciales. Los fallos —la negligencia, la imprecisión, la falta de coordinación— están clarísimos. Y lo obvio se manifiesta de manera irrevocable incluso en el espejo retrovisor. La mecha de la investigación está encendida...

# Epílogo

## ENCOMIO DEL ANTIBUSHISMO: UNA DEFENSA DE LOS VALORES ESTADOUNIDENSES

Si alguien me preguntase «¿qué opina de Estados Unidos?», en estos momentos creo que me declararía antibushista. Como el uso del término «antibushismo» no está muy extendido y el bushismo no se ha aceptado universalmente como peligro, tal vez sea necesario hacer algunas aclaraciones sobre qué significa adoptar una posición antiBush. Para abreviar, podríamos decir que el antibushista es al antiestadounidense lo que el antisionista al antisemita: el «anti» no refleja una oposición al pueblo, a su cultura, a sus valores ni a su religión, sino la oposición a una determinada manera de hacer política y de llevarla a la práctica.

Como en tiempos de guerra, las distinciones de esta índole acostumbran generar gran confusión, a Bush II le faltó tiempo para aclarar después del 11-S que a partir de ese momento uno sólo podía ser bushista o terrorista; no había término medio. El antibushismo, por consiguiente, murió como quien dice antes de nacer. Sin embargo, desde que el número de víctimas de los atentados contra el World Trade Center y el Pentágono es ya mucho más elevado en suelo afgano que en territorio estadounidense —y el *sheriff* nunca cesa de aplastar inocentes en la cacería de quien es el tipo malo por excelencia—, desde entonces, o tal vez desde antes, el antibushismo se ha convertido en deber ciudadano de los habitantes de la aldea global.

No hace mucho tiempo compartí mesa con uno de los redactores jefes del periódico alemán *Die Welt* que calificó de «lógico» el nuevo preámbulo de los contratos de la editorial Springer, donde se obliga a los periodistas a firmar una declaración de lealtad a Estados Unidos y a la OTAN. Yo objeté que, desde el punto de vista de la política interna, Bush no sólo estaba comportándose como Hitler después del incendio del Reichstag, sino que, además, los directivos de los periódicos se cuadran a su paso y le siguen la corriente igual que hicieron entonces; a lo que él reaccionó con iracundo rechazo. Tal vez porque confundió mi posición antibushista con el habitual antiamericanismo. Yo había extraído esos datos de un análisis de la Universidad de Columbia sobre periodismo, que hablaba de un cambio decisivo en el periodismo de guerra en Estados Unidos. Antiguamente los representantes del Ejército solían expresarse en tono eutrófico y positivo y, sin embargo, los medios empleaban un tono más moderado y crítico; hoy en día, los militares se han convertido en una suerte de profetas de la desgracia mientras que los medios actúan como *cheerleaders*. Aquellos que van dando saltos por ahí y ondean la bandera, con una sonrisa de oreja a oreja, naturalmente firman encantados las declaraciones de lealtad al «equipo». El antibushista, por supuesto, que en su momento asoció a Estados Unidos con la libertad de expresión, la libertad de prensa y la creencia fundamental en los medios como el cuarto poder independiente del Estado, ahora se lleva las manos a la cabeza horrorizado.

## O una cosa o la otra

Los estadounidenses no deben prepararse para una batalla, deben prepararse para una campaña militar larga, la más larga de todas las libradas hasta la fecha. Tal vez incluya episodios dramáticos, que se verán por televisión, y operaciones encubiertas, que se silenciarán aun cuando se culminen con éxito. Cortaremos las fuentes de financiación a los terroristas, los enfrentaremos entre sí, los perseguiremos allá donde vayan hasta que no encuentren refugio ni descanso. Y perseguiremos a las naciones que les proporcionen ayuda o cobijo. Todas las naciones, todas las regiones, tienen que tomar una decisión hoy. O estáis con nosotros, o estáis con los terroristas. [Aplausos.] A partir de hoy, cualquier nación que continúe ofreciendo protección o apoyo a los terroristas será considerada por Estados Unidos un régimen hostil [...] De todas formas, ésta no es una lucha de Estados Unidos. Y lo que está en juego no es sólo la libertad de Estados Unidos. Es la lucha del mundo. La lucha de la civilización [...]

Los estadounidenses se preguntan: «¿Qué se espera de nosotros?» Yo los animo a que vivan su vida. Los animo a que abracen a sus hijos [...] Los animo a que ensalcen los valores de Estados Unidos [...] Algunos hablan de una era de terror. Soy consciente de que nos esperan luchas y peligros a los que habremos de hacer frente. Pero este país definirá nuestra época, no será la época la que lo defina a él. Mientras Estados Unidos tenga determinación y fuerza, no habrá una era de terror, habrá una era de libertad, aquí y en todo el mundo. [Aplausos.] [...]

No sabemos cómo evolucionará este conflicto, pero sabemos perfectamente cómo acabará. La libertad y el miedo, la justicia y la crueldad siempre han estado presentes en la guerra. Y sabemos que Dios no es neutral. [Aplausos.]

Discurso de GEORGE W. BUSH ante el Congreso, 20-09-2001
http://www.whitehouse.gov/news/releases/2001/09/
20010920-8.html

Los ejércitos estadounidenses de siglos pasados eran un ejemplo para la democracia mediática moderna por su transparencia en la manera de cubrir e informar sobre lo que pasaba en el frente, pero, a partir de Vietnam, comenzó a aplicarse una censura cada vez más estricta y, para cuando papá declaró la guerra del Golfo, muchas cosas transcurrían ya a espaldas de la población.

Hoy en día hay un solo representante de los medios protestando contra eso: el rey del porno Larry Flynt (revista *Hustler*). El editor —postrado en una silla de ruedas—, que recurrió a los tribunales para reivindicar la libertad de los estadounidenses a contemplar un vello púbico en una publicación, ahora ha presentado una denuncia contra el secretario de Defensa Ronald Rumsfeld por obstruir el envío de noticias desde el frente.

De la misma manera que hace ya tiempo que los mejores jugadores de hockey no provienen de la madre patria de la disciplina —Gran Bretaña—, sino de Pakistán, India o Australia, parece que en la actualidad las virtudes y valores estadounidenses están más arraigados en las colonias que en Estados Unidos, donde la libertad de expresión, la libertad de prensa y el periodismo independiente sobreviven sólo gracias a la vía de escape tangente que procura Internet. El resto de los medios, la verdad sea dicha, se ha convertido en cómplice activo de la mayor operación de lavado de cerebro de la historia. No hay más que ver el llamamiento que realizó el directivo de la CNN Walter Isaacson a sus empleados para que infravaloraran el sufrimiento en Afganistán: supuestamente era «morboso poner demasiado énfasis en los incidentes y el sufrimiento en Afganistán»; si no podía evitarse mostrar a civiles sufriendo, entonces convenía hacerlo solo «en el contexto de los ataques terroristas que causaron un enorme sufrimiento en Estados Unidos». El jefe de informativos de la CBS, Dan Rather, fue más allá todavía: «George Bush es el presidente. Él es quien toma las decisiones y, como buen estadounidense, y allá donde me necesite, yo estaré a su disposición, sólo tiene que decirme dónde».[25]

Según Andrew Stroehlein, un observador crítico del perecido periodismo independiente de Estados Unidos, la declaración de Rather figura entre «las manifestaciones más espeluznantes que ha realizado jamás un periodista de informativos en la historia del periodismo estadounidense». El *führer* se habría sentido en la gloria con redactores jefe como ése. Y el director de informativos de la CBS está lejos de ser el único periodista con maneras goebbelianas; el frente unido de patriotismo y censura ha echado a empujones a la calle a los periodistas y columnistas librepensadores.

## No en nuestro nombre

Que nadie pueda decir que el pueblo estadounidense no hizo nada cuando su Gobierno declaró una guerra sin límite e instauró fuertes medidas nuevas de represión.

Los firmantes de esta declaración llaman a la población estadounidense a resistirse a las políticas y a la dirección política general adoptada a partir del 11 de septiembre de 2001, que representa un grave peligro para la población del mundo [...]

En nuestro nombre, la Administración Bush, con el apoyo casi unánime del Congreso, ha atacado Afganistán y se ha apropiado, junto con sus aliados, del derecho a destruir fuerzas militares en cualquier lugar y momento. Las brutales repercusiones se han hecho sentir desde Filipinas hasta Palestina, donde los tanques y los bulldozers israelíes han trazado un terrible sendero de muerte y destrucción. Y el Gobierno se dispone ahora a emprender una guerra total contra Irak, país que no tiene ninguna relación con los sucesos del 11 de septiembre. ¿Qué clase de mundo será éste si se permite al Gobierno de Estados Unidos lanzar comandos, asesinos y bombas donde quiera que se le antoje?

En nuestro nombre el Gobierno ha creado en Estados Unidos dos clases de ciudadanos: aquellos a quienes al menos se les prometen los derechos básicos del sistema legislativo y aquellos que ahora no parecen tener derecho alguno. El Gobierno ha arrestado a más de mil inmigrantes y los ha encarcelado en secreto y sin límite de tiempo. Centenares de personas han sido deportadas y centenares continúan en prisión. Por primera vez en décadas, los procedimientos de inmigración someten a determinadas nacionalidades a un tratamiento desigual.

En nuestro nombre el Gobierno ha desencadenado una oleada de represión en la sociedad. El portavoz del presidente ha intimidado a la gente con la advertencia de que «tengan cuidado con lo que dicen». Los artistas, intelectuales y profesores disidentes ven cómo sus puntos de vista son distorsionados, atacados y eliminados. La llamada «Patriot Act», junto a un sinfín de medidas similares en los diversos estados, da a la Policía nuevos y más amplios poderes para investigar y secuestrar, con cobertura de procedimientos secretos.

El presidente Bush ha declarado: «O con nosotros o contra nosotros.» Ésta es nuestra respuesta: nos negamos a que hable en nombre de todos los estadounidenses. No entregaremos nuestras conciencias a cambio de una hueca promesa de seguridad. Decimos: NO EN NUESTRO NOMBRE.

> Manifiesto redactado por artistas e intelectuales
> estadounidenses, 14-06-2002
> http://notinourname.net/statement.html
> Entre los firmantes se encuentran Laurie Anderson, Noam
> Chomsky, Martin Luther King III, rabino Michael Lerner,
> Edward Said, Jonathan Schell, Gloria Steinem, Alice Walker e
> Immanuel Wallerstein

Hay que reconocer que el hecho de que un «depravado sexual» como Larry Flynt no haya acabado encerrado en un campo de concentración y, además, pueda denunciar al secretario de Defensa es una enorme diferencia entre la Alemania posterior al incendio del Reichstag y el Estados Unidos posterior al 11-S. Ahora bien, también es cierto que no hay nada más políticamente incorrecto que el hecho de que precisamente Larry Flynt se erija en adalid del movimiento antibushista, que se niegue a dejarse arrastrar por la demencia de una operación psicológica como la del 11-S y que insista en el desarrollo autónomo del inconsciente público...

Creo que ha llegado el momento de buscar un término nuevo para calificar el estilo político de Bush —que llegó al poder como un «conservador compasivo»— y de sus compañeros de propaganda. ¿Qué tal «fascismo compasivo»?

Cuando la decisión de cuánto «vello púbico» puede asimilar la opinión pública —ya sea en forma de imágenes «obscenas» sobre las víctimas de Afganistán o en información sobre los antiguos vínculos comerciales entre las familias Bush y Bin Laden, sobre la estrecha colaboración de la CIA con los servicios secretos pakistaníes, los talibanes y los señores locales de la heroína, sobre el papel que han desempeñado Unocal, Halliburton y otros grupos en Oleoductistán—, es decir, cuando las decisiones relativas a la investigación y la publicación de informaciones como éstas no son responsabilidad de periodistas independientes, sino de directivos del Ministerio de Propaganda y sus *cheerleaders*, se trata de bushismo en estado puro.

Cuando se decide aplicar un doble rasero en cuestiones de justicia según sean estadounidenses o extranjeros, «prisioneros de guerra» y «combatientes». Y cuando los legisladores anuncian alegremente ante las cámaras de televisión que en realidad no se detuvieron a leer los párrafos de la Patriot Act uno por uno, aunque «naturalmente» la aprobaron. Eso es bushismo.

Cuando se deja sin efecto la Ley de la Libertad de Información con un golpe en la mesa (en diciembre de 2001, el secretario de Justicia Ashcroft dejó en manos de todas las autoridades denegar las solicitudes de desclasificación de documentos por motivos de «seguridad nacional»), los documentos presidenciales de la era Reagan/Bush y el escándalo Irán-Contra quedan reservados y clasificados para siempre, y la investigación por corrupción de Enron en la Casa Blanca se interrumpe también por razones se «seguridad nacional» (por decisión de Dick Cheney en enero de 2002), se está aplicando la política opaca de Bush.

En este momento es cuando uno se acuerda de Martin Luther King: «No debemos olvidar jamás que todo lo que hizo Adolf Hitler en Alemania era "legal".»[26]

Ahora ya «no hay republicanos ni demócratas, sólo hay estadounidenses», exclamó Bush II en el discurso sobre el «eje del mal», como hizo el emperador Guillermo antes de la Primera Guerra Mundial. Desde que descubrí el antibushismo como punto de vista, entiendo mucho mejor por qué siento que estoy a punto de devolver el desayuno en forma de vómito, cuando oigo comentarios de esta guisa: como alemán nacido en el sector estadounidense a mediados de los años cincuenta, probablemente me siento mucho más estadounidense de corazón que lo que el imperio de Washington permite actualmente. No es de extrañar: gracias a los juicios de Núremberg y al Plan Marshall, Alemania se convirtió en el estado vasallo de Estados Unidos más fiel y agradecido. Ese ejemplar demócrata Tío Sam nos abrió las puertas del universo de los primeros chicles, refrescos de Cola y vaqueros Levi's —mi madre los llamaba «pantalones de *cowboy*»—, y los soldados yanquis no sólo traían cajetillas de Camel y Marlboro, tiempo más tarde trajeron también discos de Jimi Hendrix y marihuana. En la radio y la televisión de las Fuerzas Armadas estadounidenses ponían el programa de Wolfman Jack —quién iba a escuchar la radio alemana teniendo la posibilidad de ver pelos largos, sentadas, manifestaciones, eventos artísticos… todo importado directamente de Estados Unidos—, reflejo de una cultura que zarandeó a los estirados teutones, les sacudió la rígida subordinación a la autoridad, les extirpó la mentalidad de Führer. Bob Dylan, «Don't follow leaders, watch the parking meters»; Timothy Leary, «¡Cuestiona la autoridad! ¡Piensa por ti mismo!»; Little Richard, «A Wop Bopa Loo Bob». Los nuevos evangelizadores, que nos enseñaron a pensar con el cuerpo y a bailar con la mente, venían de Estados Unidos; y ellos vacunaron a los niños de la generación Stalingrado con una dosis de valores estadounidenses —libertad, democracia, responsabilidad— para inmunizarlos contra toda clase de fascismo y antiamericanismo. De modo que estábamos *En el camino* con Kerouac, lloramos en el cine de rabia cuando los bushistas se cargaron a los *easy riders* Dennis Hopper y Peter Fonda, y se convirtieron en patriotas estadounidenses sin haber puesto siquiera un pie en el país.

Ciertamente en la trastienda se estaba proyectando una película totalmente distinta, con los asesinatos de Kennedy y Martin Luther King se instauró el régimen bushista y la política estadounidense estaba alejándose de los valores y la cultura que acababan de impregnar en la colonia de Alemania occidental, pero en ese momento yo no lo sabía. La consigna que cantaban los estudiantes de las manifestaciones a favor de Vietnam «USA-SA-SS» fue para mí una especie de revelación: bombardear a un pueblo pobre de arroceros con napalm, ¡no creo que se pueda ser mucho más nazi! Sin embargo, el hecho de que el portador de la cultura y el salvador que había venido a redimirnos del fascismo estuviera mostrando su cara imperialista no minó la fe en los valores estadounidenses. Con el lema «Come Together» («Unámonos»), Tim Leary se presentó como candidato a gobernador de California contra Ronald Reagan y perdió; pero los Beatles —que gracias al espíritu estadounidense (y al LSD) pasaron de rockeros de mala muerte y drogadictos a excelsas figuras del cosmopolitismo cultural— hicieron de su lema y su programa un éxito mundial. Desde el punto de vista cultural, los valores estadounidenses prevalecieron en todo el mundo; sin embargo, en el país, la política navegaba a la deriva por derroteros bien distintos. Lo que comenzó con el asesinato de Kennedy y continuó con Reagan y Bush I, está experimentando un clímax prematuro con Bush II: cuenta con el apoyo del 83 % de la población, una cifra que no había vuelto a registrarse desde los tiempos de Roosevelt en la Segunda Guerra Mundial, y que por lo general sólo alcanzan los presidentes de los Estados totalitarios.

«Si hubiera de existir una dictadura fascista racional, escogería el sistema estadounidense», no se cansa de repetir Noam Chomsky.[27] Bush II está demostrando actualmente cómo debería ser el «sistema estadounidense»: «elecciones libres», a las que no acuden a votar dos terceras partes de la población; métodos de pago y financiación de campañas propios de repúblicas bananeras; solidificación monolítica de la opinión pública y los medios mediante un atentado terrorista sin precedentes; proclamación de un estado de emergencia y movilización; identificación inmediata del enemigo, de la enorme amenaza que éste representa, y de las medidas que deben adoptarse contra él. Lo que viene después es algo que ya pronosticó Mark Twain, otro hombre sabio de la vieja cultura estadounidense:

> Luego el estadista inventará embustes baratos, culpará a la nación que está siendo atacada, y todos los hombres admitirán con alegría esas falsedades que alivian la conciencia, y las estudiarán con diligencia, y se negarán a examinar cual-

quier objeción que las ponga en entredicho; de ese modo irá poco a poco convenciéndose a sí mismo de que la guerra es justa y dará gracias a Dios porque concilia mejor el sueño tras ese proceso de grotesco autoengaño.[28]

Las estrellas de fútbol americano leen fragmentos de la Constitución antes de un partido de la Superbowl porque eso ayuda, tanto a los jugadores como a los millones de espectadores que los siguen, a conciliar mejor el sueño, aunque las Fuerzas Aéreas estén bombardeando a más civiles en Afganistán. Los medios y el Congreso ya no reflexionan sobre por qué los escuadrones del Ejército del Aire permanecieron en tierra el 11 de septiembre y permitieron que un avión comercial se estrellase contra el Pentágono. De manera que, mientras la investigación criminal sobre el 11-S —la investigación sobre la historia real, los culpables y quienes mueven los hilos— se desvanece en la niebla de la guerra, la figura que encarna el mal —Osama bin Laden— va perdiendo importancia y comienza a sustituirse por la idea de una conspiración mundial abstracta del llamado «eje del mal» o «terror» en general. Después de la conmoción del 11-S, ¿quién va a decir que no está justificada la guerra contra ese terror sin nombre? Pero aquí el autoengaño más grotesco es creer que el objetivo de la guerra de Afganistán y de la que se librará después contra el «eje del mal» es acabar con el terrorismo. Por ahora, no se ha capturado a ninguno de los culpables y, sin embargo, ya llevamos miles de civiles muertos por la causa.

Ésa era la época, allá por diciembre de 2000, en que la visión política de Uve Doble Bush divertía al público: «Si viviéramos en una dictadura, esto sería muchísimo más fácil, siempre y cuando el dictador fuese yo.» Ante la conmoción del 11-S, ahora la mayoría le da su apoyo aunque haya convertido la «seguridad nacional» en un asunto militar. Y el 91 % de las personas encuestadas por www.vote.com están de acuerdo con el aumento del arsenal armamentístico —el mayor desde la Segunda Guerra Mundial—, aunque venga acompañado de la mayor acumulación de deuda registrada desde que la fatal «reaganomía» logró que Estados Unidos pasara de ser el mayor acreedor del mundo a ser el mayor deudor. Precisamente durante la época Clinton se había logrado encauzar de nuevo la consolidación de la economía, y ahora, gracias a ese nuevo superenemigo llamado «terror», Estados Unidos volverá a llenar con total impunidad el saco de las deudas con unos miles de millones más, y ocultará la recesión a golpe de crédito con el «negocio de la guerra». Cualquier niño sabe que la economía bushista —un poco de «bajo los impuestos» por aquí y un poco de «armamento» por allá— no puede prosperar, pero la conmoción psicológica del atentado contra las Torres Gemelas ha calado tan hondo que hasta los cálculos más sencillos agravan la sensación de aturdimiento; es preferible perpetuar el grotesco autoengaño y dejarse llevar por la corriente. También el hecho de que de la noche a la mañana Bush II haya pasado de ser un payasete torpe a convertirse en el sabio adalid del mundo civilizado se debe única y exclusivamente al duradero impacto de la catástrofe.

Una cosa está clara: el tipo es simpático. Algunas veces se traba al hablar y dice tonterías, se postra de rodillas ante el Ejército, mira como si estuviera pasmado o le hubiera dado un aire, y es un completo fracasado en los negocios; todo eso le hace ganar puntos de simpatía como hombre del pueblo. A veces se siente sobrepasado por el exigente reto multidisciplinar que suponen la televisión, el fútbol americano, la cerveza y las galletas saladas, pero es precisamente eso lo que le permite estar mucho más cerca del corazón de los votantes de lo que jamás estuvo el estirado de su padre. Sus cualidades humanas no sólo lo salvaron cuando se destapó el caso Enrongate —más o menos a la misma altura de la legislatura su predecesor, en comparación mucho menos simpático, fue víctima de una persecución sin tregua por una tontería—, sino que, además, lo convirtieron en el rostro ideal para el guión de la política de línea dura sobre influencias geoestratégicas que habían escrito cerebros privilegiados de la CIA como Brzezinski (*El gran tablero mundial*) y Huntington (*El choque de civilizaciones*), inspirándose en los modelos de poder que abarcan de Maquiavelo a Carl Schmitt. La trama del 11-S, fuera quien fuese el ejecutor y responsable, ha dotado a ese muchacho desenvuelto y campechano de un poder con el que ningún emperador en la historia osó soñar jamás.

Pero el antibushismo no consiste en atrincherarse en una pequeña aldea gala; es un llamamiento a la lucha contra los «romanos», aunque sin ayuda de una poción mágica parezca una misión imposible. Tanto el emperador Bush como su halcón Wolfowitz han dejado claro en diversas ocasiones que es una cuestión «o con nosotros o con los terroristas»; una cosa o la otra. Sin embargo, si el objetivo consiste en realizar un esfuerzo conjunto para combatir el terrorismo, la comunidad internacional debería advertirle al *sheriff* del mundo que no va a llegar muy lejos con esos métodos tejanos de «vivo o muerto».

Tiene que haber tribunales internacionales independientes supervisando la labor policial. No se puede seguir haciendo la vista gorda con refugios terroristas como Arabia Saudí e Israel simplemente porque el *sheriff* tiene negocios allí. Debe mostrarse tan poca tolerancia con la producción de heroína y cocaína destinada a la financiación de *sheriffs* como con las escuelas coránicas y los campos de entrenamiento de terroristas. La desmedida adicción al petróleo que ha convertido a Estados Unidos en un yonqui furioso y violento tiene cura. En resumen: la Pax Americana global —no un nuevo orden mundial bushista— goza todavía de una última oportunidad si se renuncia a la violencia y al enfrentamiento y se opta por colaborar con el resto del mundo. Los valores estadounidenses que ayudaron a los alemanes a expulsar el fascismo constituyen la mejor plataforma cultural y ética para ello, al igual que los principios económicos y monetarios que en verdad trajeron al mundo occidental algo como «prosperidad para todos» entre 1945 y 1965. Porque desde luego el casino sin fondo del capitalismo de «bonos basura» y «derivados» —al que, en los años setenta, se abrieron las puertas de par en par con la desvinculación del dólar del estándar de oro, que ahora nos devuelve el escándalo de Enron y la quiebra de un gigante de las comunicaciones como WorldCom—, ese casino, que es el paradigma de la delictiva, corrupta y antisocial economía bushista, no puede convertirse en el modelo de la economía mundial.

Contra esta clase de bandolerismo lo único que funciona es —y hasta el antibushista más cobarde estará de acuerdo— el método de Obélix: «Empezamos por los cerdos, luego pasamos a las patrullas de romanos y terminamos con el jabalí.»

# Anexo 1

## FAQ DEL 11-S: LAS CIEN PREGUNTAS MÁS FRECUENTES SOBRE EL 11-S

Estas preguntas frecuentes sobre el 11-S están basadas en el catálogo de preguntas recopilado por Nico Haupt en su página web www.ourdna.org. Con las preguntas sobre el 11-S ocurre lo mismo que con la escala abierta de Richter: igual que no se puede determinar un máximo teórico para la intensidad de los terremotos, no se puede establecer un límite finito para el número de contradicciones e incoherencias respecto a lo que sucedió antes, durante y después de los atentados. Aquí me he conformado con citar las cien objeciones más destacadas sobre la versión oficial de los acontecimientos porque, de lo contrario, a menos que uno sea criminalista profesional, resultaría fácil perderse en la maraña de nombres y datos.

Hallar la respuesta a estas preguntas es en realidad una labor que corresponde a los políticos, la policía, los servicios secretos y el Ejército. Ruego al lector, por tanto, que no me exija esas respuestas a mí, sino a las instituciones que financiamos con nuestros impuestos y que tienen la responsabilidad de darlas.

*Antes del 11-S*

1. ¿Hasta qué punto era estrecha la relación entre los talibanes, el ISI y la CIA?
2. ¿Cuándo se reunieron por última vez los enviados del Gobierno de Estados Unidos con los talibanes?

3. ¿Cuándo se decidió aparcar el proyecto de construir un oleoducto que atravesara Afganistán, y cuándo se retomó de nuevo?
4. ¿Es de veras pura casualidad que la base de operaciones de los terroristas estuviera en Florida, que es desde los años cincuenta un estado tristemente célebre por ser el centro de todas las operaciones encubiertas de la CIA, desde la de Bahía de Cochinos hasta la del caso Irán-Contra?
5. ¿Por qué interrumpió Bush a comienzos de 2001 las investigaciones sobre las conexiones terroristas de la familia Bin Laden?
6. ¿Quién fue el que decidió en Washington transferir cuarenta y tres millones de dólares a los talibanes en mayo de 2001?
7. ¿De dónde sacó el agente de la Marina Delmart Vreeland la información sobre un posible ataque terrorista en Nueva York y el Pentágono?
8. ¿Es cierto que Vreeland informó del asunto a los servicios secretos canadienses en mayo de 2001?
9. ¿Estuvo realmente Osama bin Laden en el hospital estadounidense de Dubái en julio de 2001?
10. ¿Es cierto que el 10 de julio llegó a la central del FBI un informe a modo de advertencia de la oficina del FBI de Phoenix?
11. ¿La advertencia que contenía dicho informe guardaba relación con unos sospechosos estudiantes de aviación árabes que podían tener la intención de secuestrar un avión de pasajeros?
12. ¿Se recomendaba en dicho informe inspeccionar todas las escuelas de aviación de Estados Unidos en busca de posibles alumnos sospechosos?
13. ¿Qué sucedió con ese informe?
14. ¿En manos de quiénes cayó el informe y qué conclusiones debieron de sacar a partir de esa sospecha?
15. ¿Quién tomo la determinación de no adoptar ninguna decisión al respecto?
16. ¿Llegó a la central del FBI otra advertencia similar de la oficina del FBI en Minnesota tres semanas más tarde?

17. ¿Avisó el Mossad —los servicios secretos israelíes— a la CIA, durante el verano de 2001, en varias ocasiones, de un posible atentado inminente?

18. ¿Se explicitaba en esas advertencias que los aviones secuestrados pensaban utilizarse como armas contra edificios?

19. ¿Informó el Mossad de que algunos de sus agentes se hallaban en contacto con Mohamed Atta y pensaban acompañarlo a Estados Unidos (cuatro semanas antes de los atentados)?

20. ¿Cuál fue la reacción de la CIA y el FBI ante esas advertencias?

21. ¿Informaron del caso a algún miembro del Gobierno?

22. ¿Hasta qué punto se tomaron en serio las advertencias y qué decisiones se adoptaron al respecto?

23. ¿Informaron los servicios rusos a la CIA en el verano de 2001 de que veinticinco pilotos terroristas se estaban entrenando para una misión suicida en Estados Unidos?

24. ¿Qué supo Bush en la reunión de la CIA del 6 de agosto respecto a la amenaza de que miembros de Al Qaeda secuestraran aviones y planeasen perpetrar en un futuro próximo un atentado contra Estados Unidos?

25. ¿Cuándo advirtió Vladímir Putin a la CIA del inminente atentado y cuál fue la reacción de esta última?

26. ¿Es cierto que August Hanning, el director de los servicios informativos alemanes (BDN), informó a la CIA de que unos «terroristas de Oriente Próximo planeaban secuestrar aviones»? ¿Cuál fue su reacción?

27. ¿Cuál fue el motivo del encuentro celebrado en agosto, en Islamabad, entre Christina Rocca, delegada del Ministerio de Exteriores en Asia, y el embajador talibán Salam Zaeef?

28. ¿Quién tomó la determinación de poner fin a la investigación de John O'Neill sobre las células de Al Qaeda en Arabia Saudí?

29. ¿Quién cedió a la petición de la embajadora estadounidense en Yemen, Barbara Bodine, de negar la entrada a John O'Neill?

30. ¿En qué consideraciones diplomáticas se basó la decisión de apartar al jefe de las investigaciones sobre terrorismo de Estados Unidos de la fuente de información?

31. ¿Quién decidió ofrecer a O'Neill el puesto de jefe de seguridad del World Trade Center?

32. ¿Qué inversor compró las opciones de venta de United Airlines antes del 11 de septiembre de 2000 a través del Alex Brown Bank?

33. ¿Es cierto que poco antes del 11 de septiembre llegaron al golfo Pérsico, por la costa de Pakistán, dos unidades acorazadas de Estados Unidos?

34. ¿Es cierto que durante las semanas anteriores al 11 de septiembre se trasladó a veintitrés mil soldados británicos al golfo Pérsico —la mayor armada desde la guerra de los Balcanes— en el marco de la «Operación Swift Sword» («Espada veloz»)?

35. Según el diario londinense *Times*, a Salman Rushdie le advirtieron que no viajara a Estados Unidos el 3 de septiembre. Si eso es cierto, ¿quién le dio el aviso?

36. ¿Es cierto que el Mossad previno a Ariel Sharon de viajar a Nueva York el día 11 de septiembre para mantener unas conversaciones?

37. ¿Por qué, según *el San Francisco Chronicle*, la noche del 10 de septiembre aconsejaron al alcalde Brown que «tuviera cuidado durante su viaje»?

38. ¿Por qué, según publicó el *Newsweek* el 24 de septiembre, el 10 de septiembre «se cancelaron de repente los planes de viaje de un grupo de altos representantes, al parecer por razones de seguridad»?

39. ¿Cómo es que, según parece, esas razones de seguridad llegaron a oídos de otros políticos que también decidieron cambiar sus planes de viaje?

40. ¿Por qué la población no recibió ninguna noticia sobre dichas consideraciones de seguridad?

## El 11-S

41. ¿Cuál fue el objetivo de la visita a Washington del jefe del ISI Ahmed precisamente el 11 de septiembre?

42. ¿Por qué se anuló el día 10 la reunión sobre seguridad que tenían previsto celebrar los gerentes del World Trade Center el día 11 de septiembre?

43. ¿Por qué los pasajeros o los miembros de la tripulación de tres de los cuatro aviones secuestrados hablaron de cúteres en las llamadas de socorro?

44. ¿Cuándo informaron exactamente a Bush del primero de los atentados en Nueva York?

45. ¿Por qué declaró después que había visto en directo por televisión el impacto contra la primera torre del World Trade Center cuando en realidad no fue retransmitido?

46. ¿Por qué declaró después que en un primer momento su asistente Andrew Card y él creyeron que se trataba de un avión pequeño?

47. ¿Cómo es posible que el presidente y su círculo de colaboradores no dispusieran de información precisa sobre el modelo de avión?

48. ¿Por qué se quedó sentado en el aula escolar escuchando a los niños de la escuela de Sarasota, cuando Card le susurró al oído la noticia del segundo impacto, en lugar de salir inmediatamente a hablar con sus colaboradores?

49. ¿Cómo es posible que, a esas alturas, Bush y sus colaboradores todavía no supieran lo que en el control aéreo de la Administración Federal de Aviación (FAA) y la central de defensa aérea del Mando Norteamericano de Defensa Aeroespacial (NORAD) ya sabían: que habían secuestrado los aviones?

50. ¿Cómo puede ser que los bomberos supusieran desde el primer momento que se trataba de un atentado terrorista y el presidente y sus colaboradores continuaran atendiendo tranquilamente sus compromisos?

51. ¿Puede explicar Nicholas Scopetta, el jefe de los bomberos de Nueva York, cómo es posible que en el metro que pasaba por debajo del World Trade Center no hubiera pasajeros?

52. ¿Cómo lograron los secuestradores burlar todos los sistemas de seguridad de los aeropuertos?

53. ¿Qué importancia revisten las noticias donde se asegura que los secuestradores compraron también billetes para vuelos después del 11 de septiembre?

54. ¿Por qué los secuestradores pidieron a los pasajeros que llamaran a sus parientes?

55. ¿Cómo es que no había ni un solo pasajero musulmán «inocente» a bordo de ninguno de los cuatro aviones?

56. ¿Cómo es posible que la bolsa de Atta quedara olvidada en el aeropuerto y no llegaran a subirla al avión?

57. ¿Quién encontró esa bolsa? ¿Cómo se confirmó que se trataba de la bolsa de viaje de Mohamed Atta?

58. ¿Para qué colocó Mohamed Atta dentro de la bolsa un vídeo sobre el manejo de aviones, un uniforme y su testamento, si sabía que iba a llevar a cabo una misión suicida?

59. ¿Por qué dejó Atta su carnet de conducir en un coche de alquiler?

60. ¿Quién llamó a la Casa Blanca a las 9.30 del 11 de septiembre para advertir de un posible atentado?

61. ¿Cómo es que no se vigiló el espacio aéreo del Pentágono y la Casa Blanca a partir de las 9.30?

62. ¿Quién dio la orden de evacuar el Pentágono a las 9.45?

63. ¿Qué estuvo haciendo Donald Rumsfeld durante todo el día, antes de llegar al Pentágono a las 15.30?

64. ¿Cómo se explica la extraña ruta aérea que seguía el vuelo 93, es decir, la aeronave que se estrelló en Pennsylvania?

65. Muchos testigos creen que ese avión fue derribado. Si no fue así, ¿cómo se explica entonces que los restos del aparato apareciesen desperdigados a lo largo de varios kilómetros?

66. ¿Puede explicar James Roche, secretario de las Fuerzas Aéreas, por qué los controladores aéreos sostienen en un artículo publicado en el *Nashua Telegraph* que había un F-16 volando alrededor del vuelo 93 y que en el momento del impacto se hallaba dentro del campo de visión?

67. ¿Cómo sabía Donald Rumsfeld a las 17.30 que el avión que se había estrellado en Pennsylvania tenía tres objetivos al alcance: Camp David, la Casa Blanca y el Capitolio?

68. ¿Cómo es que James Roche no intentara alcanzar los aviones de Nueva York y Washington (que se hallaban a siete y diez minutos, respectivamente, de la base aérea militar McGuire, en Nueva Jersey)?

69. La base de las Fuerzas Aéreas Andrews se encuentra a veinte kilómetros de distancia. Tuvo una hora y quince minutos para reaccionar ante el avión que se dirigía al Pentágono. ¿Qué sucedió en ese tiempo?

70. ¿Cuál fue la razón oficial por la que los aviones de combate pertenecientes a la Air Wing 305 de la base aérea McGuire no detuvieron al segundo avión secuestrado en Nueva York? Sólo habrían tardado siete minutos a partir de las 8.48 de la mañana.

71. ¿Cómo es que ningún jet del 459.º escuadrón de la base de las Fuerzas Aéreas Andrews detuvo la aeronave del Pentágono? La base aérea de Andrews se halla a tan sólo dieciséis kilómetros de Washington.

72. ¿Por qué una semana más tarde Bush declaró que había intentado derribar el avión?

73. El coronel Ken McClellan, portavoz de las Fuerzas Aéreas, declaró el 11 de septiembre que Mohamed Atta había estado inscrito en la escuela internacional oficial de vuelo de la base aérea Maxwell/Gunter y que había sido reconocido por testigos oculares. ¿Por qué desmintió más tarde esa declaración?


## Después del 11-S

74. ¿Cómo es posible que sólo tardaran dos días en identificar a los principales sospechosos?

75. ¿Cómo pudieron encontrar tan rápidamente los coches?

76. ¿De dónde salieron las fotografías de los diecinueve secuestradores?

77. ¿Qué pasa con los, como mínimo, cinco presuntos secuestradores que continúan con vida?

78. ¿Dónde han ido a parar las cajas negras?

79. ¿Cómo es que hay una gran parte de las cajas negras que nunca llegó a encontrarse?

80. ¿Por qué no se han hecho públicos los datos de las cajas negras que sí se han encontrado?

81. ¿Por qué no quiere el FBI hacer públicas las comunicaciones radiofónicas?

82. ¿Por qué no hay fotografías o vídeos del lugar del siniestro del Pentágono donde puedan verse restos del aparato?

83. ¿Cómo se explica que en una entrevista concedida a la revista pakistaní *Ummat*, Bin Laden anunciara que no tenía nada que ver con los atentados contra el World Trade Center?

84. ¿Cuándo y quién encontró el vídeo —teniendo en cuenta que la Alianza del Norte y las tropas estadounidenses en ese momento todavía no habían tomado Kandahar y Jalalabad— en el que supuestamente Bin Laden reivindicaba el atentado?

85. ¿Por qué (según el programa Monitor emitido en diciembre) no se tradujeron correctamente los pasajes más importantes?

86. ¿En qué se basó Tony Blair cuando, una semana después de los atentados del 11-S, anunció que existían «pruebas irrefutables» que apuntaban a Osama bin Laden?

87. ¿Por qué el director de Alex Brown, Mayo Shattuck III, dimitió de su cargo de forma repentina el 15 de septiembre?

88. ¿Por qué dimitió en octubre, de forma repentina, el jefe de los servicios secretos pakistaníes, el general Ahmed?

89. ¿Por qué tanto Ahmed como su predecesor en el cargo, el general Gul, están convencidos de que había otros servicios secretos implicados en los atentados contra las Torres Gemelas? ¿A qué servicios secretos se refieren? ¿Acaso la CIA (o el Mossad) concede crédito a sus palabras?

90. ¿Por qué en noviembre de 2001 Bush quiso ocuparse de que las actas de la era Reagan continuaran guardadas bajo llave?

91. ¿Fueron los laboratorios de armas biológicas estadounidenses los que enviaron las cartas con carbunco con el fin de obtener más subvenciones para sus investigaciones?

92. ¿Cómo debe interpretarse la declaración que realizó para ABC el inspector de armas de Naciones Unidas, Richard Spertzel, afirmando que «conocía a lo sumo cinco científicos en Estados Unidos capaces de fabricar unas esporas tan sofisticadas»?

93. ¿Cómo se entiende que Microsoft recibiera una carta con carbunco (falso) procedente de Malasia el mismo día que Bush anunció que Malasia sería uno de los destinos de su siguiente visita de Estado?

94. ¿Por qué disolvió Bush la unidad especial destinada a la captura de Bin Laden en la primavera de 2002?
95. ¿Todavía figura Bin Laden en la lista de colaboradores de la CIA?
96. ¿Llegó John Walker Lindh, el «talibán estadounidense», a establecer contacto en algún momento con la CIA?
97. ¿Por qué encerraron a Lindh en la bahía de Guantánamo?
98. ¿Estaba de acuerdo Bush con los senadores John McCain, Joseph Lieberman, Porter Goss, Richard Shelby y Ron Paul, que afirmaron «el gobierno oculto prevalece sobre el gobierno transparente», en abrir una investigación?
99. ¿Por qué no ha investigado nadie con detenimiento en Estados Unidos estas preguntas en el marco de un comité de investigación oficial?
100. ¿No podría un tribunal internacional o un tribunal de Naciones Unidas tratar de destapar los secretos en torno a los sucesos del 11 de septiembre, dado que la llamada «guerra contra el terrorismo internacional» ha desencadenado ya una guerra y la Administración de Bush está preparándose para declarar otras guerras contra lo que ellos denominan el «eje del mal»?

# Anexo 2

## BREVE HISTORIA DE LOS DATOS EXISTENTES ANTES DEL 11-S

Un elemento importante de la «verdad sobre los actos terroristas» del 11-S es quién se vio implicado y qué sabía cada cual. Desde que a mediados de mayo de 2002 se hicieron públicos dos informes del FBI referentes a este asunto, la cadena de conexiones ha ido adquiriendo repercusión.

El siguiente esquema está basado en la cronología elaborada por Mike Ruppert para su página web www.fromthewilderness.com, que publicó por primera vez en noviembre de 2001 y actualiza con regularidad. Los hechos concretos pueden contrastarse en esa página web.

### 1991-1997

Grandes empresas petroleras estadounidenses como Exxon Mobil, Texaco, Unocal, BP Amoco y Shell invierten tres mil millones de dólares en sobornar al Gobierno de Kazajistán y garantizar así los derechos de capital en las gigantes reservas petroleras de la región. Las empresas petroleras se comprometen a realizar inversiones directas por valor de treinta y cinco mil millones de dólares en Kazajistán. Sin embargo, el problema es que los oleoductos existentes se encuentran en manos rusas y Moscú cobra unos precios desorbitados por utilizarlos. Las empresas petroleras se quejan ante el Consejo de Relaciones Exteriores del Parlamento de que no tienen forma de recuperar sus inversiones.

### 4 de diciembre de 1997

Se invita a representantes de los talibanes a las oficinas centrales de Unocal en Texas para negociar el plan de construcción de un oleoducto en Afganistán. Tal como muestran diferentes informes, las negociaciones fracasaron porque los talibanes exigían una suma demasiado elevada.

### 12 de febrero de 1998

El vicepresidente de Unocal, John J. Maresca, que más tarde se convirtió en enviado especial en Afganistán, anuncia ante la Cámara de Representantes que no podrá construirse el oleoducto hasta que no haya un gobierno unificado y amigo de Estados Unidos en Afganistán.

### Abril de 1998

La CIA hace caso omiso de las advertencias lanzadas por uno de sus propios expertos, Robert Baer —en palabras de Seymour Hersh, del *New Yorker*, «tal vez el mejor oficial de campo sobre el terreno en Oriente Próximo»—, cuando alerta de que Arabia Saudí está dando cobijo a una célula de Al Qaeda dirigida por dos terroristas conocidos. En agosto se ofrece a los servicios secretos saudíes una lista de terroristas conocidos, pero éstos la rechazan.

### Verano de 1998 y 2000

El ex presidente George Bush viaja a Arabia Saudí en nombre del grupo empresarial de propiedad privada Carlyle, que ocupa el lugar número once en la lista de los mayores contratistas del sector de la industria armamentista de Estados Unidos. Allí Bush mantiene reuniones también privadas con miembros de la familia real y la familia Bin Laden.

### Enero de 2001

El gobierno Bush ordena al FBI y a las agencias de inteligencia que «se retiren» de las investigaciones relacionadas con la familia Bin Laden. La orden hace referencia también a dos parientes de Osama (Abdullah y Omar), que residían en Falls Church, Virginia, cerca de la sede central de la CIA. Esta orden vino precedida por otras emitidas desde el año 1996 que frustraron los intentos de investigar a los Bin Laden.

*12 de febrero de 2001*
En un informe del juicio contra supuestos miembros de Al Qaeda, el corresponsal terrorista de la agencia de noticias UPI señala que la NSA, la Agencia de Seguridad Nacional, había logrado interceptar el sistema de comunicaciones de Bin Laden. Eso permitiría deducir, por tanto, que Bin Laden no cambió de sistema telefónico por lo menos hasta febrero, cosa que no encaja con la versión que defiende el Gobierno, que sostiene que los terroristas llevaban años preparando los atentados sin que nadie tuviera conocimiento de ello.

*Mayo de 2001*
El ministro de Exteriores Colin Powell hace una transferencia de cuarenta y tres millones de dólares al régimen talibán para compensar el empobrecimiento de los campesinos que pasan hambre, a causa de la destrucción de las plantaciones de opio por parte de los talibanes.

*Mayo de 2001*
El subsecretario de Estado Richard Armitage, un ex agente secreto y miembro de las fuerzas especiales de la Marina, y el director de la CIA, George Tenet, viajan a India en una misión oficial. Tenet aprovecha para realizar una discreta visita al presidente pakistaní Pervez Musharraf. Armitage mantiene una antigua y estrecha relación con los servicios secretos pakistaníes (ISI) y ha sido condecorado con el mayor reconocimiento civil del país. No resultaría descabellado pensar que Tenet se reuniera en Islamabad también con su homólogo pakistaní Mahmud Ahmed.

*Junio de 2001*

El servicio de inteligencia alemán (BND) alerta a la CIA y a Israel de que unos terroristas de Oriente Próximo planean «secuestrar un avión de pasajeros y utilizarlo como arma para atentar contra los símbolos y emblemas de las culturas estadounidense e israelí». Al menos eso publicó el periódico alemán *Frankfurter Allgemeine Zeitung* el 14 de septiembre.

*Verano de 2001*

Tres oficiales estadounidenses —Tom Simons (ex embajador de Estados Unidos en Pakistán), Karl Inderfurth (ex asistente del secretario de Estado para Asia meridional) y Lee Coldren (ex director de la oficina del Departamento de Estado y experto en Asia)— se reúnen con enviados pakistaníes y rusos y agentes de inteligencia entre mayo y agosto. Berlín fue la ciudad escogida para celebrar la última ronda de estas conversaciones secretas, mantenidas bajo los auspicios de Naciones Unidas, en las cuales participaron todos los países vecinos para tratar de resolver el asunto del oleoducto afgano. Los representantes de los talibanes asistieron a varias sesiones, pero rechazaron las ofertas de los estadounidenses por considerar que la participación en los beneficios era demasiado baja. En la última reunión de Berlín, los delegados de Estados Unidos amenazaron con emprender una campaña militar contra Afganistán en octubre.

*Verano de 2001*

Según un artículo publicado en el *Guardian*, los *rangers* estadounidenses están entrenando a fuerzas especiales en Tayikistán. Supuestamente, a su vez, fuerzas especiales uzbecas y tayikas se están entrenando en Alaska y Montana, algo que el Departamento de Defensa de Estados Unidos no confirma.

*Verano de 2001*

El diario *Times of India* publicó la primera prueba verdaderamente consistente, que conduce a los promotores de Mohamed Atta, el supuesto líder de los «pilotos terroristas». Según esta información, el director de los servicios de inteligencia, el general Mahmud Ahmed, hizo una transferencia por valor de cien mil dólares a Mohamed Atta en julio de 2001. Supuestamente, Omar Sheikh, un agente encubierto del ISI e islamista radical de origen británico, a quien tiempo más tarde se le imputó el secuestro del periodista Pearl, del *Wall Street Journal*, hizo la transferencia. Tras la publicación de esa noticia en el *Times of India*, donde se citaba a los servicios de inteligencia indios como fuente de la información y se afirmaba contar con la confirmación del FBI, el general Ahmed dimitió de su cargo de director del ISI.

### 26 de junio de 2001
La revista digital *indiareacts.com* escribe que «India e Irán apoyan los planes de Estados Unidos y Rusia de emprender una "acción militar limitada" contra los talibanes». De acuerdo con el artículo, tropas rusas y estadounidenses con ayuda Uzbekistán y Tayikistán llevarán a cabo los combates.

### 4-14 de julio de 2001
Osama bin Laden recibe tratamiento por su dolencia renal en el hospital estadounidense de Dubái, donde acuden a visitarlo familiares y figuras eminentes de Arabia Saudí y los Emiratos, así como el agente oficial de la CIA Larry Mitchell, a quien trasladaron de la oficina de Dubái el 15 de julio, cuando Bin Laden fue dado de alta.

### 10 de julio de 2001
Un informe del FBI de la oficina de Phoenix, Arizona, y otro enviado en agosto desde Minneapolis alertan de la posibilidad de que miembros de Al Qaeda estén utilizando las escuelas de vuelo estadounidenses para adquirir conocimientos que les permitan secuestrar un avión. El informe con fecha de 10 de julio recomienda mantener vigiladas las escuelas de pilotos del país y cita un potencial vínculo con Osama bin Laden. Los agentes del FBI de Minneapolis comunican el arresto de Zacharias Moussaoui, un francés de origen marroquí, porque dijo querer aprender a pilotar un Boeing 747, no a despegar y aterrizar. En un correo elec-

trónico enviado a la sede central, lo describen como un hombre que podría estar planeando estrellar un jumbo contra el World Trade Center. La oficina central no hizo caso de ninguno de los dos informes.

### 20-22 de julio de 2001

Antes de celebrarse la cumbre de G8 en Génova, Italia recibe advertencias de autoridades de varios países —entre ellos del presidente egipcio Mubarak— alertando sobre un posible ataque contra el edificio que alberga la cumbre con aviones secuestrados que podrían utilizarse de misiles. En consecuencia, el Gobierno italiano despliega la defensa antiaérea y cierra el espacio aéreo de la zona. Por precaución, George W. Bush pasa la noche en un buque de guerra estadounidense en el puerto.

### 6 de agosto de 2001

Un informe de la CIA comunica al presidente Bush el posible peligro de que unos terroristas vinculados a Osama bin Laden estén planeando utilizar aviones como bombas aéreas. Cabe la posibilidad de que esa advertencia de los servicios de inteligencia provenga de los informes de las oficinas del FBI en Phoenix y Minneapolis. Sin embargo, no se activa la alerta en el control del tráfico aéreo ni en la defensa aérea militar.

### 12 de agosto de 2001

Delmart *Mike* Vreeland, teniente de la Marina de Estados Unidos, que se encuentra en prisión en Toronto por haber cometido un delito de fraude, asegura que es un oficial de inteligencia de la Marina y sabe que van a producirse los atentados. Como nadie le presta atención, anota los detalles en un papel y se lo entrega a los guardias de la prisión para que lo guarden.

### 20 de agosto de 2001

El presidente ruso Putin da la orden a sus servicios de inteligencia de alertar a la inteligencia estadounidense «de manera clara y sin ambages» de los inminentes ataques contra edificios gubernamentales y aeropuertos. En el periódico ruso *Izvestia* se especificó tiempo más tarde que la advertencia aludía a veinticinco pilotos suicidas que estaban planeando un atentado contra edificios emblemáticos.

### 20 de agosto – 10 de septiembre de 2001

El índice Dow Jones de la Bolsa neoyorquina cae casi 900 puntos en las tres semanas previas al atentado. Existe el peligro de que se produzca una fuerte caída de la Bolsa. Cheney y otros altos cargos del Gobierno deliberan a puerta cerrada sobre la previsible quiebra de Enron, la mayor bancarrota (y fraude financiero) de la historia de Estados Unidos.

### 1-10 de septiembre de 2001

En una maniobra que llevaba planificándose cuatro años, se despliegan veintitrés mil soldados británicos en Omán, en una operación denominada «Swift Sword» («Espada veloz»). Al mismo tiempo, dos grupos de combate de Estados Unidos se reúnen en la costa pakistaní, y otros diecisiete mil soldados estadounidenses se unen a los veintitrés mil efectivos de la OTAN que se han desplazado a Egipto para la «Operación Bright Star». Todo ese despliegue se produce antes de que el primer avión se estrelle contra la primera torre del World Trade Center.

### 6-10 de septiembre de 2001

El drástico aumento en el volumen de las opciones de venta de las acciones de United Airlines y American Airlines, y de otras empresas afectadas por los atentados como Merrill Lynch, Morgan Stanley, AXA y Munich Re, apunta a un caso de abuso de información privilegiada en el ámbito bursátil.

### 10 de septiembre de 2001

Al parecer, la FEMA o Agencia Federal para la Gestión de Emergencias de Estados Unidos había sido alertada con antelación. En una entrevista con el periodista de los informativos de la CBS Dan Rather, Tom Kenney, uno de los miembros que coordinaba el equipo de búsqueda y captura urbano, realizó el siguiente comentario, que no deja de ser curioso: «Sin duda fuimos uno de los primeros equipos enviados para apoyar a la ciudad de Nueva York durante el desastre. Llegamos aquí a última hora del lunes y a primera hora del martes entramos en acción.»

*11 de septiembre de 2001*

El general Ahmed, jefe de los servicios secretos pakistaníes (que «sorprendentemente» se vio obligado a dimitir un mes más tarde por la transferencia bancaria realizada a Mohamed Atta), llega a Washington para hablar sobre los talibanes.

*11 de septiembre de 2001*

Empleados de la empresa israelí Odigo Inc., una de las compañías de «mensajería instantánea» más grandes del mundo con oficina en Nueva York, recibe el aviso urgente de que va a producirse un ataque inminente contra el World Trade Center dos horas antes de que el primer avión se estrellara contra la primera torre. Las autoridades policiales y las fuerzas de seguridad no se han pronunciado sobre la investigación de este asunto. Las oficinas de investigación y desarrollo de Odigo en Israel se encuentran ubicadas en Herzliyya, un barrio adinerado de Tel Aviv donde se halla también el Centro de Lucha contra el Terrorismo, que informa inmediatamente del abuso de información privilegiada de la Bolsa.

*11 de septiembre de 2001*

En cuarenta y cinco minutos se produce el secuestro de cuatro aviones que son desviados de sus rutas: a las 8.15 el primero y a las 9.05 el último. Sin embargo, los interceptores de las Fuerzas Aéreas no despegan hasta las 9.30, y ya es demasiado tarde. El Comando Nacional de Autoridad espera una hora y quince minutos antes de adoptar medidas, un intervalo sin precedentes en la historia.

*14 de septiembre de 2001*

Las autoridades penitenciarias de la prisión de Toronto abren el sobre que Mike Vreeland cerró y selló en agosto y comprueban que se citan el World Trade Center y el Pentágono. Posteriormente, la Marina estadounidense declara que licenciaron a Vreeland como soldado de la Marina en 1986 por rendimiento insuficiente y que jamás ha trabajado para el servicio de inteligencia.

*15 de septiembre de 2001*
El *New York Times* informa de que el presidente del Alex Brown Bank, Mayo Shattuck III, ha presentado su dimisión inmediata pese a que acababa de firmar un contrato por tres años (con un salario de treinta millones de dólares al mes). Muchas de las opciones se compraron a través del Alex Brown, que es propiedad del Deutsche Bank. Su ex director ejecutivo, *Buzzy* Krongard, dejó el puesto en 1998 por un cargo en la CIA, donde actualmente ocupa el tercer puesto de mayor responsabilidad.

*29 de septiembre de 2001*
El *San Francisco Chronicle* informa de que hay unos 2,5 millones de beneficios de las opciones de American Airlines y United Airlines que nadie ha reclamado. Tras el cierre de los mercados, que duró cuatro días, es probable que los propietarios ya no se atrevan a recoger sus «salpicadas» ganancias.

*10 de octubre de 2001*
El diario pakistaní *The Frontier Post* informa de que la embajadora estadounidense Wendy Chamberlain ha llamado por teléfono al ministro del Petróleo de Pakistán. Unocal quiere retomar el antiguo proyecto de construir un oleoducto que atraviese Afganistán «en vista de los recientes acontecimientos geopolíticos». (En febrero de 2002 se iniciaron las negociaciones y a comienzos de mayo la BBC anunció que el proyecto de dos mil millones de dólares, «la mayor inversión realizada en Afganistán», estaba atado y bien atado).

*Octubre de 2001*
El índice Dow Jones, que ya registraba una tendencia a la baja antes de los atentados, recupera la mayor parte de las pérdidas.

Gracias a las ingentes inyecciones de capital público destinadas a programas de defensa y subsidios para el sector de las compañías aéreas y al plan de bajada de impuestos empresariales, se ha evitado el crac bursátil. Las empresas más beneficiadas por la adopción de estas medidas son las del sector de la industria armamentista y los proveedores militares.

# Anexo 3

## ENTREVISTA DE JÜRGEN ELSÄSSER A ANDREAS VON BÜLOW

¿Qué sabe la CIA sobre el 11-S? El ex ministro alemán Andreas von Bülow no logró ver publicadas sus discrepantes e incómodas respuestas a esta pregunta en revistas alemanas de primera línea como *Spiegel* o *Stern*, pero finalmente encontró refugio en la revista *Konkret*. La entrevista que presentamos a continuación fue realizada por el escritor y periodista Jürgen Elsässer y fue publicada en el número de diciembre de 2001.

ELSÄSSER: Quedan muchas cosas por aclarar respecto al atentado terrorista perpetrado contra el World Trade Center. Se cree que hubo advertencias de los servicios franceses y el Mossad antes del 11 de septiembre. Sin embargo, las autoridades de Estados Unidos no estaban en absoluto preparadas: no se aumentaron las medidas de seguridad en los aeropuertos y la reacción de control de tráfico aéreo y defensa aérea fue lenta y poco profesional.

VON BÜLOW: Lo extraño del caso es que los estadounidenses no albergaran absolutamente ninguna sospecha en relación con los atentados y, sin embargo, fueran capaces de identificar a los autores y de divulgar la información en sólo cuarenta y ocho horas: han sido Bin Laden y su legendaria red terrorista Al Qaeda. En cuanto a la advertencia del Mossad, sería fantástico saber qué era exactamente lo que sabían y qué les transmitieron. Por ejemplo, cuando se produjo el atentado suicida islamista contra los cuarteles estadounidenses en Beirut, a principios de la década de los ochenta, el Mossad sabía de antemano el color y el tipo de camión exacto que más tarde iban a utilizar los terroristas. Sin embargo, cuando alertaron a la CIA no le dieron los detalles.

ELSÄSSER: ¿Por qué?

VON BÜLOW: Una razón posible es que los servicios de inteligencia quisieran proteger a las fuentes. Si revelas los detalles puedes dar pistas sobre la identidad del informador o los informadores. Al margen de eso, los servicios secretos, también los occidentales, están permanentemente echando pulsos de poder entre sí.

ELSÄSSER: ¿De modo que es posible que en esa ocasión la CIA no supiera mucho?

VON BÜLOW: Tampoco pretendo decir eso. Remontémonos al primer atentado contra el World Trade Center en 1993. En ese caso, atraparon a todo el grupo islamista que llevó a cabo la operación. Después se ha sabido que la CIA y el FBI se habían infiltrado en la organización mucho tiempo antes de los atentados. El fabricante de la bomba fue un agente provocador del FBI. Su superior se comprometió a sustituir los explosivos por sustancias químicas inocuas para poder capturar a los atacantes con las manos en la masa y prevenir cualquier tipo de daño. Sin embargo, el FBI no cumplió su compromiso. El resultado fueron varias víctimas mortales y mil heridos. Otro hecho extraño: los miembros del grupo terrorista tenían vetado el acceso a Estados Unidos y figuraban en una lista del FBI y el Departamento de Estado. Curiosamente, la CIA se encargó de que se hiciera la vista gorda ante la prohibición de entrada al país.

El terrible atentado del 11-S es el máximo accidente previsible de los servicios de inteligencia estadounidenses. En total hay 26 servicios, y compiten entre sí. Resulta comprensible que aquellos que no son cínicos se desesperen ante tanta confusión y tanto caos. Los que quieren ayudar a su Gobierno a prevenir atentados terroristas se han metido en un jardín del que no es fácil salir.

ELSÄSSER: ¿Cree usted entonces qué, ante ese «todos contra todos», quienes salen ganando son los terroristas?

VON BÜLOW: La pregunta crucial es: ¿quiénes son los terroristas? El ex director de una unidad estratégica que lucha contra el narcotráfico internacional al más alto nivel dijo en una comparecencia ante el Congreso que, en los treinta años que llevaba trabajando para la DEA [la agencia estadounidense que controla y combate el tráfico de drogas] jamás ha participado en una investigación donde la CIA no les haya arrebatado el mando.

ELSÄSSER: Pero el 11-S no guarda relación con ningún delito de drogas.

VON BÜLOW: Bin Laden es un producto de la CIA, que en principio fue creado para luchar contra la Unión Soviética. No se trataba sólo de rechazar la intervención soviética en Afganistán. Se trataba de desestabilizar a la URSS a través de las repúblicas con población musulmana que formaban parte de la unión. Antes incluso de que los comunistas llegaran al poder en Afganistán en 1978, la CIA había fomentado el malestar en Afganistán. El Gobierno central no podía controlar la situación. Los comunistas se hicieron con el poder, fracasaron y llamaron a las tropas soviéticas, cayendo así en la trampa que les había tendido el consejero de seguridad de Estados Unidos, Brzezinski, con la que pretendía crear un Vietnam ruso. Posteriormente, en una operación montada por la CIA en colaboración con los servicios de inteligencia saudíes y pakistaníes y financiada en gran medida por el tráfico de drogas, unos cien mil combatientes procedentes de países musulmanes del norte de África y Oriente Próximo se alistaron en la resistencia para luchar como mercenarios contra los impíos de los rusos. Lo de «combatientes de la resistencia» es un decir. Porque en realidad lo que hizo fue reunir a los desharrapados y pendencieros de todo el mundo islámico. Los muyahidines recogían a toda oveja negra o descarriada, que no fuera de utilidad a la familia o al pueblo, y se los llevaban a Hindu Kush, donde podían hacer algo útil a cambio de dinero procedente del petróleo y de las drogas. Los propios talibanes salieron de los orfanatos de Pakistán donde la observancia de las leyes coránicas era muy estricta. Osama bin Laden fue uno de los organizadores de la campaña publicitaria fundamentalista y, en efecto, le permitieron reclutar aproximadamente a diez mil mercenarios procedentes de círculos militantes, antioccidentales y antiesta-dounidenses. Algunos de sus soldados fueron entrenados especí-ficamente en campos de la CIA para misiones especiales. Así pues, estamos hablando de personas desesperadas y no de indivi-duos profundamente religiosos. Es como si nosotros reuniése-mos a todos los ultras del fútbol para librar una guerra santa con-tra el islam. Pero resultan perfectos para lavar el cerebro a la opinión pública occidental e inculcarles, a fuerza de machacar y machacar, el concepto de «choque de civilizaciones» y del islam como nuevo enemigo.

ELSÄSSER: Usted formaba parte del Gobierno alemán cuan-do se produjo la invasión soviética de Afganistán. ¿Cómo valo-ró el problema el gabinete del canciller Schmitt?

VON BÜLOW: Apenas lo valoró. Lo único que recuerdo es que Washington ejerció una gran presión sobre nosotros para que boicoteásemos los Juegos Olímpicos de Moscú en protesta por lo sucedido en Afganistán. Hay un episodio que ilustra muy bien hasta qué punto era fuerte la presión. A comienzos de la dé-cada de los ochenta, el general de cuatro estrellas y mando de la OTAN Haig hizo todo cuanto estaba en sus manos para forzar maniobras nacionales, por pequeñas que fueran, y declararlas parte de la gran movilización de la OTAN que él estaba coordi-nando ese otoño. Y así fue como en cuestión de un fin de sema-na había más de un millón de efectivos de la OTAN —desde No-ruega a Turquía— avanzando de oeste a este. Yo, que en ese momento era secretario de Estado, me tomé la libertad de co-mentar que aquello me parecía problemático, en especial porque en Occidente comenzarían a saltar las alarmas si los miembros del Pacto de Varsovia iniciaban una movilización similar este-oeste. Esa crítica tuvo una repercusión mundial, recorrió Esta-dos Unidos y llegó a Hawái. Al cabo de poco tiempo visité la Casa Blanca, me encontré con Brzezinski de manera aparente-mente casual y me preguntó: «¿Es usted el tipo que salió a hablar de las maniobras en Europa?» Desde el punto de vista actual, ya por ese entonces estaba intentando caldear el ambiente tanto en el lado europeo como en el lado asiático. Hoy en día, el juego geopolítico continúa con la ampliación de la OTAN y el establecimiento de posiciones militares en los Estados asiáticos independientes, sucesores de la Unión Soviética.

Recuerdo, además, que, por los contactos que existían entre el Partido Socialista alemán (SPD) y el Partido Comunista de la Unión Soviética, los soviéticos dijeron en varias ocasiones que se retirarían encantados de Afganistán, pero que temían el caos de seguridad que iba a producirse con los enfrentamientos entre señores de la guerra y de la droga afganos y pakistaníes. Intentaron convencer a los estadounidenses de la conveniencia de una iniciativa conjunta, pero Washington hizo oídos sordos a las ofertas de Moscú.

ELSÄSSER: ¿No participó el servicio de inteligencia alemán (BND) en la operación de la CIA en Afganistán?

VON BÜLOW: Tuvo un papel, a lo sumo, secundario. En ocasiones, los alemanes establecen vínculos sentimentales con los pueblos arrasados y maltratados de la región. En el caso de Jürgen Todenhöfer, emisario no oficial del Partido Demócrata Cristiano alemán (CDU), puedo imaginármelo perfectamente sentado alrededor del fuego con los muyahidines cantando a la libertad. Los agentes encubiertos de la CIA persiguen oscuros y no democráticos objetivos de su país con mano dura. En una ocasión, la CIA cerró el grifo del dinero y la droga a los treinta mil combatientes kurdos que lucharon contra Sadam Hussein, después de décadas utilizándolos de manera encubierta a favor de los intereses del sah de Irán; abandonó a todos, líderes y soldados, a un funesto destino con el dictador. Cuando sucedió, Henry Kissinger, el predecesor de Brzezinski, dijo que esperaba que nadie incurriera en el error de pensar que las operaciones encubiertas eran misiones.

ELSÄSSER: Volvamos al 11-S. Algo que me llama la atención es que el presidente Bush no quisiera desplazarse a Nueva York el día de los atentados por temor a que planearan atentar contra él, es decir, contra el Air Force One. William Safire profundizó en esta cuestión en la edición del New York Times del 15 de septiembre aportando datos que apuntaban a un posible desencriptamiento de los códigos secretos del Gobierno estadounidense, de manera que es posible que existiera tal amenaza. Safire concluye que «los terroristas podrían tener un topo en la Casa Blanca, o bien informantes en los servicios secretos, el FBI, la FAA (Administración Federal de Aviación) o la CIA».

VON BÜLOW: Es perfectamente posible. Y más interesante todavía me parece la teoría de un ingeniero de vuelo británico, que defiende que, el 11-S, los vuelos domésticos no fueron secuestrados, sino teledirigidos por control remoto desde tierra a través de una «puerta trasera» abierta en los ordenadores de a bordo que permitió arrebatarles el control a los pilotos.

ELSÄSSER: Resultaría fácil demostrar lo contrario si las autoridades que investigan los datos de las cajas negras y las grabaciones del tercer y el cuarto avión —uno impactó contra el Pentágono y el otro se estrelló— hicieran pública esa información. Pero no parece que vaya a ser así.

VON BÜLOW: Hay varios siniestros aéreos sin resolver que han tenido lugar en la costa este estadounidense. Como el avión de Swissair o el vuelo de Egypt Air. A favor de la versión del ingeniero de vuelo británico se podría alegar también el hecho de que, por lo visto, los supuestos secuestradores no eran capaces de pilotar un avión. Los diarios de Florida publicaron que esas personas no consiguieron aprender en los cursos de entrenamiento. La escuela de vuelo dijo, refiriéndose a uno de los sospechosos, que después de seiscientas horas de vuelo no habría sido capaz de pilotar ni siquiera un Cessna. Otro fue descrito como una persona tan estúpida que ponían en duda incluso su capacidad para conducir un coche.

ELSÄSSER: A este respecto, hay que tener en cuenta que al menos el vuelo número tres realizó una maniobra de vuelo tremendamente complicada.

VON BÜLOW: En primer lugar, se dirigía hacia la Casa Blanca en Washington y luego cambió de rumbo, giró 270 grados por encima de los postes de teléfono y se dirigió al Pentágono. Eso requiere habilidad y experiencia de vuelo. Por cierto, no estoy apropiándome de la teoría del ingeniero de vuelo. Lo único que digo es que las dudas y las preguntas que él y otras muchas personas están poniendo sobre la mesa deberían debatirse en público y someterse a la investigación de los expertos.

ELSÄSSER: Ahora también han dejado de hacerse preguntas sobre el posible uso de información privilegiada en la Bolsa.

VON BÜLOW: Así es. La semana anterior a los atentados, los volúmenes de intercambio de acciones, que después sufrieron una drástica caída a consecuencia de lo sucedido, aumentaron un 1.200 %. Las acciones se vendieron a un precio elevado, pero no se transfirieron hasta un tiempo después, de forma que los vendedores podían comprar las acciones más tarde a precios mínimos y se embolsaban la gran diferencia como ganancia. Eso sucedió con las acciones de las dos compañías aéreas y de las instituciones financieras Morgan Stanley y Merryll Lynch, cuyas oficinas estaban en alguno de los veintidós pisos del World Trade Center. Además, quienes poseían información privilegiada compraron bonos del Tesoro de Estados Unidos por valor de cinco mil millones de dólares, anticipando la drástica subida que desencadenaría la catástrofe. ¿Quiénes eran esas personas y a través de qué canales obtuvieron la información? ¿Y dónde están las conclusiones de los investigadores financieros estadounidenses que supervisan de manera rutinaria cualquier anomalía especulativa y podrían aportar pruebas sobre los atentados?

ELSÄSSER: Bush padre trabaja para la familia Bin Laden en Arabia Saudí a través de un grupo empresarial internacional de inversión llamado Carlyle Group. «La idea de que el padre del presidente, que también fue presidente, esté haciendo negocios con una empresa que ahora está investigando el FBI por los atentados terroristas del 11 de septiembre es espeluznante», ha declarado la ONG Judicial Watch, que lucha contra la corrupción en Estados Unidos.

VON BÜLOW: Bush padre es un viejo amigo de la CIA. Fue director de la agencia en los años 1976 y 1977. Se sabe que tenía contactos con el presidente panameño Noriega, que permitió que utilizaran su país para la carga y descarga de drogas con destino a Estados Unidos, y el aterrizaje de aviones cargados de dinero procedente del narcotráfico para el blanqueo internacional. Los doscientos mil dólares extras que ganaba al año, financiados temporalmente por fuentes de la CIA, hacían que sus ingresos superasen hasta el salario que percibía como presidente de Estados Unidos.

ELSÄSSER: Hay datos que indican que la guerra contra Afganistán no fue una reacción de Estados Unidos a los atentados del 11-S, sino que la intervención estaba planificada previamente. «Las pruebas señalan que Washington había decidido realizar un movimiento contra Bin Laden en verano», publicó el diario británico *Guardian*.

VON BÜLOW: Hay una empresa estadounidense de gas y petróleo que lleva años queriendo transportar petróleo de la cuenca del Caspio al océano Índico, a través de un oleoducto que cruce Afganistán, que costaría miles de millones de dólares. La CIA esperaba poder utilizar a los talibanes para proteger la inversión y al mismo tiempo impedir que se construyera una extensión del oleoducto dentro del territorio del «Estado canalla» de Irán. Cabe la posibilidad de que la guerra lleve ahora a un cambio de liderazgo en Kabul y de que el nuevo gobierno apoye el proyecto. En resumen, lo que está claro es que los jefes estratégicos de la CIA siguen las ideas geopolíticas que Brzezinski, a quien ya mencionamos antes, expuso en *El gran tablero mundial: la supremacía estadounidense y sus imperativos geoestratégicos*. Este libro, junto con *El choque de civilizaciones* de Huntington, constituye el embrión de lo que será la política exterior encubierta y sin duda determinante de Estados Unidos en los próximos años y décadas. Brzezinski repasa uno por uno los países más importantes que podrían convertirse en rivales de la dominación estadounidense. Busca métodos que permitan debilitar a esos rivales. Lo entiende todo como una partida de ajedrez en la que los Estados son las piezas importantes que luchan entre sí y dentro de ellos las minorías étnicas son los peones. Se promociona a los líderes de las minorías étnicas que son beligerantes y se rechaza a los pacíficos, se estimula el sufrimiento, se comercia con armas y todo se financia con drogas. Si alguno de los gobiernos centrales correspondientes se viese obligado a intervenir con mayor firmeza para mantener la paz nacional, acto seguido sería acusado públicamente de violar los derechos humanos. Brzezinski está como poseído por el asunto de la dominación de la región euroasiática situada entre el Pacífico y el Atlántico, que para él constituye la clave de la dominación mundial. Y dado que el ser humano, falible como es, quiere y siente la necesidad de odiar, el profesor de Harvard —Huntington— presenta al islam como el nuevo enemigo de Occidente, al que equipara con el cristianismo ortodoxo de Europa del Este.

ELSÄSSER: ¿Qué tipo de contacto han mantenido en el pasado reciente Bin Laden y la CIA?

VON BÜLOW: *Le Figaro* publicó que Bin Laden se reunió con el jefe de la CIA en Dubái en julio de este mismo año. Por lo visto el agente de la CIA presumió delante de sus amigos de haber mantenido esa reunión.

ELSÄSSER: Cuando usted señala una posible relación de la CIA y otros servicios de inteligencia occidentales con el 11-S, supongo que le acusan de apoyar teorías de la conspiración.

VON BÜLOW: No soy yo quien ha montado una teoría de la conspiración. Al contrario, se debería censurar a quienes afirman que todo ha sido fruto de la conspiración de Bin Laden y no tienen pruebas —al menos hoy por hoy nadie ha presentado ninguna— que lo demuestren. Aquí se está utilizando una vez más a los medios para difundir la desinformación. Por ejemplo, el *New York Times* publicó que Bin Laden había declarado que acogía con satisfacción los atentados y consideraba a los terroristas «héroes». El comentario provenía en realidad de un palestino que vivía en Afganistán y relataba lo que un amigo suyo próximo al círculo de Bin Laden aseguraba haber oído sobre la reacción de este último. Por otro lado, el periódico local alemán *Bonner Generalanzeiger* tradujo una noticia publicada por la BBC sobre unas declaraciones en las que Bin Laden condenaba la muerte de inocentes en el 11-S. ¿Por qué el *New York Times* decide publicar una noticia que probablemente resulte falsa?

Desde luego yo no tengo respuesta para todas esas preguntas, pero el hecho de que los medios ni siquiera las planteen significa que nadie está ejerciendo presión para que los responsables encuentren respuestas convincentes. En cambio, se están publicando imágenes donde aparece Bin Laden cabalgando bajo una tormenta de arena, el jinete del Apocalipsis, el nuevo impredecible, perverso y vil enemigo.

ELSÄSSER: ¿Por qué todos los medios, incluidos los alemanes, tienen una respuesta tan uniforme?

VON BÜLOW: Parece que Francia es el único país que en cierta medida está desafiando la histeria y esa especie de seguidismo incondicional. Tanto en la política como en los medios. Yo ya he vivido en varias ocasiones estas oleadas de uniformidad. En el caso de la bomba de neutrones, no ha acabado de cuajar del todo, pero al tratar de situar cien misiles de medio alcance, cundió rápidamente el consenso. Luego vino la contención de cualquier tipo de comentario sobre el ritmo excesivo al que se avanzaba hacia los «paisajes florecientes». Para mí, uno de los casos más terribles de manipulación fue la guerra del Golfo. Después de que Occidente, entre otros, durante años, lo armara hasta los dientes, Sadam Hussein cayó en la trampa que le tendió el embajador estadounidense al asegurar que a Estados Unidos no le importaban las disputas fronterizas con Kuwait. En el caso de Reagan con la «guerra de las Galaxias» se podía apreciar la misma tendencia en los medios que se aprecia ahora con Bush.

ELSÄSSER: Usted ha definido el fenómeno con gran acierto, pero todavía no lo ha explicado.

VON BÜLOW: Sé por un informador de Estados Unidos que hay una persona de confianza de la CIA presente en todas las grandes redacciones de prensa y agencias de noticias, y que esa persona tiene potestad para eliminar fragmentos inconvenientes de las noticias que se publican o imponer silencio sobre determinados asuntos. No sé si los servicios de inteligencia alemanes (BND) tienen los mismos poderes. Los peces gordos de los grupos de comunicación estadounidenses están en las juntas de asesores de los servicios secretos. La CIA ayuda a despegar a los periodistas y agencias de noticias extranjeras dándoles dinero. Además, los periodistas mantienen con frecuencia una relación de dependencia con los servicios de inteligencia. De ahí salen las grandes historias que ellos tendrán que difundir convenientemente. Si el periodista se distancia de la corriente mayoritaria, las fuentes cortan el grifo. Si se mantiene con los demás, será invitado a las conferencias de prensa y a las comparecencias públicas, que tendrán lugar en algunos de los parajes más bellos y los hoteles más lujosos del mundo, poblados de figuras eminentes con quienes hablar. Los considerados «intelectuales de la defensa» viven bien y gozan de información exclusiva; nadie quiere hablar de corrupción. Pero existe una diferencia considerable entre ellos y los periodistas que, por ejemplo, trabajan en una redacción en Fráncfort-Bockenheim y tienen que salir a buscar información todos los días.

También me gustaría añadir que la labor más importante de los servicios de inteligencia es engañar al público. La cadena real de causalidad debe mantenerse en secreto. No es difícil convencer a una tribu de las montañas de Birmania de treinta mil personas de que luchen contra el Vietcong; basta con suministrarles armas y dinero. Resulta mucho más complicado montar el tinglado para que la CIA no aparezca como organización instigadora que da las órdenes. De modo que la CIA gestiona y financia las actividades por medios indirectos de refinada sofisticación. La Contra centroamericana recibía armas y dinero a través de los traficantes de drogas, que a cambio podían vender la mercancía en Estados Unidos y Europa sin miedo a que los persiguieran. El blanqueo de dinero procedente de la droga se encubre para que continúe funcionando el ciclo secreto. Todo se organiza de una forma tan enrevesada que cualquiera que intente poner de relieve o destapar las verdaderas conexiones será tomado por loco. Las cosas son muy cómodas para los periodistas que se sientan en el regazo de los servicios de inteligencia a esperar que les den la desinformación con la que luego llenarán sus columnas.

ELSÄSSER: Usted fue secretario de Estado y ministro. ¿Cómo reaccionaron los socialdemócratas de su generación —personas como Bahr y Schmidt— a su investigación?

VON BÜLOW: No ha habido ninguna reacción. Quien esté de acuerdo con mi análisis tendrá que remar contracorriente. Quien no lo esté debería poder argumentar por qué.

# Notas

## Nota del autor a la edición española

1. Así lo aseguró en la última entrevista supuestamente auténtica que publicó el 28-09-2001 en el diario pakistaní *Ummat* y que la BBC publicó al día siguiente traducida al inglés: «Ya he dicho que no estoy involucrado en los atentados que tuvieron lugar el 11 de septiembre en Estados Unidos. Como musulmán, procuro evitar siempre la mentira.» http://www.globalresearch.ca/index.php?context=va&aid=24697.

2. http://www.counterpunch.com/cockburn05062011.html.

## Primera parte

1. DYSON, Freeman: «Time Without End: Physics and Biology in an Open Universe», *Review of Modern Physics*, vol. 51, 1979, pp. 447-460.

2. KROPOTKIN, Piotr Alekseevich: *Gegenseitige Hilfe in der Tier- und Menschenwelt*, Leipzig, 1908/Berlín, 1975. [*El apoyo mutuo: un factor en la evolución*, Nossa y Jara, Madrid, 1989.]

3. MARGULIS, Lynn y Dorion SAGEN: *Leben. Vom Ursprung zur Vielfalt*, Spektrum Heidelberg, 1997. [*¿Qué es la vida?*, Tusquets Editores, Barcelona, 1996.]

4. PUIGH, Emerson: *BrainTech. Mind Machines und Bewusstsein*, Lutz Berger und Werner Pieper, Löhrbach, 1989.

5. BLOOM, Howard: *Global Brain: The Evolution of Mass Mind from the Big Band to the 21 Century*, Wiley, 2001.

6. PYNCHON, Thomas: *Die Enden der Parabel. Gravity's Rainbow*, Reinbek, 1981. [*El arco iris de la gravedad*, Tusquets Editores, Barcelona, 2009.]

7. WILSON, Robert A. y Robert SHEA: *The Illuminatus Trilogy: The Eye in the Pyramid, The Golden Apple and Leviathan*, Dell, 1998.

8. WILSON, Robert A.: *Everything Is Under Control: Conspiracies, Cults and Cover-ups*, HarperCollins, Nueva York, 1998.

9. BÜLOW, Andreas von: *Im Namen des Staates. CIA, BND und die kriminellen Machenschaften der Geheimdienste*, Múnich, 1998.

10. BLACKBURN, Robin: *The Making of New World Slawery, From the Baroque to the Modern 1492-1800*, Verso, Londres, 1997.

11. PIPES, Daniel: *Conspiracy*, The Free Press, Nueva York, 1997.

12. HITLER, Adolf: *Mein Kampf*, Múnich, 1935.

13. ARENDT, Hannah: *Elemente und Ursprünge totaler Herrschaft*, Piper, Múnich, 1986.

14. HELSING, Jan van: *Geheimgesellschaften und ihre Macht im 20. Jahrhundert*, Ewertverlag, Meppen 1993.

15. CARMIN, E. R.: *Das schwarze Reich. Geheimgesellschaften und Politik im 20. Jahrhundert*, 4.ª ed., Nikol Verlagsgesselschaft, Múnich, 1999.

16. http://www.uni-muenster.de/PeaCon/conspiracy/Weishaupt.htm.

17. KNIGGE, Adolph Freiherr von: *Freimaurer- und Illuminatenschriften*, Sämtliche, Múnich/Londres, 1993.

18. MACKEY, Albert G.: *A Lexicon of Freemasonry - 1869*, Kila, Montana, 1997.

19. WEBER, Max: *Wirtschaft und Gesellschaft. Grundriss der verstehenden Soziologie* (1922), Mohr Siebeck, Tubinga, 1972. [*Economía y sociedad: esbozo de sociología comprensiva*, Fondo de Cultura Económica de España, Madrid, 2002.]

20. CREUTZ, Helmut: *Das Geldsyndrom. Wege zu einer krisenfreien Marktwirtschaft*, Ullstein, Fráncfort, 1995. Texto *online* en: http://userpage.fuherlin.de/nroehrigw/creutz/geldsyndrom/; LIETAER, Bernard: *Das Geld der Zukunft*, Bertelsmann, Múnich, 2000 ; SENF, Bernd: *Der Nebel um das Geld. Zinsproblematik - Währungssysteme - Wirtschaftskrisen*, Gauke-Verlag, Fráncfort, 1996.

21. Todas las citas han sido extraídas de LE GOFF, Jacques: *Höllen-*

*zins und Wucherqual. Ökonomie und Religion im Mittelalter*, Stuttgart, 1988. [*La bolsa y la vida. Economía y religión en la Edad Media*, Gedisa, Barcelona, 1988.]

22. Conversación con Robert A. WILSON extraída de *Lexikon der Verschwörungstheorien*, Fráncfort, 2000.

23. www.pgpi.org.

24. ROTH, Jürgen: *Die Mitternachtsregierung*, Rasch un Röhring, Hamburgo, 1990.

25. BÜLOW, Andreas von: *Im Namen des Staates*, Piper, Múnich, 1998.


## Segunda parte

1. http://www.heise.de/tp/deutsch/special/wtc/11661./1.html.

2. http://www.thedubyareport.com/family.html#prescott.

3. TZE, Sun: *Die dreizehn Gebote der Kriegskunst*, Rogner & Bernhard, Múnich, 1972 [*El arte de la guerra de Sunzi*, La esfera de los libros S. L., Madrid, 2006.]

4. http://www.disinfo.com/pages/article/id1488/pg1/

5. http://www.cnn.com/TRANSCRIPTS/0112/04/se.04.html.

6. http://www.globalresearch.ca/articles/INL110A.html.

7. http://www.consortiumnews.com/archive/xfile.html.

8. http://www.larouchepub.com/other/2001/2838bin-london.html.

9. Cita extraída de: BEARD, Charles, *President Roosevelt and the Coming of the War*, 1948.

10. STINNETT, Robert B., *Day of Deceit. The Truth About FDR and Pearl Harbour*, Free Press, Carmichael (Canadá), 2001.

11. *New York Times*, 23-09-1990.

12. http://cjonline.com/stories/091201/ter_binladen.shtml.

13. http://www.cnn.com/2001/US/09/11/pentagon.olson/index.html.

14. http://www.geocities.com/subliminalsuggestion/olson.html.

15. http://www.flight93crash.com/.

16. http://www.wealth4freedom.com/Elkhorn2.html.

17. http://wealth4freedom.com/Elkhorn.html.

18. http://www.maebrussell.com/Facts%20and%20Fascism.html.

19. *Der Spiegel*, 15-09-01.

20. VÖLKLEIN, Ulrich: *Geschäfte mit dem Feind. Die geheime Allianz des großen Geldes während des Zweiten Weltkriegs auf beiden Seiten der Front*, Stalling, Hamburgo, 2002.

21. http://www.tarpley.net/bushb.htm.

22. www.henryk-broder.com.

23. http://www.cnn.com/SPECIALS/2001/trade.center/victims/main.html.

24. http://www.fbi.gov/pressrel/pressrel01/092701hjpic.htm.

25. http://www.worldmessenger.20m.com/alive.html.

26. HOYLE, Fred: *The Origin of the Universe and the Origin of Religion*, Moyer Bell, Wakefield, Rhode Island, 1993.

27. HEINSOHN, Gunnar: *Die Erschaffung der Götter. Das Opfer als Ursprung der Religion*, Rowohlt, Reinbek, 1997.

28. *FAZ*, 18-09-2002.

29. http://www.spiegel.de/politik/ausland/0,1518,157979,00.html.

30. CHOSSUDOVSKY, Michel: *Globalization of Poverty and the New World Order*, Global Research, Pincourt, Quebec, 2002. [*Globalización de la pobreza y nuevo orden mundial*, Siglo XXI, Buenos Aires, 1998.]

31. http://news.bbc.co.uk/hi/english/world/americas/newsid_1961000 /1961476.stm.

32. SUTTON, Antony C.: *America's Secret Establishment. An Introduction to the Order of Skull and Bones*, Billings, Montana, 1986; entrevista con Sutton: http://www.freedomdomain.com/secretsocieties/suttoninterview.html.

33. Citas extraídas de TARPLEY, Webster G. y Anton CHAITKIN: *George Bush. The Unauthorized Biography*, 1992; versión *online* en: http://www.tarpley.net/bushb.htm.

34. http://www.tarpley.net/bush2.htm; cap. 2: Das Hitler-Projekt.

35. STIMSON, Henry L.: *Diaries 1909-1945*.

36. GOLDSTEIN, Paul y Jeffrey STEINBERG: *George Bush, Skull & Bones and the New World Order*, abril de 1991; http://www.parascope.com/articles/0997/whitepaper.htm.

37. http://www.parascope.com/articles/0997/whitepaper.htm.

38. *Atlantic Magazin* sobre Bush, y Skull & Bones: http://www.

theatlantic.com/issues/2000/05/robbins.htm; ROSENBAUM, Ron: *Esquire Magazin*: http://www.freedomdomain.com/ secretsocieties/ skull02.html.

39. http://www.baltech.org/lederman/Bush-MI-enron-3-04-02. html: GW Bush, Jesus and the Manhattan Institute.

40. LEDERMAN, Robert: *A Jewish Perspective on G. W. Bush*: http://baltech.org/lederman/nazi-bush-1-28-01.html.

41. SUTTON, Anthony C.: *Western Technology and Soviet Economic Development*, 3 vols., Hoover Institution Press, Standford, California, 1968-1973.

42. www.whatreallyhappened.com.

43. GOLDSTEIN, Paul y Jeffrey STEINBERG: *George Bush, Skull & Bones and the New World Order*, 1991; /http://www.parascope.com/ articles/0997/whitepaper.htm.

44. http://www.spiegel.de/kultur/literatur/0,1518,157874,00.html.

45. PYNCHON, Thomas: *Die Enden der Parabel. Gravity's Rainbow*, Rowohlt, Reinbek, 1981. [*El arco iris de la gravedad*, Tusquets Editores, Barcelona, 2009.]

46. http://www.br-online.de/geld/plusminus/beitrag/20010925/ thema_2.html.

47. LASKE, Karl: *Ein Leben zwischen Hitler und Carlos: François Genoud* [Una vida entre Hitler y Carlos], Zúrich, 1996.

48. http://www.spiegel.de/politik/ausland/0,1518,159688,00.html.

49. http://www.idgr.de/lexikon/stichipq/propagandadue/p2.html.

50. LERNOUX, Penny: *In Banks We Trust*, Garden City, Nueva Jersey, 1984. [*Esos bancos en los que confiamos*, Plaza y Janés, Barcelona, 1985.]

51. CARMIN, E. R.: *Das schwarze Reich. Geheimgesellschaften und Politik im 20. Jahrhundert*, 4.ª ed., Auflage, Múnich, 1999; http:// home.t-online.de/home/Jens_Kroeger/vatican.html.

52. http://www.spiegel.de/spiegel/0,1518,160075,00.html.

53. Todas las citas extraídas de LEWIS, Bernard: *Die Assassinen. Zur Tradition des religiösen Mords im Islam*, Fráncfort, 1989. [*Los asesinos*, Mondadori, Barcelona, 1990.]

54. SUTTON, Antony: *Best Enemy Money Can Buy*, Billings, Montana, 1986; Edición *online* en: http://reformed-theology.org/html/ books/ best_enemy/.

55. http://emperors-clothes.com/analysis/creat.htm.

56. RASHID, Ahmed: *Taliban. Afghanistans Gotteskrieger und der Dschibad*, Droemer Knauer, Múnich, 2001. [*Los talibán: el Islam, el petróleo y el nuevo «gran juego» en Asia central*, Península, Barcelona, 2001.]

57. http://emperors-clothes.com/news/albu.htm.

58. http://www.dhm.de/lemo/html/dokumente/wilhelm00/.

59. HOLZER, Tilmann: *Globalisierte Drogenpolitik. Die protestantische Ethik und die Geschichte des Drogenverbots*, VWB, Berlín, 2002. PIEPER, Werner (Ed.): *Die Geschichte des O. Opiumfreuden – Opiumkriege*, The Grüne Kraft, Löhrbach, 1998.

60. http://www.thirdworldtraveler.com/CIA/CIAdrug_fallout. html.

61. http://www.subcontinent.com/sapra/regional/regiona 2000-0430a.html.

62. *Rolling Stone*, núm. 10, 2001.

63. BÜLOW, Andreas von: *Im Namen des Staates. CIA, BND und die kriminellen Machenschaften der Geheimdienste*, R. Pipper, Múnich, 1998.

64. http://news.bbc.co.uk/hi/english/world/south_asia/ newsid_1843000/1843726.stm.

65. http://www.independent.co.uk/story.jsp?story=96697.

66. http://www.washingtonpost.com/wp-dyn/articles/A37629-2001Sep27.html.

67. http://www.spiegel.de/politik/deutschland/0,1518,161124,00. html.

68. http://www.eionews.addr.com/psyops/news/carolvalentine. htm.

69. http://www.worldnetdaily.com/news/article.asp?ARTICLE_ ID=22684.

70. BRZEZINSKI, Zbigniew: *Die einzige Weltmacht. Amerikas Strategie der Vorherrschaft*, Fischer, Fráncfort, 1999. [*El gran tablero mundial: la supremacía estadounidense y sus imperativos geoestratégicos*, Paidós, Barcelona, 1998.]

71. HUNTINGTON, Samuel: *Kampf der Kulturen. Die Neugestaltung der Weltpolitik im 21. Jahrhundert*, Europa, Hamburgo, 1996. [*El choque de civilizaciones y la reconfiguración del orden mundial*, Paidós, Barcelona, 1997.]

72. http://www.sfgate.com/cgi-bin/article.cgi?file=/chronicle/archive/2001/09/29/MN186128.DTL.

73. http://www.fromthewilderness.com/free/ww3/10_09_01_krongard.html.

74. http://www.eionews.addr.com/psyops/news/passenger_list_puzzle.htm.

75. http://eionews.addr.com/psyops/news/wtc_unanswered_questions.htm.

76. http://www.zealllc.com/commuentary/tsunami.htm.

77. http://www.fromthewilderness.com/free/economy/053101_banks.html.

78. http://www.nytimes.com/2001/10/17/national/17MONE.html?todaysheadlines.

79. http://www.timesofindia.com/articleshow.asp?art_id=1454238160.

80. http://www.cnn.com/2002/ALLPOLITICS/01/29/inv.terror.probe/

81. http://story.news.yahoo.com/news?tmpl=story&ncid=584&e=1&cid=584&u=/nm/20020526/pl_nm/attack_inquiry_dc_2.

82. http://www.public-i.org/story_01_080200.htm.

83. www.fromthewilderness.com.

84. http://www.fromthewilderness.com/free/ciadrugs/bush-cheney-drugs.html.

85. www.debka.com.

86. http://news.bbc.co.uk/hi/english/world/europe/newsid_1569000 /1569249.stm.

87. http://www.guardian.co.uk/waronterror/story/0,1361,579169,00.html.

88. http://www.janes.com/security/international_security/news /jir/jir010315_1_n.shtml.

89. http://www.spiegel.de/politik/ausland/0,1518,164902,00.html.

90. http://www.gpc.peachnet.edu/~shale/humanities/composition/assignments/experiment/lsd.html.

91. http://www.disinfo.com/pages/article/id1751/pg1/

92. http://www.guerrillanews.com/newswire/186.html.

93. http://globalresearch.ca/articles/ROY110A.html.

94. http://www.spiegel.de/kultur/literatur/0,1518,165236,00.html.

95. http://mirror.icnetwork.co.uk/news/allnews/page.cfm?objectid=11392430&method=full.

96. http://whatreallyhappened.com.

97. http://www.torontostar.com/NASApp/cs/ContentServer?pagename=thestar/Layout/ArticleType1&c=Article&cid=1003791935801.

98. *Le Figaro*, 11.10.2001, http://www.globalresearch.ca/articles/RIC111B.html.

99. http://www.boeing.com/defense-space/military/af1/

100. http://www.guerrillanews.com/newswire/185.html.

101. http://globalresearch.ca/articles/CHO111A.htm.

102. CHOSSUDOVSKY, Michel: *Globalization of Poverty and the New World Order*, Global Research, Pincourt, Quebec, 2002. [*Globalización de la pobreza y nuevo orden mundial* en español, Siglo XXI, Madrid, 1998.]

103. http://www.unitedstates.com/news/content/733287/mossad.

104. http://11september.20m.coin/cia_destroy_pakistan.htm.

105. http://news.bbc.co.uk/hi/english/events/newsnight/newsid_1591000/1591530.stm.

106. http://www.globalresearch.ca/articles/CHO111A.html.

107. http://www.msnbc.com/news/629231.asp.

108. http://www.fromthewilderness.com/free/ww3/02_11_02_lucy.html.

109. http://www.dyncorp-sucks.com/carlyle.html.

110. http://www.judicialwatch.org/press_release.asp?pr_id=1624.

111. http://news.bbc.co.uk/hi/english/events/newsnight/newsid_1645000/1645527.stm.

112. http://www.timesofindia.com/articleshow.asp?art_id=1030259305.

113. http://www.guardian.co.uk/Archive/Article/0,4273,4293682,00.html.

114. http://www.primapublishing.coin/books/book/4272.

115. http://news.bbc.co.uk/hi/english/events/newsnight/newsid._1645000/1645527.stm.

116. http://emperors-clothes.com/news/arming-i.htm.

117. http://www.afa.org/magazine/0299desert.html.

118. http://www.washingtonpost.com/ac2/wp-dyn?pagename=article&node=&contentId=A61251-2001Oct2.

119. http://emperors-clothes.com/news/binl.htm.

120. http://globalresearch.ca/articles/BIS111A.html.

121. http://www.copvcia.com/stories/nov_2001/911murder.html.

122. BRISARD, Jean-Charles y Guillaume, DASQUIE: *Ben Laden. La vérité interdite*, Denoël, París, 2002.

123. http://www.intelligenceonline.com/p_index.asp.

124. http://www.globalresearch.ca/articles/GOD111A.html.

125. http://www.villagevoice.com/issues/0124/ridgeway.php.

126. http://www.guerrillanews.com/newswire/doc221.html.

127. http://www.washingtonpost.com/ac2/wp-dyn?pagename= article&node=&contentId=A61251-2001Oct2.

128. http://www.rense.com/general25/fkf.htm.

129. http://www.nytimes.com/2001/08/19/national/19FBI. html?searchpv =nytToday.

130. http://www.newyorker.com/fact/content/?020114fa_FACT1.

131. www.rememberjohn.com.

132. http://www.phs.org/wghh/pages/frontline/shows/binladen/ interviews/al-fagih.html.

133. http://www.cnn.com/TRANSCRIPTS/0012/18/nd.01.html.

134. www.rawilson.com.

135. http://www.spiegel.de/politik/deutschland/0,1518,163867, 00.html.

136. http://www.nytimes.com/2001/11/24/opinion/24RICH. html?todays headlines.

137. http://www.globalresearch.ca/articles/BOY111B.html.

138. http://www.wsws.org/articles/2001/aug2001/cont-a01.shtml.

139. BRZEZINSKI, Zbigniew: *Die einzige Weltmacht. Amerikas Strategie der Vorherrschaft*, Fischer, Fráncfort, 1999. [Versión en castellano: *El gran tablero mundial: la supremacía estadounidense y sus imperativos geoestratégicos*, Paidós, Barcelona, 1998.]

140. http://www.councilonforeignrelations.net; http://www.cfr.org.

141. http://www.trilateral.org.

142. http://www.swans.com/library/art7/gowans10.html.

143. BRZEZINSKI, Zbigniew: *Die einzige Weltmacht. Amerikas Strategie der Vorherrschaft*, Fischer, Fráncfort, 1999. [*El gran tablero mundial: la supremacía estadounidense y sus imperativos geoestratégicos*, Paidós, Barcelona, 1998.]

144. BÜLOW, Andreas von: *Im Namen des Staates. CIA, BND und die kriminellen Machenschaften der Geheimdienste*, Knaur, Múnich, 1998.

145. http://www.independent.co.uk/story.jsp?story=107292.

146. http://www.globalresearch.ca/articles/UNO111A.html.

147. http://pilger.carlton.com.

148. http://www.globalresearch.ca/articles/PIL111D.html.

149. BRISARD, Jean-Charles y Guillaume DASQUIÉ: *Bén Laden. La vérité interdite*, Denoël, París, 2001.

150. http://www.ireland.com/newspaper/world/2002/0209/4480 97021FR09KARZAI.html.

151. http://www.afghanistan-seiten.de/afghanistan/bios_mujagil-kar.html.

152. http://www.nytimes.com/2001/12/07/politics/07CIVI. html?todaysheadlines.

153. http://www.bushwatch.org/bushmoney.htm; http://germany. indymedia.org/2001/09/8042.html.

154. http://www.fas.org/sgp/congress/2001/110601_snelson.html.

155. http://www.senate.gov/Prozent7Ejudiciary/te120601f-ash-croft.htm.

156. http://www.guerillanews.coin/newswire/doc237.html.

157. http://www.fair.org/media-beat/011206.html.

158. http://www.almartinraw.com/uri1.html.

159. http://www.fas.org/irp/congress/1992_rpt/bcci/

160. http://www.bushwatch.net/bushmoney.htm.

161. http://socrates.berkeley.edu/~pdscott/q.html.

162. http://www.spiegel.de/spiegel/0,1518,170665,00.html.

163. AUST, Stefan y Cordt SCHNIBBEN (Ed.): *11 September 2001. Geschichte eines Terrorangriffs*, DVA, Stuttgart, 2001.

164. http://www.zeit-fragen.ch/ARCHIV/ZF_85d/T04.HTM.

165. http://www.forteantimes.com/

166. http://www.fromthewilderness.com/free/ww3/12_05_01_portland.html.

167. REICH, Wilhelm: *Die Massenpsychologie des Faschismus* (1933), Fischer, Fráncfort, 1974. [*Psicología de masas del fascismo*, Bruguera, Barcelona, 1980.]

168. www.convar.de.

169. http://dailynews.yahoo.com/h/nm/20011216/ts/attack_wtc_

germany_dc _1.html; http://www.spiegel.de/wirtschaft/0,1518, 173404,00.html.

170. http://11september.20m.com/indestructible.htm.

171. http://serendipity.magnet.ch/wtc.html.

172. http://www.fromthewilderness.com/free/ww3/12_06_01_ death_profits_ pt1.html.

173. http://www.medienanalyse-international.de/cover.html.

174. http://emperors-clothes.com/9-11backups/mycon.html.

175. http://emperors-clothes.com.

176. http://emperors-clothes.com/indict/fagl.htm.

177. http://www.commondreams.org/views02/0102-02.htm.

178. http://globalresearch.ca/articles/BEL201A.html.

179. http://www.rense.com/general15/tr.htm.

180. http://www.petitiononline.com/11601TFS/petition.html.

181. http://www.cnn.com/TRANSCRIPTS/0201/08/ltm.05.html.

182. *Le Monde*, 5-12-2001.

183. http://news.independent.co.uk/world/asia_china/story. jsp?story=113662.

184. http://www.atimes.com/c-asia/DA25Ag01.html.

185. http://www.spiegel.de/wirtschaft/0,1518,176467,00.html.

186. http://www.fromthewilderness.com/free/ww3/01_09_02_ death_profits_ pt3.html.

187. http://www.sfgate.com/cgi-bin/article.cgi?f=/chronicle/archive/2002/01/06/ED125108.DTL.

188. http://www.guerrillanews.com/corporate_crime/doc286. html.

189. http://www.copvcia.com/stories/dec_2001/death_profits_pt3. htm.

190. *San Francisco Chronicle*, 6-1-2002; http://www.sfgate.com/ cgi-bin/article.cgi?f=/chronicle/archive/2002/01/06/ED125108.DTL.

191. http://www.heise.de/tp/deutsch/inhalt/co/11619/1.html.

192. http://www.skolnicksreport.com/

193. http://www.rense.com/general19/swind.htm.

194. http://www.spiegel.de/spiegel/0,1518,154630,00.html.

195. http://www.skolnicksreport.com/corruptirs.html.

196. http://www.arthurandersen.com.

197. http://www.ftd.de/ub/di/FTDWJGQEYWC.html?nv=hpmc.

198. http://www.telegraph.co.uk/news/main.jhtml?xml=/news/2002/01/27/wenron27.xml.

199. http://www.ftd.de/ub/in/FTDXHINEOWC.html?nv=rs.

200. http://www.atimes.com/c-asia/DA26Ag01.html.

201. http://www.copvcia.com/free/ww3/01_25_02_revised_012802_vreeland.html.

202. http://www.fromthewilderness.com/free/ww3/01_28_02_vreeland.jpg.

203. BRISARD, Jean-Charles y Guillaume DASQUIÉ: *Ben Laden. La vérité interdite*, Denoël, París, 2001.

204. BRISARD, Jean-Charles y Guillaume DASQUIÉ: *Ben Laden. La vérité interdite*, Denoël, París, 2001.

205. http://www.globalresearch.ca/articles/SZA202A.html.

206. http://www.washingtonpost.com/wp-dyn/articles/A42754-2002Jan26.html.

207. http://www.subcontinent.com/sapra/regional/regional20000430a.html.

208. http://www.guerrillanews.com/war_on_drugs/doc293.html.

209. http://www.finalcall.com/perspectives/afghan_drugs01-01-2002.htm.

210. http://www.counterpunch.org/pcockburnopium.html.

211. http://story.news.yahoo.com/news?tmpl=story&u=/ap/20020211/ap_on_re_as/afghanistan_333.

212. http://www.cannabisnews.com/news/thread11992.shtml.

213. http://www.alternet.org/story.html?StoryID=12329.

214. http://www.adage.com/news.cms?newsId=33931.

215. http://www.cia.gov/cia/publications/cocaine/index.html.

216. http://www.alternet.org/story.html?StoryID=12420.

217. Fragmentos extraídos de: http://www.drugwar.com/dwindex.shtm.

218. http://www.drugwar.com/ciasyndicate.shtm.

219. http://www.undcp.org/bulletin/bulletin_1997-01-01_1_page004.html.

220. http://www.newstatesman.co.uk.

221. http://www.heise.de/tp/deutsch/special/info/11895/1.html.

222. http://www.guardian.co.uk/Columnists/Column/0,5673,651975,00.html.

223. http://whatreallyhappened.com/spyring.html.

224. http://www.foxnews.com/story/0,2933,40679,00.html.

225. http://www.rense.com/general18/spypull.htm.

226. http://www.firefox.1accesshost.com/cameron.html.

227. http://www.rense.com/general19/spy.htm.

228. http://www.rense.com/general18/report.htm.

229. http://www.wrmea.com/html/newsitem_s.htm.

230. ARENDT, Hannah: *Elemente und Ursprünge totaler Herrschaft*, Piper, Múnich, 1986. [*Los orígenes del totalitarismo*, Alianza Editorial, Madrid, 2010.]

231. http://www.guardian.co.uk/israel/Story/0,2763,564379,00.html.

232. http://www.petitiononline.com/warcrime/.

233. http://www.independent.co.uk/story.jsp?story=107100.

234. http://www.whatreallyhappened.com/spyring.html.

235. http://homepage.mac.com/hjens/.

236. http://www.interversity.com/lists/aftersept11/archives/apr 2002 /msg00308.htm.

237. http://www.counterpunch.org/pipermail/counterpunch-list/2001-September/013054.html.

238. http://www.broeckers.com/mullahmoelli.html.

239. http://www.khilafah.com/1421/category.php?DocumentlD=2392&TagID=2.

240. SCHMITT, Carl: *Der Begriff des Politischen*, Duncker & Humblot, Berlín, 1996. [*El concepto de lo político*, Alianza Editorial, Madrid, 2009.]

241. http://www.stevequayle.com/News.alert/Terrorism/020516.lead.on.Pearls.body.html.

242. http://www.asile.org/citoyens/numero13/pentagone/erreurs_en.htm.

243. http://www.angelfire.com/ego/steveseymour/mirror/uj/pentagon.htm.

244. http://www.geocities.com/erichufschmid/PentagonPlane Crash2.html.

245. http://news.bbc.co.uk/hi/english/world/americas/newsid_1861000/1861977.stm.

246. http://www.whatreallyhappened.com/hunthoax.html.

247. www.worldbank.org.

248. www.imf.org.

249. www.gregpalast.com.

250. http://judicialwatch.org/.

251. http://www.judicialwatch.org/1569.shtml.

252. http://www.gregpalast.com/detail.cfm?artid=125&row=1.

253. http://www.gregpalast.com/detail.cfm?artid=125&row=1.

254. http://www.gregpalast.com/detail.cfm?artid=125&row=1.

255. PALAST, Greg: *The Best Democracy Money Can Buy*, Londres, 2002.


### Tercera parte

1. SCOTT, Peter Dale: *Deep Politics and the Death of JFK*, University of California Press, Berkeley y Los Ángeles, 1996. Disponible también en e-book en: http://www.netlibrary.com/index.asp.

2. WILSON, Robert A.: *Everything is Under Control: Conspiracies, Cults and Cover-ups*, HarperCollins, Londres, 1998.

3. http://serendipity.magnet.ch/wot/obl_int.htm.

4. http://www.washingtonpost.com/wp-srv/nation/specials/attacked/transcripts/bushtext_111001.html.

5. KEPPLINGER, Mathias: *Die Kunst der Skandalierung und die Illusion der Wahrheit*, 0130g, Múnich, 2001.

6. http://globalresearch.ca/articles/CBS203A.html.

7. FOERSTER, Heinz von y Bernhard POERKSEN: «*Wahrheit ist die Erfindung eines Lügners*», Carl-Auer, Heidelberg, 1998.

8. «Mordreport», edición especial de la revista quincenal *Ossietzky*, Diciembre 2001.

9. http://www.newsmax.com/showinsidecover.shtml?a=2002/4/17/144136.

10. «Fear and Learning in America», *The Independent*, 16-04-02, http://www.counterpunch.org/fisk0416.html.

11. http://abcnews.go.com/sections/us/DailyNews/conspiracy020417.html.

12. http://www.ireland.coin/newspaper/world/2002/0209/448097021FR09KARZAI.html.

13. http://www.fromthewilderness.com/free/ww3/04_09_02_vreeland_letter.html.

14. http://www.fromthewilderness.com/free/ww3/04_04_02_interview_vreeland.html.

15. http://globalresearch.ca/articles/CRG204A.html.

16. http://www.timesofindia.com/articleshow.asp?art_id= 1454238160.

17. http://abcnews.go.com/sections/us/DailyNews/jointchiefs_010501.html.

18. http://www.fromthewilderness.com/free/ww3/11 20_01_northwoods.pdf.

19. http://www.antiwar.com/rep/hopsicker1.html.

20. http://news.bbc.co.uk/hi/english/world/americas/newsid-1961000/1961476.stm.

21. ht www.fbi.gov/pressrel/speeches/speech041902.htm.

22. http://www.medienanalyse-international.de/paxeaa11.html.

23. http://www.latimes.com/news/nationworld/nation/la-0000-30673apr30.story.

24. http://www.constitution.org/pub/swinton_press.htm.

25. http://www.poynter.org/forum/war-coverage-centerpiece.htm.

26. http://www.spartacus.schoolnet.co.uk/USAkingML.htm.

27. CHOMSKY, Noam: *9-11,* Seven Stories Press, Nueva York, 2001. [*11/09/2001*, RBA, Barcelona, 2002.]

28. TWAIN, Mark: *The Mysterious Stranger*, obra póstuma, 1916. [*El forastero misterioso*, Siruela, Barcelona, 2007.]

# Índice onomástico

Pazienza, Francesco, 117
Pearl Harbour, 23, 78-79, 84-85, 93, 97, 106, 137, 166, 259, 292, 302
Pearl, Daniel, 13, 145-146, 249, 329
Peres, Simon, 241, 277
Perle, Richard, 190
Petersen, Barry, 270
Pilger, John, 190, 236
Pinochet, Augusto, 137
Poindexter, John M., 237, 239-240
Polo, Marco, 119
Porter, Adam, 232
Powell, Colin, 191, 227, 229, 327
Presley, Elvis, 44
Propaganda Due (P2), 65-66, 115-117
Puigh, Emerson, 41
Putin, Vladímir, 151-152, 284, 288, 317, 330
Pynchon, Thomas, 42, 112

Rabin, Izhak, 277
Rashid, Ahmed, 124-127, 281
Rather, Dan, 266-267, 306, 331
Reagan, Ronald, 82, 117, 194, 195, 237, 309, 311, 322, 244
Reich, Wilhelm, 200
Ricardo I (Corazón de León), 120
Rice, Condolezza, 228-229
Richardson, Almirante, 84
Rivero, Michael, 28
Rocca, Christina, 179, 317
Rockefeller, Clan, 52, 77-78, 80, 83, 90, 108, 187, 213, 219
Roche, James, 320
Roosevelt, Franklin D., 64, 84, 86, 166, 210, 292, 311
Roth, Claudia, 246
Rothschild, Clan, 52, 77, 83

Rötzer, Florian, 31
Roy, Arundhati, 156, 198, 247
Rudel, Hans-Ulrich, 116
Rumsfeld, Donald, 103, 157, 190, 229-230, 272, 306, 320
Ruppert, Michael, 28, 149, 170, 200, 216, 284-285, 325
Rushdie, Salman, 318
Russell, Dan, 233
Rust, Matthias, 206

Safire, William, 339
Said, Edward, 308
San Anselmo, 58
San Buenaventura, 58
Saudi Investment Company, 223
Scopetta, Nicholas, 319
Scott, Peter Dale, 196
Scrivener, Anthony, 103
Schell, Jonathan, 308
Schily, Otto, 120, 143, 184
Schmidt, Helmut, 345
Schmitt, Carl, 94, 248-249, 267, 313, 338
Schrödinger, Erwin, 21, 270
Seldes, George, 90
Sens, Eberhard, 31
Seyfried, Gerhard, 32
Sharon, Ariel, 108-109, 183, 236, 241-246, 288, 293, 318
Shattuck, Mayo, 322, 333
Shea, Robert, 45, 77, 257
Sheikh, Omar, 144-146, 249, 329
Shelby, Richard, 323
Shell, 325
Silverstein, Larry, 80
Simons, Tom, 179, 328
Sinan, jeque, 77, 120
Sindona, Michele, 117
Skolnick, Sherman, 218
Sontag, Susan, 91